“政治逻辑丛书”
编委会名单

政治逻辑丛书

制度的逻辑

曹沛霖 著

上海人民出版社

新版说明

《制度的逻辑》是在十多年前出版的《制度纵横谈》基础上增订而成的，整体结构做了一些调整，主要收录了我这些年积累下来的一些著述和观点。全书的风格依然是“纵横谈”，而之所以变更书名，主要是想点明这些论述的某种主线，希望读者能够从中有所启发，去深入思考制度的内在逻辑与发展规律。今年恰逢改革开放四十周年，毋庸讳言，制度建设是这几十年来中国发展的一条主线，从制度角度来反思改革开放和国家治理，依然可以开放出许多值得探究的问题。学无止境，我们既需要立足中国去看世界，也需要从世界视角来看中国，通过深入的比较和反思来提炼新的创见。对于中国政治学而言，只有研究真正有价值的问题，才能够切实推进学术研究和学科建设。从这个意义上说，对于制度逻辑的探索，还需要更多的有识之士贡献更多的智慧和力量。

曹沛霖

2018年8月12日

序

弹指一挥间。回头一看，自己在复旦大学已经度过了50个年头。50年来，我是作为一名教书育人者，平静地生活在复旦大学这所久负盛名的大学中。在我执教50年之际，承我的学生刘建军博士好意，要从我过去的著述中摘编出一个节录本，以反映我学术研究的概貌和历程。我觉得这个主意不错。借此机会，既可对我的研究作一总结和检阅，又可为我以后的研究提供一个反思的参照。权衡再三，我觉得何历宇博士是完成这一工作的最好人选，一来他是我所有学生中，近年来与我交流最多的，二来我的课程他听得最仔细，最完整。何历宇博士果然不负我所望，经过多少个日日夜夜之后，居然摘编出了令我很满意的一本书。翻阅此书，不禁勾起了我许多的沉思。其实，在我长达50年的教学科研中，本是无意去创造什么体系的。英国思想家柏林认为体系是精神的囚牢。我不过是把我自己发现的东西记录在册，把我所知道的真相告诉学生。现在学生把我过去的著述加以系统整理，虽然说不上已经体系化，但此书在很大程度上反映了我过去50年学术研究的总体概况，对此，我内心还是很欣慰的。

我的学术历程大致可以分为这样几个层面：国别研究、国际政治专题研究，比较政治制度研究，对中国问题的政治学分析以及对中国政治学发展态势的反思。这样四个层面只是一种大致的划分，其中比较研究是贯穿于以上四个层面之中的。所以，在

1991年，当我被教育部确定为复旦大学政治学理论博士点的导师后，我为博士生确定的研究方向就是比较政治。

我本科读的经济类专业，1954年大学毕业后进入复旦大学任教。起初主要从事马列主义基础理论教学，阅读了不少经典著作，尽管理解不深，未必得法，但为以后的学术研究打下了一定的理论基础。国际政治建系以后，随着教学任务的改变，我将研究领域调整到国际政治，主要以西方世界国别政治研究为主，参与了西方国家《政府机构》丛书、《美国》等书的编写工作。我觉得国际政治包含着许多成型、固定的东西，因而可以从中找寻国际政治演展的规律。国际政治中的国别研究，为我的学术研究奠定了重要的专业基础。我做国别研究，并没有完全被国家的边界所限制，而是在开放性的视野中，渗透着比较研究的影子。这也是我为什么很推崇托克维尔研究美国的思路与方法的原因。真正认识一个国家是很困难的，在比较的视野中审视一个国家更加困难。我在本书中说，要研究比较政治制度，一定要从英国做起。因为英国政治制度是有世界性影响的，英国"光荣革命"之所以能够成为世界性的事件，是与英国在政治制度上的创造有密切关系的。因此，一定要把英国政治制度研究置于更大的范围内来审视。这也就是我把比较研究渗透到国别研究中的意蕴所在。所以，很多学者都认为英国是"议会之母"，也是"世界政治制度的博物馆"，现代社会各国的政治制度基本上都可以在那里找到原型。英国的制度是先行者的制度，它无疑为后来者提供了参照。

在我50年的学术历程中，最令我满意的还是我对议会政治的研究。西方现代民族国家建立与中世纪政治形态终结的根源，必须通过对议会政治的研究才能得到正确的解释。因此，这又得回到对英国政治制度的研究这一话题上来。英国从传统议会向现代议会的转型是一个渐进的漫长的历史过程。发展虽然缓慢，但却清楚而又透彻地展示了向现代议会转型的特征，这就是以"人民主权"也就是"议会主权"代替"君主主权"；以"法治"代替"人治"；以法定任期制代替终身制。大家知道，在中世纪，欧洲大陆许多国家都存在过等级会议，但是，为什么唯有英国最先实现了从传统议会向现代议会的转型呢？英国议会为什么会成为世界各国的"议会之母"呢？为什么所有进行资产阶级革命或改良的国家，莫不仿效英国，把建立议会制政府作为根本的政治目标呢？英国作为议会之母，带动了议会世纪的到来，进而带动了整个世界范围内的一场政治革命。19 世纪能够成为议会的世纪，英国是功不可没的。在 20 世纪，"行政国家"的诞生促生了议会政治的危机。从议会政治扩展到对行政体制和政党的研究，是我研究议会政治的特色，也是我把比较研究贯穿于议会政治研究的体现。我采用比较的方法和历史的方法，把"议会政治"这一主题放大了。西方资本主义国家权力结构的变化，均可以从议会政治的崛起与衰落中反映出来。

比较政治制度研究可以说是我对国别研究和议会政治研究的一个提升，《西方政治制度》和即将出版的《比较政治制度》就体现了这一点。西方现代政治制度可以用"民主制度"来概括。我提出了西方民主制度的两个传统和贯穿于西方民主制度中四个相同的基本原理。我认为，西方民主制度实际上存在着两个传统，一个传统是共和与道德，另一个传统是民主与科学。以古希腊雅典和罗马共和国的古代民主制为代表构成了前一个传统的主体，而近代以来的西方民主制则成为后一传统的主体。直接民主制在现代社会的存在和共和主义的复兴表明，前一个传统并没有随着古代民主制的终结而彻底消失，古希腊与古罗马对制度设计与法治的高度重视说明，后一传统与古代民主制的传承关系仍然清晰可辨。这两个传统在制度上体现为以下几个基本原理：人民主权原理、代议制原理、分权制衡原理以及法治原理。这两个传统和四条基本原理赋予西方现代政治制度道德的秉性和成熟的品格。

我是从国际政治领域转入政治学理论研究的，这也促使我在比较的视野中审视和反思中国政治体制改革的历程和中国政治学发展的现状。尤其是运用比较研究的方法，对中国转型期（从计划经济转向市场经济这一段时期）进行政治学上的思考。我对中国政治改革的思考主要集中于政府职能、政府体系优化、人事制度改革等问题。正是通过对这些问题的思考，也带动了我对中国政治学发展的反思。这又促使我把对中国问题的思考与早期的学术研究联系起来，进行通盘的考虑。在20世纪80年代中期，我曾经对中西文化不同的演进路径做过一些研究，到了21世纪，我越发觉得中国文化中知识化传统的缺乏，使得中国政治学的发展步履维艰。知识化过程可以为人们提供认识政治的共同平台，使政治告别神秘化、臆断化，走向科学化、规范化和平民化，而成为大众可知、可与、可议之物。因此，政治知识化是制度构建的基础，也是引导公民文化形成的力量，因此政治知识化是政治发展的重要途径。如果中国问题以及中国政治学不能被纳入知识化的体系中进行审视，中国现代化的困境与中国政治学的困境是难以克服的。因为它们都成了不可探测、不可研究的神秘之物。

对中国政治学发展困境的反思，又不得不使我对学术研究的使命做一说明。社会科学与人文科学研究不同于自然科学，因为“人的世界”与“自然世界”毕竟是不同的。我是做政治学研究的，政治学说到底是研究人的，关注人的。善的生活，优良的生活最终要在政治层面上体现出来。因此，以上四个层面，仅仅是对我学术研究内容的一个概括。在这四个层面的背后，我始终没有脱离对人的关注。制度也好，国家也好，机构也好，最终都是与人的生活联系在一起的。所以，我在书中提出了这样一个论断，20世纪是人权制度发展的世纪。人要活得好，就应当尊重其权利。19世纪时人权还没有得到西方国家的重视。两次世界大战震撼了西方世界，唤醒了他们的人权意识。20世纪尽管充斥着诸多的紧张事件，但人权在20世纪的复兴，带来了史无前例的变化。中国现在也融入了这一变革的浪潮之中。今年是人类进入21世纪的第四个年头的岁尾，我正在思考这样一个问题，人权的世纪结束了吗？21世纪还会是一个人权的世纪吗？在人权复兴的背后，潜藏着一个令人不安的话题，那就是人作为"人"还没有被完整地确立下来，对权利的渴望证明人们还生活在被遗忘的境地中。从这个角度来说，我真诚地希望21世纪不再是一个人权的世纪，而是一个生活日渐丰满的世纪，是一个生活日渐完善的世纪。这就是我的学术关怀。

是为序。

曹沛霖

2004年12月6日

于复旦大学凉城寓所

目　录

第一章　制度比较擦亮政治分析的眼睛

制度研究纵横谈

比较政治制度是政治学的一门分支学科。政治制度和政治学本是融为一体的。早在2 400多年前，古希腊思想家亚里士多德的《政治学》就以政体研究为其内容的组成部分。因此，政治制度和政治学不仅原本一体，而且政治学以研究政体，也就是政治制度为起点。后来，随着国家的活动越来越丰富，而且人们发现了支配国家活动权力的重要性，大约到15世纪的时候，以马基雅维里的著述《君主论》为标志，政治学研究领域里出现了以研究国家权力为基本内容的政治学。由此，政治制度就从政治学中分离出来了，在学术上独立门户。由于政治制度和政治学有着共同的"基因"，直到今天仍然是分不开的。但是，随着学科的发展，政治制度已经形成了独特的研究对象和研究方法，并在学科内部继续分化。比较政治制度就是从政治制度研究中再分化出来的。因此，它是一个比较年轻的分支学科，从研究对象到方法都还处在尚待完善的过程之中。

如果从字面上简单地来解释比较政治制度的研究对象，顾名思义，核心内容是国家的政治制度，比较则是指研究视角、方法和范围。也就是说，比较政治制度的研究对象与政治制度研究对象的不同之处，在于它研究的是古今中外各种类型的政治制度，其独特的方法是进行纵横上下的比较，其中还包括比较的标准尺度、各种政治制度的共性和某种政治制度的个性，以及进行比较的观点和理论的研究，等等。既然比较政治制度研究对象的核心是政治制度，那么首先要从什么是政治制度说起。所谓政治制度，是指“在特定社会中，统治阶级通过组织政权以实现其政治统治的原则和方式的总和，它包括一个国家的阶级本质、国家政权的组织形式和管理形式、国家结构形式和公民在国家中的地位。狭义主要指政体，即政权的组织形式”。政治制度可以从不同角度给出不同的定义和解释，此处系根据马克思主义政治学理论所作的界定。

根据以上定义，政治制度研究对象狭义而言就是政权的组织形式。一般说来，政治制度研究总是具体的、个别的，如中国政治制度、西方政治制度，或某个其他国家政治制度，或某种政治制度。而比较政治制度总是把两个以至几个国家或某种制度综合起来作为自己的研究对象，诸如比较英美政治制度、比较议会制度、比较选举制度等。

二〇〇四

制度比较擦亮政治分析的眼睛

作为政治学的一门分支学科，比较政治制度的研究在理论上、实践上和学科建设上都具有重要的意义。通过比较政治制度研究，能够加深对社会主义政治制度的科学认识，更加自觉地坚持社会主义。坚信社会主义制度优越于人类有史以来的一切阶级剥削制度，这是马克思主义经典作家运用历史唯物主义和理性价值对社会主义制度和资本主义制度进行比较分析得出的科学结论。这一结论本属毋庸置疑，但在最近四分之三世纪的历史发展中,由于苏联解体和东欧社会主义国家的剧变,在社会主义的大地上投下了一块阴影,似乎社会主义制度更为优越的结论就此被推翻了。有些西方学者更是喜形于色,宣称资本主义制度是“人类历史必然的发展方向”,“西方民主制必将盛行于全世界”。当然也有冷静的学者通过资本主义与社会主义的比较清楚地看到并认为,历史发展未必如此。如一位西方学者的下面这段话就是非常值得思考的:“在西方国家,因资本主义明显‘战胜’了社会主义而产生的喜气洋洋,又因认识到资本主义本身所具有的问题依旧棘手不易解决而大打折扣。如果说传统社会主义(指苏联模式——引者注)被扔进了历史的垃圾箱,那么也没有人会完全有把握地声称,当下形式的资本主义代表了人类最高的期望。”显然,以上两个不同的结论都是经过对两种制度的明显的或暗含的比较研究而得出的。因此,我们不能不考虑在新的历史条件下,要进一步证明社会主义制度的优越性,就必须以比较政治制度的科学理论和方法进行比较研究,从理性上认识社会主义制度的优越性,克服盲目性。其原因何在?因为通过科学的比较,事实就会告诉人们,社会主义制度的优越性并没有优越到不需要改革,不需要完善,不需要发展,不需要吸收人类文明的一切有益成果。只谈社会主义制度的优越性而不讲改革、发展和吸收,从本质上说是僵化的观点,带有盲目性。只有克服这一盲目性,才能科学而理性地认识社会主义制度的优越性。

同时,通过科学的比较政治制度研究,不仅可以在提高对社会主义制度优越性的认识的基础上增加自觉性、减少盲目性,而且可以客观地认识资本主义制度为什么“腐而不朽”。在两种制度的比较分析过程中,人们不难发现,资本主义政治制度恰恰是在被批判中不断地修修补补而生存至今,并且针对弊端在资本主义范畴之内进行制度创新,谋求发展。也许正是这样,资本主义制度才有今天的发展,才有今天的"腐而不朽"。总之,通过比较政治制度研究,可以更加理性地认识社会主义制度的优越性和当今资本主义制度的现实。可以说,制度比较研究擦亮了政治观察的眼睛。

二〇〇四

政治制度的阶级属性

在比较政治制度的研究中,人们可以清楚地看到当代世界各国的政治制度是非常纷繁复杂的。正如一位学者所说,在世界上是不可能找到有两个国家的政治制度是完全相同的,因为每个国家的政治制度都是适应本国特定的社会、经济、政治和文化的发展而生长和发育起来的,当然,每一个国家特定历史阶段的政治制度都会有它的阶级属性的归属。

因此,根据阶级分析法的分类,当今世界的政治制度主要可以分为两大类,即资本主义政治制度和社会主义政治制度。这是比较政治制度研究的基本分类。在比较研究中,政治制度有阶级属性的不同,但任何一种制度都有生长、完善、发展的过程,并且在运作中还会发生异变和短缺情况,以致不得不进行制度变革和制度创新。历经 20 世纪 80 年代末 90 年代初苏联解体和东欧社会主义国家的剧变,人们不得不承认,作为一个国家现实的社会制度,社会主义制度不仅会因为不适应社会、经济、政治和文化的发展而出现制度短缺,而且会因为在运作中的变异而发生异化。苏联解体和东欧的剧变可以从各方面去寻找原因,而且都可以说出充分的根据来。从比较政治制度研究的角度看,苏维埃制度的僵化和异化是一个更具有分析价值的原因。

苏维埃制度本是苏联人民的历史性选择,曾得到苏联人民真心的拥护,为社会、经济、文化的发展提供了制度保证,经受过战争与和平建设的双重考验。但是,这个曾充分显示过无比优越性的社会主义民主制度,却在运作过程中由于未能与时俱进、改革创新而从僵化走向异化,从民主走向个人集权,再走向个人专权,最终致使人类有史以来创造的第一个社会主义国家宣告退出历史舞台。显然,在苏联社会主义制度这一比较政治制度研究的案例中,有许多深刻的制度问题值得研究。

二○○四

制度是活的东西

政治制度是政治文明的载体。为了加强社会主义民主政治建设,为了全面地建设小康社会,我们必须吸收全人类文明的一切有益成果,其中自然包括政治文明的有益成果。比较政治制度研究不仅可以揭示出政治文明,而且会在比较中鉴别出什么是有益的政治文明成果。当然,比较研究政治制度,吸收政治文明有益成果,绝不意味着简单地照搬别国的政治制度,因为任何一个国家的政治制度,在该国是有效、有用的好的政治制度,而照搬到另一个国家未必也会成为有效、有用的好的政治制度,有时可能还会适得其反。英国学者哈罗德·拉斯基(Harold Laski)曾经说过这样一句颇有意味的话,他说:"制度是活的东西,是不轻易将它们的秘密透露给刻板的文字的。"这就是说,对政治制度应进行动态的研究。启蒙思想家卢梭在其名著《社会契约论》中曾就"没有一种政府形式适宜于一切国家"这个问题进行了详细论证,不管他列举的论据是否全都科学,他告诉人们只有适合本国情况的政治制度才是好的政治制度这一道理是正确的、科学的。在比较政治制度研究中,必须避免照搬别国政治制度的带有误导性的比较研究,不过在这里更应该指出的是,只要是进行科学的、实事求是的比较研究,就会避免因肤浅比较而得出误导性的结论。

20 世纪是战争和革命风云激荡的世纪,也是政治制度变迁剧烈的世纪。每一个革命后国家,每一个民族独立后国家,都要选择和建立自己的政治制度,其中有成功的,也有失败的。但是有一条共同的经验:即没有一个国家是靠照搬或完全模仿别国政治制度而成功的。原东欧社会主义国家学习和推行苏联的政治制度,到头来还是发生了剧变,尽管其中的原因很多,但采用不适合本国国情的政治制度,不能不被认为是重要原因之一。在第三世界国家中,确有不少仿效英国议会制或美国总统制的,有意思的是,早在 20 世纪 30 年代,哈罗德·拉斯基就曾指出:"英国的巴力门制度(parliamentary system)在每一个采用的国家里,都呈现不同的样子,正如美国的联邦制度被带到各地去之后,也发生着决定性的变化。"其实,这种仿效不只是原本制度的走样,问题更在于从别国移植而来的政治制度根本不可能成为适合本国情况的制度,而只有适合本国情况的制度,才是最好的制度。这可以说是比较政治制度研究之要义。

二〇〇四

政治制度的"和而不同"

随着我国社会主义市场经济制度的发展,我们不仅会面临全球化浪潮的挑战,而且应该在全球化浪潮中的民族之林中取得应有的立足之地。不言而喻,全球化意味着国家之间、人民之间交往和沟通的密切和加强。经济上要和世界市场接轨,政治上和文化上和一些国家虽然有政治制度和意识形态的差异,但要“和而不同”,进行经济、文化、安全多方面的交流和合作。为此,比较政治制度的研究就具有特别重要的意义。不了解对方,怎么进行交流呢,合作就更无从谈起了。要了解一个国家,最重要者莫过于了解它的政治制度。一个国家一时的政策行为也许很难作出什么你所需要的判断来。但是,如果能同它的制度环境联系起来,也许就会发现政策行为的动因,以至未来的走向。例如,只有真正了解美国的政治制度,才可能理性地把握中美关系和美国对华政策,在知彼知己的基础上进行双向的交往和沟通,进而理性地推进双边的经济、文化和安全多方位的交流与合作。在全球化的压力下,我国作为主权国家总是生活在世界舞台上的。我们必须做到知彼知己才能立于不败之地。正是这样,比较政治制度的研究就显得非常重要,因为世界舞台上各个国家的政治制度是了解世界了解各国最为基本的知识构件。

二〇〇四

比较政治制度研究的鼻祖

比较政治制度乃是政治学的分支学科,政治学的研究方法当然是它的基本方法,它仅有的特点主要在于比较。对此,在该学科领域内曾经有过许多探讨。从比较的概念来说,有学者认为比较的对象既要有共性,又要有个性。没有共性或没有个性都是不可能进行比较的。当然,这是很有道理的。

政治制度比较研究方法的源头,根据资料,应该说是出自亚里士多德对古希腊城邦的研究。公元前 335 年,亚里士多德在雅典创办了吕克昂学园,并亲任该学园园长。约在前后 12 年的时间里,他指导其学生进行过许多项目研究,其中颇为重要的一项是对古希腊的158个城邦及各城邦的“宪法史”进行了调查和研究，从迄今保全下来的著作看，其中就采用了个别和分类比较研究的方法。《雅典政制》作为多个城邦研究之一，就是一种个别比较的研究方法，它能显示出不同城邦不同的特点。《政治学》中关于三种正宗政体和三种变态政体的比较研究，是在对158个城邦的调查和分析基础上进行的，并由此提出分类标准和不同的六种类型，这可以说是一种综合分类比较的研究方法。

二〇〇四

比较政治制度研究方法

政治学和政治制度的比较研究方法是非常古老的。今天，这种比较研究方法仍然被学者们广泛运用着，只是随着学科的发展和分化变得越来越复杂了。在比较政治制度中，常见的比较方法有以下几种。

国别比较研究方法。这是最常用的一种，也是最传统的一种。例如《欧洲比较政府》《各国政府与政治》等类似书名的著作，实际上是选择几个乃至十几个有代表性的国家，对它们的政府体制，按国别进行研究，揭示各国的特点。尽管研究者没有在著作中表现出着意把某国与某国进行比较，但是，由于研究者把每个国家政府体制都分析得很透，人们阅读后就知道各国的相同点和不同点。研究者的研究路径通常是由比较进而鉴别并最终作出判断。当然，在这类出版的著作中，有的作者是把自己的比较、鉴别、判断直接写在书中告诉读者，但也有的却不是这样，而是给读者留下了较大的比较和思考的空间。这种把政治制度进行分类，选择代表性的国家，进行国别的比较研究是最好的方法。因为政治制度、政治学的研究不可能像在实验室里进行实验的科学那样，在实验中进行比较研究。它只能在已经有过的，已经存在的政治制度间进行分类比较研究。

专题或专项比较研究。其研究方法基本上与前一种相同，它只是把研究聚焦到某个专题或某个专项上进行。在研究成果中常见的，诸如《比较议会制度》《比较行政制度》《比较选举制度》等，以致还可以更专门一些、更细一些，诸如“议会立法程序比较研究”“行政决策过程比较研究”“选举方式与当选制度比较研究”等。这样的研究比较具有实效性。如议会立法程序比较研究，由于研究对象很具体，范围也较小，不仅可以看到立法程序的不同，而且能够判断程序运作对立法质量的正负效应，由此所得出的研究结论，在一定程度上会具有现实的效用性。

综合分析比较研究。该方法比较复杂，重价值分析。例如，美国有位学者的著作《比较政治体系：三个世界的权力和政治》，就是用的这种方法。从全书结构看，作者首先把世界各国的政治制度区分为西方世界的政治制度、共产主义世界的政治制度、第三世界的政治制度，并进行三个方面的比较，同时在每个世界中又进行国与国之间的政治制度的比较。作者认为这样进行比较的好处是，既可以了解三种(类)不同的政治制度，又可以了解同一种制度中各个国家的相同点和不同点。显然，该研究方法的预设是非常理想的。但是，问题的关键在于这样复杂的多角度比较研究首先必须找到和确立科学的标准，或称为比较尺度。作者在书中确立了四个尺度，即“权力民主分配”“人人得到尊重”“福利平均分配”“启蒙机会均等”。然而，作者树立的这些标准尺度，并不能在实质上揭示各类、各国政治制度的不同点和相同点。因此，这种综合分析比较方法是有很大难度的，在该学术领域内，这样的研究成果甚少。

一般而言，比较研究方法还可以从另一角度分为纵向比较和横向比较。在比较政治制度研究中也是如此。纵向比较是借用历史比较方法,例如资本主义政治制度优于封建政治制度,就是运用历史比较方法得出的结论。如果把当代英国的议会内阁制与美国总统制进行比较,这就属于横向比较。在该学术领域内,还有叙述性比较和分析性比较之分,如果前一种方法主要是把事实陈述清楚,那么后一种方法就要求在说清事实的基础上进一步进行价值分析和判断。在比较政治制度研究过程中,任何研究者都不可能说只采用一种方法,事实上常常是同时采用几种比较研究方法。以上关于研究方法的介绍只是从研究现状中列举出来的一些常见的研究方法,是很不全面的,何况对于任何学科来说,其研究方法都会随着该学科学术的发展而不断创新。

二〇〇四

政治制度的内外与表里

比较政治制度研究,除了着眼于政治制度本身的研究之外,还应该研究政治制度生长和运作的环境。从环境的角度进行比较研究,就会发现一种政治制度在这个国家是有效的,但移植到另一个国家却变得无效。这里面的道理正同北方的苹果树移植到南方就不会结苹果,南方的橘子树移植到北方就不会结橘子是一样的。不过,对政治制度作这样的比较研究可能就要复杂得多了。在这里,只是为了说明政治制度生态环境的比较研究,是比较政治制度研究中不可忽视的重要方面之一。

对政治制度的研究,英国学者拉斯基在研究美国总统制时曾讲过这样一个道理,政治制度"形式上的外表,在任何一个时刻,都和事实上的本体,是不同的。因此,深入本体,往往是不容易的。一部分,这是受了材料本身的复杂的掩蔽,正如一般制度现象所受到的掩蔽一样。政治的行动过程,很像是一座冰山,浮在水面上的,可能只不过是下面本体的一小部分”。由此可知,要观察和评判政治制度“水”下的本体部分总是很不容易的。这也就是说,政治制度的比较研究,还应该重视研究制度背后的制度。任何政治制度都是一定历史和环境条件下的产物,同时,它还有一个被选择的问题,因此,它既是生成的,也是创造的,只有把握了政治制度的这两个方面,才能够对制度背后的制度有所认识。

二〇〇四

第二章 制度发展也是硬道理

20世纪是人权制度发展的世纪

人权制度的发展与两次世界大战给西方世界和整个人类带来的巨大灾难有关。19世纪时人权还没有得到西方国家的重视，在国内存在资本对劳动的野蛮、残酷的剥削，在国外是血腥的殖民战争。但是两次世界大战震撼了西方世界，他们认识到不尊重人权将会导致整个世界的毁灭。第二次世界大战后，民主价值得到普遍认同，公民权利已经基本普及，除了政治权利外，更为广泛的人权也逐步得到世界各国的普遍认同，包括社会主义国家和广大第三世界国家在内，人权观念已逐步深入人心。半个世纪以来，联合国大会和由联合国主持的人权专门会议，宣布和制定了770多项国际人权文件，几乎涉及人类生活的所有领域。最初的人权仅指生命权、财产权，现在的人权有100多项。马克思在批判资本主义人权思想时曾说人权就是财产权，现在看来也有局限。不吃饱肚子没人权，但吃饱肚子就有人权吗？人权的内容与人本身的发展联系在一起，也是不断发展的。新公共管理注重互动是人权，社会资本也是人权。人本身是制度的根本，是制度发展的必由之路，人权将推动社会文明的发展，推动我们更深入、更充分地认识自己。在一定意义上可以说，中国历史上科学技术发展受阻与没有人权观念有关；中国一直依靠富国强兵推动科技发展，很少为一般人考虑。而西方很多发明都是为了人的方便,如抽水马桶、拉链的发明都很了不起。新中国建立后,我们错误地全面批判赫鲁晓夫是修正主义,也没有正确认识西方国家在人权方面所取得的成就,长期不承认人权问题。现在我国在回应西方人权挑战的过程中,不仅承认了人权问题的重要性,而且还初步确立了马克思主义的人权理论体系,出版了若干专著,办了《人权》杂志。这是我国"改革开放"以来的一项伟大成就。

二〇〇一

国家权力核心从议会走向行政

现代西方国家的代议民主制,产生于资产阶级革命的年代,而行政集权民主制,则出现于资本主义危机严重的年代。到20世纪30年代,各主要资本主义国家的政府为了对付当时面临的空前未有的大危机,政府行政权力和行政机构都膨胀起来了。政府只管"法律和秩序"和"管得最少的政府是最好的政府"的论调,顿时被主张政府干预的理论取而代之,凯恩斯主义的兴起集中体现了这一趋势。接着,第二次世界大战爆发,各主要资本主义国家先后转入战时经济体制,从而使本来已经肇始的行政集权趋势在符合战争需要的合法旗帜下,更加迅速地向前推进。并且,在第二次世界大战结束以后,为了依靠政府恢复和重建经济,推行国有化政策,实行"福利国家"制度,以及剧烈的国际竞争等,使得战争年代的政治体制和经济体制随着西方国家经济、政治、社会和文化的发展进一步发展和完善起来,这样,代议制政府内部权力关系发生了变化,行政高度集权和空前扩大,从以议会为中心的权力结构走向以行政为中心的权力结构。到60年代,行政集权民主制已经被越来越多的人认清了。所以,西方学术界称英国的民主是“首相民主”,联邦德国是“总理民主”,或比作俾斯麦体制,称之为“宰相民主”,美国总统则被称之为“帝王般的总统”,戴高乐在私下则称法国体制是“选举产生的君主制”,如此等等,实质上总的是一个意思,即行政集权,行政首脑集权。

现代西方国家从代议民主制向行政集权民主制发展的趋势是共同的,但是,由于各国政治体制的不同特点,其途径是不完全相同的。美国在不修改宪法的条件下,依靠司法解释和大量的行政立法,实现了从代议民主制到行政集权民主制的转变,其中罗斯福“新政”构成了这一转变的关键环节。而法国由于是以大陆法原则为基础的政府体制,因此,它是通过制定新宪法的方式实现转变的,可以说1958年的《戴高乐宪法》的制定是这一转变的标志。英国政府体制立法和行政相结合的权力关系,本来就包含着行政集权的因素。这一体制保证了行政集权,特别是既为议会多数党领袖又为政府首脑的首相的集权,加以英国的柔性宪法,首相权力大部分来自宪法惯例,使首相可以随着政府职能的扩大进行扩权和集权。英国宪法和政府体制上的这些特点,使它在渐进的过程中完成了向行政集权的过渡。20世纪30年代以后,权力中心由议会向内阁转移,70年代以来内阁权力进一步向首相集中,从而形成了高度的行政集权体制。联邦德国在战后根据1949年《基本法》确立了代议民主制的政府体制,但它不同于魏玛时期的代议民主制,它不仅彻底废除了总统和总理共掌行政权的二元体制,而且在行政和立法的关系上,《基本法》通过“积极性不信任案”的规定有效地保证了总理及其内阁的稳定地位。这些规定在实践中成为走向行政集权民主制的宪法基础。在阿登纳任总理的十多年期间,随着经济的恢复和举世瞩目的“经济奇迹”的出现,就已把总理个人的权力推到了顶点。

总之,战后西方国家民主制的发展,不管走的什么路径,是通过制定或修改宪法,还是“自发的”,但都已经从代议民主制演变为行政集权民主制。今天,尽管西方主要资本主义国家都企图竭力缩小政府“权力的容量”,减少政府对社会经济的干预,改革福利制度,求助于往日的“管得最少的政府是最好的政府”这个带着浓厚的自由主义色彩的口号,但是,行政集权民主制不可能回到代议民主制,正像垄断资本主义不可能回到自由资本主义一样,是历史发展的趋势。

二〇〇一

国家职能从“统治”走向“治理”

人类在20世纪对国家和政府职能的认识发生了很大变化,国家职能的理念从“统治”走向“公共行政”“公共管理”,从“治人”转向“治事”。这一转变在观念上带来了三个变化:第一,政府不是绝对理性的,政府也是“经济人”,有其自身利益;第二,政府不是管理公共事务的唯一机构和组织,广大的社会中介组织可以分享政府的部分公共职能,政府不能成为社会资源的垄断者;第三,政府的管理应该引入市场竞争的机制。虽然这些变化不可能根本改变资本主义国家的性质,但是其进步性质是不可否认的,有值得我们学习反思的地方。我们过去的强烈的观念是“管人”“稳定”,很少想到“治事”,然而在现代社会政府必须从“治事”中获得合法性。其次,我们对政府的看法始终停留在“父母官”阶段,不利于制度建设,缺乏有效监督政府官员的途径。我们对政府的看法是万能的,一旦出什么问题就找政府,社会自身缺乏自治的机制,政府负担过重,既不能有效处理好自身的也就是应该由政府做的事务,也造成了由于管得太多而带来的腐败。

二〇〇一

官僚制从完善走向失范

西方文官制度的建立既是现代政府管理发展的必然产物,也是政党制度的直接产物。西方通过文官制度把政治与行政分开,把权力结构层次与管理层次分开,有利于政府体制的不断改进。但是,随着官僚队伍的日益庞大,官僚机构的权力越来越大,并逐步走向失控。加之从70年代末开始,由于福利国家的弊端不断出现,引起了人们对官僚制度的强烈不满,以“摒弃官僚制”为目标的“新公共管理运动”应运而生,英国、美国、新西兰、澳大利亚等国都曾进行了政府改革。奥斯本等人提出了政府再造的十个标准,如掌舵而不是划桨、授权而不是服务、在服务中注入竞争机制、改变照章办事的组织、按效果而不是按投入拨款、满足顾客而不是官僚政治的需要、有收益而不浪费、预防而不是治疗、从等级制到参与与协作、通过市场力量进行变革等。但是总的说来,“政府再造”有些夸大其词,各国改革都遇到了很大问题,出现了反复,并没有找到解决官僚制问题的根本出路。这从正反两方面都说明,政治发展也是硬道理,总想一步到位是错误的。

二〇〇一

民主选举制度陷入困惑

西方在19世纪确立的代议民主制解决了在一个民族国家

如何实现民主价值的问题,使古希腊、罗马创立的民主传统得以传承下来。但是这一制度在20世纪也发生了危机,如果说19世纪是议会的世纪,那么,20世纪就是民主困惑的世纪。这主要体现在政党政治的发展对选举制度的改变上。比如,美国国会和总统的选举就很难分清究竟是公民选举还是政党选举,从预选到投票,都在政党的把持下,公民选举的非民主党即共和党。反过来说,两大政党各自也把投自己票的选民一概登记入册算作本党党员。其他西方国家选举政治和政党政治的结合与美国一样,只是在形式上有所不同。在选举中,候选人的提名,经费的提供,竞选的组织工作通常都是政党操纵的。虽不能说当选者非政党提名的绝对没有,但要有也只能算是例外。有些国家,例如瑞典法律更是明确规定,议员候选人必须由各政党提出。因此,今天的代议民主制实际上是政党控制选举,公民选举政党的代表,这与历史上尚未出现政党时的代议民主制是不同的。政党政治对民主选举影响的一个深刻后果就是金钱选举泛滥成灾,"黑金政治"成为现代西方民主选举的一个不治之症。

不过,西方民主制度仍然有一个重要的保障,这就是法治。通过法律的不断制定和调整,许多选举中产生的问题也在一定程度上得到了解决。丘吉尔曾经说过,民主制不是最好的制度,但绝不会成为最坏的制度,因而我们只能选择民主制。从某种意义上说,苏格拉底之死表明民主从一开始就是困惑,直接民主未必比间接民主更民主,甚至可能更坏。所有民主的弊端在电子世界也会发生。说到底是因为民主制度毕竟只是形式,只要是形式就必然有两面性。尽管如此,由于人们还没有找到更好的替代制度,民主制度还是继续在向全世界推广。

二〇〇一

政党制度面临现代化的挑战

西方政党制度在19世纪建立，在20世纪趋于成熟完善，但是在20世纪90年代开始出现解体的趋势。现代政党的产生有两种类型，一是适应议会制度的发展而产生，属于建设性政党，同体制的成长同步进行，发展是平稳的，如英、美。另一种类型是为了推翻旧体制而建立的政党，有两重任务，既要破坏旧体制，又要建设新社会，典型的是第三世界国家的政党。当今政党制度普遍遇到了危机，日、法政党制有解体趋势，美、英政党对政治的控制越来越有限，欧洲社会民主党的意识形态特征越来越淡化，等等，西方的大党、老党有的已土崩瓦解，百年老店倒闭。政治腐败问题大多发生在党内，政治丑闻大多与政党有关。政党制度刚刚产生一百年就出现严重危机，有人宣布西方的政党制度已经死亡。

为什么有这些问题？对政党的批评自启蒙运动以来一直存在，其中卢梭、华盛顿就是典型的代表，他们讲的问题现在仍然存在，不过现代政党的严重危机主要在于政党国家化、工具化。现在许多政党用传统的左、中、右来区分就明显不恰当了，无产阶级名称的政党也并不一定代表无产阶级的利益。政党制度的危机意味着政党必须现代化，包括组织、纲领、意识形态等全面现代化，领导现代化的政党就更要完成自身的现代化。政党现代化的关键在哪里？一句话就是回归政党的本质。政党的生命力源于社会，只有建立在群众基础上的政党才有生命力。“三个代表”重要思想的提出，加强执政党执政能力的提出，说明中国共产党的现代化是国家现代化的重要前提。

二〇〇一

苏东政制与重新定位

对于苏东剧变，学者们提出了各种各样的分析，包括“和平演变”“高层特权”“政治民主化不够”“无多党制”“经济停滞”等，主流的范式是“和平演变”。我认为从制度上分析更能说明问题，苏联的解体关键是制度原因。

从总体上考察，导致苏联解体的制度短缺原因包括三个方面：第一，苏联的制度存在先天不足。一方面，苏联在制度上基本上没有什么创造，而是模仿了拿破仑的制度。这一点在国内首先是龚祥瑞先生从法律体系方面指出的。在俄罗斯的历史上，统治阶级上层人物基本上说法语，与法国有密切联系，而法国存在着根深蒂固的中央集权传统，拿破仑发明的选举基本上是钦定的，这些特点对俄罗斯有深刻影响。另一方面，苏联把意识形态的理想与现实的制度混淆在一起，把共产主义完全形式化了，使制度产生了合法性危机。苏维埃只有原则，没有制度。列宁在 1921 年的《共青团的任务》中说，50 岁的人看不到共产主义了，15 岁的人肯定可以看到。列宁留下了口号，但还没有来得及从制度上思考就去世了。后来的领导人也不断做出许诺，为苏联人民描绘了一幅幅乌托邦的图景，但是这些图景从来没有实现过，这就使人怀疑基本制度的合理性。老百姓很现实，诺言总是要兑现的，兑现不了就很危险。科学的理想不能与现实混为一谈。西方人就把宗教与现实的政治制度分得很清楚，二者相互补充、相互维护其合法性。

第二，苏联的制度直接产生于战争环境，带有很深的战争时期留下的烙印，没有实现转型。如干部选举、干部特权等都是把特殊问题普遍化，把战争中形成的制度固定为正常制度。如苏联为上层人物服务的“特殊商店”本来是一种临时政策，源于列宁对粮食部长饿倒在演讲台上制定的临时措施，后来逐步变成了制度特权。然而，这些战争年代老百姓能容忍的现象，在和平年代就无法容忍了。在解体之前，人民对上层统治者的特权生活就怨声载道，因此最后发生了只有两个人为苏共垮台殉葬的悲剧。美国除了总统等极少数人外，一般人没有特权，总统下台后除了拿应得的退休金，国家提供一定的安全保护外，再没有更多的特权了。

第三，苏联制度存在后天不足，苏维埃制度缺乏创新机制。斯大林没有改变战争体制，反而进一步强化了这一体制，使苏联的制度越来越僵化。这套僵化体制习惯于用阶级斗争办法解决所有社会和政治分歧，从未从制度上考虑。更糟糕的是，由于广泛宣传社会主义的“无比优越”性以及和资本主义“你死我活”的关系，丧失了在制度上学习西方的可能性，也丧失了自我批判的可能性。这样，对于社会经济的新发展缺乏相应的制度来解决，这集中体现在政府机制不能把技术普及化。苏联卫星上天不能带动经济发展，而美国卫星上天对经济的影响非常大。

从苏联的国际环境来看，是十月革命后定位不当。一是孤立自己。列宁开始认为十月革命后苏维埃政权能够维持下去，后来有所动摇，认为社会主义的生存必须解决资本主义包围问题，尤其是在新经济政策时期更是认为苏联必须融入世界资本主义经济体系。后来斯大林提出“两个世界市场”的理论，关起门来搞社会主义，从经济上割裂了与世界市场的联系。另一个定位错误是搞革命输出。革命输出造成对他国内政的干预，不仅引起了西方世界的包围，而且招致了被输出国人民的不满，最后还发生了社会主义阵营的分裂，使国际关系处于高度紧张之中，丧失了发展经济的和平环境，极大地消耗了国力。

现在的俄罗斯何去何从？有说是三不政策：不回到过去，也不否定过去的成绩；不搞激进改革；不照搬西方。总的来看，俄罗斯的走向是传统的俄国路径，重振东正教思想，融入欧洲。列宁曾经寄希望于欧洲革命，后来又转向了亚洲，特别是中国和印度。苏联作为社会主义国家实际上打的是“东方”牌，以对抗西方。现在俄罗斯抛弃了社会主义能够回到西方吗？这恐怕不仅是意识形态问题。历史上俄罗斯留存在西方的形象是否完全消失了？许多启蒙思想家都有蔑视俄罗斯的言论，如卢梭、孟德斯鸠等就把俄罗斯看成是与西方文明相对照的野蛮世界。从政府体制上看，现在的俄罗斯学的仍然是法国，但要得到西方认同仍然“路漫漫其修远兮”。

二〇〇一

中国的“二次革命”

中国的第一次革命学习苏联，第二次革命完全是自主性的创造。邓小平同志最大的贡献是用市场经济发展社会主义，这在马克思主义发展史上是非常伟大的创新。中国的改革是“旧瓶装新酒”，是英国经验，而俄罗斯仍然是“破旧立新”。“旧瓶装新酒”比“破旧立新”好，不知不觉，不会有大的震动，形成的制度稳定性高。中国改革的基础比俄罗斯好，过去没有完全模仿苏联。后来中国也没有把富农扫地出门，实行肉体消灭政策。毛泽东说过，“人头不是韭菜，割了就长不起来了”，对知识分子还说过“一个不杀，大部不抓”。毛泽东甚至多次公开承认资本主义政治制度的优越性，说过像斯大林那样的大量杀人在欧美国家绝不会发生。邓小平的伟大之处在于不仅承认，而且决心学习，他把所有的部长都派到美国去走一趟，以便高级干部更好地了解资本主义的长处。中国通过改革，度过了1989年春夏的政治风波，中国的综合国力得到了很大提升，社会主义再一次被赋予了新的活力和机遇。现在看来，这种渐进式的改革模式是很成功的。但是，经济体制的改革以及经济的发展需要政治体制的改革来巩固和进一步促进，这个历史任务还很重。

二〇〇一

欧洲非国家体系的创造

在历史上，现代民族国家最早出现于欧洲，今天处于超国家组织与国家组织之间的非国家政治体系又出现于欧洲，这不仅是值得研究的政治现象，而且也是值得研究的政治制度变迁现象。欧盟的发展是政治制度史上伟大的创举。17、18世纪民族国家主权的建立是政治国家发展的第一个浪潮，理论上的代表是布丹、霍布斯等人，民族国家的发展引起了一系列不稳定和两次世界大战，并且继续成为威胁世界安全的根本原因之一。19世纪时康德就指出过，主权国家必然导致战争，主张欧洲国家的联合，淡化主权。欧盟的发展是政治国家发展的第二个浪潮，是浪头、新潮，意味着国家主权的部分转让和淡化。欧盟的发展将冲击传统的国家理论和政治学说，成为示范效应。列宁曾说，欧洲联邦是不可能的，要么是帝国主义统治，要么是社会主义。然而欧盟货币的统一却可能预示着新的方向。两德分裂从货币开始，货币统一，则无所不统一。欧元的诞生意味着欧洲统一市场开始形成，这将产生深远的历史后果。历史发展的方向也许不是美国，也不是第三世界国家的选择，而是欧盟。欧盟形成的经验很值得研究，它采取渐进式的步骤，从经济到政治，从协商到法制化。它的组织结构是多元的，大体上分成两个系统,一是国家间组织,一是超国家组织。前者如欧盟理事会,后者如欧盟议会、欧盟法院等。它还创造了多元化的制度运行机制,如超国家组织实行少数服从多数,国家间组织实行一票否决制等。

二〇〇一

制度发展也是硬道理

20世纪政治制度的发展无疑能给我们很多启示和思考,制度的发展值得研究。20世纪的成功与失败都涉及制度问题。美国开国总统华盛顿曾经说过,开始是人创造制度,后来是制度创造人。现代产权经济学提出,人类维护产权有三个层次,即法律、制度、道德。法律的存在和运转要依靠制度,制度的有效运作要有制度精神。这就是孟德斯鸠所说的法的精神。三个层次发生脱节,制度的运作就会产生问题,发生磨损、短缺现象,因而就需要不断进行制度创新,这是制度发展的规律性现象。虽然苏联制度先天不足,但不能说苏联的制度一开始就一无是处,这套制度在短期内就有效地医治了苏联的战争创伤,并且使苏联很快成为能与美国抗衡的第一世界的大国。但是,这套制度存在一个根本缺陷,不能自我更新,因而很快就发生了制度短缺的现象,最终导致苏联的解体。

西方政治制度发展的过程说明,资本主义制度仍然具有一定活力,有自我调整的机制,宏观上如此,微观上也如此。如安然公司问题就引发了美国公众对公司制度的广泛深入的检讨。这与我们的思路有很大差别,我们每次发生了问题都说人不行,而西方总是反思制度。然而正是这种立足于对制度的反思才使得资本主义至今仍保持着一定的活力。当然,西方制度的腐朽、没落也不可避免，如选举制度、文官制度都找不到根本出路。

二○○一

政治制度具有开放的秉性

在制度的演进过程中，东西方互相影响、补充是无可辩驳的事实。资本主义的起死回生最重要的是吸收了马克思主义，因此有人说是马克思挽救了资本主义，因为马克思对资本主义的沉疴痼疾及其病因的诊断是准确而科学的。但由于马克思主义为西方开出的药方是致命的，因此西方学者不能全面承认马克思主义。有诺贝尔经济学奖的获得者就曾深受马克思主义的影响，有的曾经还是马克思主义者，如布坎南。社会主义也吸收了西方的东西，比如市场经济，实际上吸收的东西比理论上承认的还要多，只不过不需要在理论上争论。邓小平的一个伟大发明就是"不搞争论"。

二○○一

比较政治制度为什么要首先研究英国

英国的政治制度是西方的原创性制度，而且是人类的原创性制度。现代社会的议会制度、政党制度、内阁制度、选举制度等都发源于英国，社会主义的苏维埃、人民代表大会制度也是代议制的一种表现形式。英国是"议会之母"，也是"世界政治制度的博物馆"，现代社会各国的政治制度基本上都可以在那里找到原型。

英国政治制度是经历了各种制度的实践积累而成，其制度变迁采用“旧瓶换新酒”的渐进形式，基本上是“生成的”，而不是人为打造的。这种蜜蜂做巢式的制度，看起来非常复杂，不像美国那样是由“设计师”设计出来的，非常规则化的。

现代西方的主流意识形态自由主义和保守主义都源于英国，英国将二者结合起来，构成前进中的保守主义，成为英国政治哲学的基础。英国的保守主义非常著名，尽管许多制度的功能已经根本改变或完全丧失，但作为一种制度形式仍然保留着，女王、枢密院、王室法庭等仅仅是其中最突出的一部分，托克维尔说，仅英格兰本土就有四种基本法律，即习惯法、成文法、罗马法和衡平法，而法庭至少有 20 种以上。这就造成英国政治制度“叠床架屋”般的特点，一般人很难搞清楚其中的关系，但是它运转起来却丝毫不乱。这应当归功于英国人的文化素质和英国人民对自由主义的热爱，归功于英国制度精神的作用。英国人对传统惯例有着近乎迷信般的尊敬，因此，尽管有的习惯已明显不符合时代要求了，但却仍然保留着。如，英国议会至少有 600 名议员，但只有 300 个座位，因为议员可以不出席。第二次世界大战中希特勒炸掉了议会大厦，重建的议会大厦仍然只有 300 个位置，丘吉尔说：“济济一堂，这样热热闹闹好。”

英国的制度是先行者的制度，它无疑为后来者提供了参照。托洛茨基说：“先行者有先行者的特权，后来者有后来者的特权。”先行者可以把消极的东西留给后来者，如英国的失业者就被大量抛到美洲和东方殖民地；先行者常常最先遇到制度的矛盾，最早衰老。现在英国的各种制度也存在很多弊端，英国也是“制度弊端之母”，英国制度已经长出了深深的“老年斑”。有的学者说，英国的经济是“走走停停的经济”，实际上它的政治制度也是这样，错综复杂，很难突破。

英国的政治制度直接源于中世纪，其制度有自身内在的调节力量,否则不会延续三四百年。缺乏自我调节的制度是短命的,如苏联;“无比优越”的制度也是短命的,因为“无比优越”就没有改进的余地了,其结果只能是死亡。英国的政治制度在历史上也不断遇到危机,但都渡过去了,对于这种有生命力的制度,你能把它“和平演变”吗?难以想象。

总之,英国现代政治制度作为一个过程,快要完结了,因此很适合作为一个研究对象。黑格尔说,密涅瓦的猫头鹰总在傍晚才起飞,每个事物都是在它快要完成的时候,其本质才会充分展现在人们的眼前。马克思的理论大多把英国作为典型,每一个有志于研究比较政治制度的人都要首先研究英国。

二〇〇一

英国政治制度精义

由于地理环境、历史形势以及保守主义的政治哲学,英国政治制度的基本特点是原创性、妥协性、保守性,这是把握英国政治制度的精义。从地理环境看,岛国形成了特殊的政治稳定,它可以不受欧美影响,但可以影响欧美。中国的地理环境就做不到这种独立性。英国制度的先行者的地位,也加强了它的稳定性,它以殖民地的不稳定来保持自己的稳定,把不稳定的因素输送到殖民地去,对全世界进行剥削。当然它也把自己的制度带到了全世界,改变了世界进程。马克思当初就把革命的希望放在英国,把英国看成世界革命的发动机,希望通过英国的示范效应产生世界革命,可惜这一计划无法实施。

英国的政治制度是妥协的产物,妥协精神几乎贯穿所有英国政治制度。相互妥协形成的制度的好处就是稳定,因为大家都接受,不像法国大革命那样激进,制度动荡多变。妥协的另一个好处就是有利于保持文明成果，不像中国历史上激进的农民起义那样对生产力带来毁灭性的结果。龚祥瑞先生说，英国体制是议行结合的体制，王权、贵族、平民三结合。这就是洛克所谓“三权分立”。洛克的三权分立实际上是两权分立，是阶级分权而不是体制分权，即英国资产阶级与封建贵族的分权，这与孟德斯鸠的三权分立不同，更与美国人阶级内的体制分权有异。

英国人的妥协不是选择的，而是客观形势使然。王权从未有过强大的军队和财政基础，封建采邑制度实行“我的附庸的附庸不是我的附庸”，因而市民社会的资产阶级获得了生长的空间，加之贵族在玫瑰战争中相互残杀，力量消耗殆尽，为妥协提供了条件。英国的妥协是力量均衡的妥协，所以能产生出稳定的制度；如果妥协不是力量均衡的结果，而是力量悬殊的结果，是“狮子和绵羊”的妥协，就很难保持稳定。英国保守主义的另一个来源是法国大革命的影响。法国大革命中产生的暴力行为吓坏了英国软弱的资产阶级，他们在批判法国大革命极端行为的同时发展了保守主义理论，其典型代表就是柏克，他是保守主义的祖师爷。

英国政治制度的妥协保守性集中体现在其宪政历史和宪法特点上。英国宪法是不成文的柔性宪法，由一系列历史上形成的法律性文件和惯例组成，因而有一部分可诉之于法庭，另一部分就无法律依据，不能诉之于法庭，如多数党与少数党的权力移交、政府的权力配置、首相的权力等就完全是惯例的产物。英国的公民权利只规定取得权利的途径，不规定具体的权利，更没有列举权利，但不能说英国人没有权利。这是先发国家的特点，什么东西是权利，什么东西不是权利，在当时并不清楚，很多只是客观形势使然，时间长了习惯就成了权利。英国虽然没有成文宪法，但却有严格的法治精神，甚至到了近乎一丝不苟和迂腐的地步，这可以从英国议会开会的沉闷刻板中得到反映。那么，英国人的法治精神从何而来？恩格斯认为主要是英国历史上不存在绝对的王权和有良好的地方自治传统。

英国虽然没有绝对的王权，但英国的王权又至今仍然存在，显示了它的强大生命力，这的确是历史的诡秘之处。英国王权之所以保留下来，其秘密就是有王无权。英国人如何处理王权与政权的关系？如何实现了二者的成功剥离？这也有一个历史过程。第一次是把王权与君主分开，王权是国家制度，君主只是保留尊严的主权，实际主权在国家。第二次把法律的权力同实际的权力分开，君主在法律上虽然很有权，但实际上无权。日本政治学家佐藤功说，如果首相要把女王送上断头台，女王只好签字，而如果女王要杀掉首相，不会有任何法庭对女王进行审判。当然这种事情实际上不会发生，但很形象地说明了法律与权力的分离。第三次把君主的权力与君主的作用分开，有权力不一定有作用，无权力但不一定无作用。女王没有权但很有作用。恩格斯说："英国的王权等于零，但仍然是英国人的主观上层。"英王在今日作为主观上层有很强的精神统治作用，是统一的象征，所谓虚君不"虚"。在制度发展上英国的处理是经典。英国媒体对女王活动的浓重渲染报道也是为了塑造权威，加强主观上层。

现代化国家都把主观上层制度化，而传统国家则使之人格化，英国人把二者结合起来了。美国的主观上层是宪法，瑞士是国民大会，日本有天皇，中国今日的主观上层还没有制度化，仍然空缺。主观上层的作用不可小视，麦克阿瑟将军在处理日本天皇问题时就说过，保留日本天皇，一是照顾日本人民的感情，二是天皇的整合作用还很大，比 20 个师团力量大。不过日本天皇虽然保留下来了，但只能从事国事活动，不能从事政事活动。

英国国库拨给女王的钱是很有限的，王室有自己的财产。英国女王除了象征作用外，还有对政府的咨询权、鼓励权、警告权等，因为女王观政经验丰富，时间长，而且具备良好修养，女王还有随时调阅档案的权力，可以随时召见大臣，这些条件都可以起协调政府工作的作用。瑞典国王曾经对其国民说过，“你们选一个总统的费用大呢？还是养我的费用大呢？”他的意思是说保留国王是一种低成本的制度。不过，这一制度的关键是王室必须加强修养和自我监督，如果总是闹出查尔斯王子那样的事情，人民恐怕就不能容忍了。

二〇〇一

第三章　中西文化“和而不同”

中西文化分叉点

对中西方文化进行比较研究，就暗含着这样的前提：中西之间既有相似又存在差异，前者一般来说具有普遍规律性意义，后者则是各自的特殊条件造就出的斑斓色彩。如果基于世界各大洲都独立地创造了人类文明，并分别进化，各自都取得了辉煌成就这一事实，那么，我们可以肯定，人类的心智和体力都是大致相等的。如果不无视这一真理，即原始社会及其内部存在的氏族组织是人类早期共同经历过的社会组织形式，那么，我们可以肯定，不同民族历史发展的起点都是相同的。从相同的起点开始发展，凭借相近的能力，人类各民族在文明的创造发展上是“生而平等”的。若把历史比作一棵参天大树，人类各民族各显异彩的历史道路那就无非同一主干上分叉的不同的枝干；若把人类历史比作一条源源不绝的长河，各民族独特的发展途径那就无非同一条大河分离出的千姿百态的支流。因此，在比较研究各民族文化的差异时，如果沿着它们发展过来的轨迹，追根溯源，那么是不难发现它们的“分叉点”或“分离点”的。

“民主”可能自它产生以来就已经成为人类争论不休的问题。在今日改革时代之中国，“民主”的光彩魅力再次吸引了各家学者。在有些学者的论著中，隐约可见这样的论点：似乎西方民主是“天生的”，而中国作为典型的东方国家“天生地”就没有民主。在中国历史上,从未见到民主、共和的影子。我们感到,这样说,一方面难免使人陷入悲观;另一方面,也与历史事实相悖。作为人类文明的主要成果,作为人类社会的一种组织形态的民主制,对西方和东方的各民族来说,在起点上都是一样的,问题只是把起点放在历史长河的哪一段。如果放在人类发展共同经历过的氏族社会,那么,我们可以说,世界的东方和西方其民主的发源是"生而平等"的。

当今历史学家公认,氏族组织是人类共同经历过的早期社会组织形式。恩格斯在研究国家起源时,曾根据摩尔根的《古代社会》一书,总结出以下这个论断:"氏族,直到野蛮人进入文明时代为止,甚至再往后一点(就现有资料而言),是一切野蛮人所共有的制度。"恩格斯认为这是被摩尔根看透了的一个人类社会发展的秘密,且因此"使一向那样自信的英国原始历史学家们暂时沉默了下去"。同时,摩尔根揭示了这秘密后还进一步论证了:"人类的各种主要制度都起源于蒙昧社会,发展于野蛮社会,而成熟于文明社会。"在这里,摩尔根所说的"人类的各种主要制度"精确的内涵究竟是指哪些制度不是这里所要探讨的,但是纵观人类的全部历史,民主制度无疑是"各种主要制度"之一。尽管在社会发展的各个历史阶段,民主制度是具有不同阶级性质的,但民主制的胚胎是萌发于氏族社会的。

文明社会前存在的氏族民主制,在氏族社会后期演变为军事民主制(这是摩尔根在《古代社会》中提出来的,后来马克思和恩格斯都接受了这一论断)。在氏族民主制包括后期的军事民主制下,财产公有,不存在任何阶级、私有财产和剥削压迫,人人平等互助。氏族成员无论男女都享有广泛的权利义务,他们有选择、罢免氏族首领和酋帅的权利,成年的男女自由地表达自己的意志;在氏族内部设有氏族会议,男女成员都可以参加会议并有平等的发言机会，最后由氏族会议通过一切重大决议，等等。恩格斯对这种原始的民主制曾作过很高的评价："这种十分单纯质朴的氏族制度是一种多么美妙的制度啊！没有军队、宪兵和警察，没有贵族、国王、总督、地方官和法官，没有监狱，没有诉讼，而一切都是有条有理的。"这一情景也正像摩尔根所说："自由、平等、博爱，虽然从来没有明确规定，却是氏族的根本原则。"因此，如果氏族社会早就出现了原始民主制，只要氏族社会是人类共有的早期社会组织形式，"民主制"也就是东西方共有的"各种主要制度"之一。同时，从现有的历史资料看，人们还没有发现中西方共有的氏族社会，特别是作为这个社会主要制度的原始民主制有什么差异，而且，直到氏族社会解体和奴隶制社会开始形成的初期，中西方还同样都留下了原始民主制的痕迹。在这方面，西方的史实毋庸赘述。从古代中国看，据传，禹在晚年曾在部落联盟会议上提出继任人问题，大家推举了伯益，尽管禹死后，禹之子启以强力占其位，"益干启位，启杀之"。但是，这里以部落联盟会议大家推举继任人的形式却正是氏族社会民主制的痕迹。

但是，随着氏族社会的最终解体，奴隶制社会的形成，原始民主制在西方过渡到了作为国家制度的民主制，而在中国，却未能顺利地完成这一转变，中西方的发展出现了"分叉点"，而且从此分道扬镳，形成了各自独特的发展过程。在中国历史上，自夏、商、周到近代资产阶级革命以前，正像许多学者所公认的，从没有出现过任何民主共和制，而在西方，氏族社会解体以后，古希腊、罗马在原始民主制的基础上，创造了人类第一个剥削阶级，即奴隶主阶级的民主共和制，即使到神权统治的中世纪，还有一些城邦国家仍然实行民主共和制，例如恩格斯曾经提到的15—16世纪波兰贵族的民主共和国。这就是说，中西方作为社会组织形式的民主制这种文化发展的分叉是从奴隶制社会初期形成阶段开始的。问题在于:为什么会发生这种分叉?

一九八八

中西文化分叉的地缘因素

过去把地理政治学作为伪科学批判,实际上恩格斯就指出过,在上古时代人与自然的脐带仍然没有割断,因此人类社会的发展在很大程度上受制于自然条件,自然决定人的命运,而不是相反。人类社会越到后来自然的制约作用就越小,人类的主观能动性就越大,在与自然的关系中主动性就越大。《河殇》的问题不在于用地理因素解释中西差别,而在于用之解释现实。如果从源头上看,地缘因素对于中西文化的不同发展的确是非常重要的。

从政府体制上来说,古希腊多山、多岛屿、海洋环绕的地理环境为多元化的政治体制的发展提供了空间,因为这种地理环境形成的城邦国家都是比较小的政治共同体,很难有一个城邦完全征服其他所有城邦的可能。多元化的政治体制提供了制度竞争的空间,为政治学的发展提供了良好的土壤。亚里士多德就是从150多个城邦的政治制度的比较中开创了政治学的。国内最早分析这个问题的是顾准先生。与古希腊相反,东方中国是广阔的平原,很容易产生彼此的兼并和征服现象,因此王权在中国一开始就很强大。古代中国从来没有比较制度的概念,也从来没询问过“财产从何而来?”“权力从何而来?”的问题,因为这两个问题都会涉及王权。而没有这两个问题,整个政治学就无法产生和发展。亚里士多德的政治学就是研究民主的政治学,也就是回答这两个问题的政治学。西方近代以来的政治学更是明确以这两个问题为前提，洛克、卢梭、孟德斯鸠等人的社会契约论回答的就是财产权的来源和政治权力的来源问题。中国因为“普天之下莫非王土，率土之滨莫非王臣”，没有比较就不可能有思考，除了上天和皇帝再也无法设想财产和权力的来源了。

地域的差异也造成了经济发展模式的差异。古希腊城邦在政治上是多元的，但是每个城邦在经济上却只能是单一的，许多城邦都只能生产单一产品。这就决定了城邦之间在经济上必须交换沟通，或进行海上贸易。海上贸易的发展产生了两个重大后果：一是商业的发展，二是殖民地的发展。殖民地对古希腊制度的发展产生了很深的影响，外出开辟殖民地的人每次过海都把血缘关系留在了国内，每到一块新大陆都要建立相互信任的契约关系。对此英国历史学家汤因比做过著名的分析。漂洋过海同舟共济，技术是第一位的，谁会驾船谁就是领袖，在那种情况下血缘等级观念很难发展。就像美国殖民者在面对印第安人和恶劣的自然环境威胁时发展了契约关系一样。中国人几乎没有契约观念，更没有把契约关系政治化，从而也就谈不上出现系统的社会契约论。中国人重情理，不重契约，这在《白毛女》这样的艺术表演中也可以得到反映，人们都痛恨放债的黄世仁，而同情欠债的杨白劳。

另外，古希腊地理环境比较恶劣，人们必须在努力改造自然的过程中才能生存下来，这形成了冒险创新的精神，而中国文化的发源地土地肥沃，人们只需适应自然就可以生活得较好，这养成了中国人安土重迁不思进取的精神。这种因为人与自然关系的不同所产生的人的精神差异无疑对于政治制度的发展也有重要影响，李大钊、梁启超在比较中西文化差别时，也强调了这一点。

二〇〇三

中西文化分叉的商业因素

显然,血缘关系与地缘关系的不同共同造成了中西商业发展的重大差异。马克思说过,商品交换即使不能建设什么,但可以破坏传统。交换现象是原初社会就存在的,如部落之间的交换,但是交换发展的程度和交换发展的方向却造成了文化上很大的差异。首先,古代中国没有迫切的商品交换需求,社会单位能够做到"小而全""大而全",国家、家庭、生产单位高度同构,商业得不到发展,而古希腊因为生产品种单一,地理环境恶劣,对交换都有着迫切需求。其次,古希腊的经济发展只能是"外向型"的,而古代中国因地大物博,经济发展始终带有"内向型"特点。

无论是东方还是西方,商品生产发展到一定阶段,都会出现"国家介入"的问题,"国家介入"的不同对整个社会的发展和政治制度的发展都产生了深远影响。这里至少有三个重要差别值得研究。

"国家介入"的不同方式形成了不同的城市文化。中世纪西方城市的形成标本是:以商业广场为中心,权力、司法、宗教环绕广场周围,即教会、王权、法院实际上都为商业服务。而在中国,王权始终处于城市中心,商业中心大多在城外,国家在整个政治、经济、文化中以权力为中心。秦始皇虽然统一了度量衡,但仍把商业置于权力的绝对统治之下,这一模式延续了两千年。

西方的政治权力为商业交换提供了所必需的法律、秩序,这是东方没有的。罗马法是第一个系统的商业法,而中国的国家介入主要是限制商业发展,或者吸取资源,没有为商业活动提供系统的法律支持。古代中国的法律主要是维护王权的,不是维护商人的，国家也没有为商业发展提供一个良好的安全保障，维持商业秩序大量依靠私人，这极大地提高了商业成本。如“镖局”的成本就很高，一般人根本无法承受。中国历史上的强盗经济“梁山泊”是常态，农民造反产生强盗经济。强盗经济没有发展生产，但对生产的破坏很厉害。“大碗喝酒，大块吃肉”都是抢来的，不是自己生产的，这不可能产生有利于商业发展的积累意识。中国人还把商业政治化了，其典型就是明代“郑和下西洋”，目的是炫耀皇恩浩大，与美国“皇后号”从波士顿到广州主要为了商品交换完全不同。

国家介入在东西方形成了不同的社会结构。在西方，国家介入促进了市民社会的成长，使民主制有了新的阶级基础，因为王权为了与贵族斗争必须与市民结盟。这样，商业进入政治领域就带来了一系列制度创新，可以说西方的政治制度就是围绕商业展开的，市民社会的贸易规范在资产阶级掌握政权后就上升成了政治制度。如“没有代表不纳税”对议会制的影响，税收制度对王权的制约，商业对农业发展的支持等。总之，西方政治制度创新的根本动力是商业的发展。而古代中国国家介入的结果往往是商业与权力的结合，商业不能限制权力，而是权力完全控制商业。中国的大商人都是“红顶商人”，独立于权力之外的市民阶级长期不能得到发展，一直到清末由于政府衰败、西方影响深入，现代意义上的市民阶级才在沿海部分地区出现。

二〇〇三

西方文化对血亲关系的逐步削弱和破除

从西方文明发展史看，从氏族社会向奴隶社会过渡时，明显地保留了以血亲关系为基础的氏族社会组织的民主制，并在原始民主制转变为奴隶主民主制的过程中,不断地削弱和破坏血亲关系,代之以财产和地域关系。当然,这种关系的改变本身正是阶级和国家产生的原因和条件。虽然中国古代奴隶社会的出现也经历了同样的过程,但是,如果对东西方加以比较,人们就不难发现,在以古希腊、罗马为发源地的西方文化系是在不断削弱和破坏血亲关系的过程中,使原始民主制的形式得以衍生,并在此基础上发展。虽然这种血亲关系与财产和地域关系一直发生着剧烈的冲突,互相交融,以至血亲关系的再次蔓延(如中世纪时代)。但是,作为东方文化系的中国文化的发展,起初也是以推翻氏族制度为条件形成了阶级和国家,可是在这一过程及以后国家的发展中,并不是通过不断破坏和削弱血亲关系,使原始民主制作为一种国家形式具有继续保留下来的条件,反而是依靠和加强血亲关系扼杀了原始民主制传统,完全抛弃原始民主制中的可取之处,建立了以家长统治为核心结构的皇帝专制制度。这样,呈现在我们面前的中西方两大文化系发展的分叉点最清楚不过的是血亲关系,是不断削弱和破坏,还是不断维护和加强这种关系。

因此,我们可以说,在西方,从氏族社会到政治社会和以后的发展,总的趋势是一个削弱血亲组织的过程。首先从古希腊谈起。古希腊文明是典型的海洋文明,古希腊最早的居民是从欧洲大陆迁徙而来的。汤因比曾认为:"在民族大迁移的过程中,跨海迁移的苦难所产生的另一个成果不是在文学方面,而是在政治方面。这种新的政治不是以血亲为基础,而是以契约为基础的。"在古希腊居民中,血亲组织已经遭到了一定的削弱,而且古希腊在城邦的形成、发展过程中,又采取了一系列步骤,经过长期的努力,不断削弱血亲组织。在古希腊,最早不论在部落或民族中,他们的政府都是以氏族为其基本单元组织,随着财富的增加,早期的氏族组织发生演变。氏族分裂为家族,家族结成农村公社,希腊人称之为“地米斯”。但约从公元前8世纪起,古希腊人就“力求摆脱他们自古以来即生存其中的氏族社会,而转入以地域和财产为基础的政治社会”。在雅典,根据传说,这一发展过程始于瑟秀斯的立法,以后有公元前624年克里斯蒂尼的改革。梭伦变法为了打破旧的氏族关系,禁止血亲复仇,规定个人可自由处理私有财产,并按财产将公民划为四个等级,这样摆脱了过去的血亲标准而代之以财产标准。到克里斯蒂尼改革时,雅典又针对氏族组织,按地域将阿提卡全境划分为一百个村社,称为“德莫”,即希腊语“民主”的词根。同时,在“德莫”的基础上再进一步建立行政区和大行政区,这样便用地域标准代替了血缘标准,个人对氏族的人身依附关系转变为依赖国家的城邦公民。雅典经过了这么几百年的变迁,国家逐渐产生,氏族组织逐渐瓦解,“国家机能一步一步地发展,氏族机能一步一步地减少,最后国家完全代替了氏族,氏族就被消灭了”。摩尔根认为这一转变为以后希腊城邦民主制的兴盛奠定了基础。

古罗马在从氏族社会转变为政治社会时,同样是以削弱血亲关系为标志的。古罗马有史以来即存在着一种叫作“库里亚”的组织,由于它既是征集军队的组织,又是进行初级选举的单位,所以直到塞尔维·图里阿时代,“库里亚大会”都一直是罗马氏族的最高权力机构。“库里亚”由十个氏族组成,十个“库里亚”再组成一个部落,在罗马氏族社会里共包括三百个氏族。“库里亚大会”是以“库里亚”为单位,每一“库里亚”有一集体投票权。古罗马此时正处于以氏族、大氏族和部落等血亲组织为基础的“军事民主制”阶段。据传说,罗幕路斯建立罗马城时开始将氏族和部落结合为一支人,集中统一于一个政府之下,开始了用地域和财产为基础的组织逐渐取代以氏族为基础的原始社会组织的伟大运动。“罗马的基础就此奠定,罗马的威力与文明便随之而来。”

约在公元前576年,在罗马军事民主制第六代酋长塞尔维·图里阿继位后,由于人口和财产的增加,又对氏族组织进行了一次根本性的改革,废除氏族制而创立以地域和财产为基础的政治社会。这次变革的主要内容是:第一,以根据个人财产多少而定的阶级来代替氏族。第二,创立“森都里亚民众大会”(又叫“百人团大会”)来代替氏族制度下的“库里亚大会”。根据财产的占有将公民划为五个阶级,每个阶级在民众大会里都有一定的投票单位,叫“森都里亚”。开会时,每个“森都里亚”都有一投票权,进行集体投票。“森都里亚”成立后,原有的以氏族为基础的“库里亚”逐渐丧失了一切政治权力,原始氏族制度遭到破坏。第三,设置四个市区,每个市区有划定的边界,各有名称以标志为一个领域,其中的居民须登记他们的名籍和财产。恩格斯指出:“这样在罗马也是在所谓王政被废除之前,以个人血亲关系为基础的古代社会制度就已经被破坏了,代之而起的是一个新的、以地区划分和财产差别为基础的真正的国家制度。”

如果我们再来考察日耳曼人、法兰克人的历史,同样可以看到类似古希腊、罗马的转变过程。在中古初期,日耳曼人入侵罗马以后,氏族关系就逐渐解体。法兰克人在进入高卢之前还处在氏族制度阶段,进入高卢后,氏族组织同样逐渐瓦解,按地域组织的农村公社代替了氏族组织。这种被称为“马尔克”的农村公社由若干大小不等的村落组成,保留了大量氏族组织里的民主传统。因而有的西方学者尤其是德国学者便据此坚持西方民主来自森林的“公社制度起源说”。不可否认,“马尔克”公社在氏族组织向国家过渡时,是军事民主制转变为国家民主制的一个媒介,以后成长起来的西方民主制确实保留了公社的传统。

但是,自有阶级以后,民主制不再是无剥削、无压迫的那种原始民主制了,而是具有明显阶级性质的民主制了。

综合上述,在西方,国家早期的历史发展阶段,在氏族民主制度转变为一种国家制度时,普遍采用以地域为基础的城市(或乡区)来代替以血缘为基础的氏族组织。作为氏族组织的对立物,一是城市(或乡区),一是家庭。恩格斯对此有精辟的论述。他说:"在新的设防城市的周围屹立着高峻的墙壁并非无故:它们的壕沟深陷为氏族制度的墓穴,而它们的城楼已经耸入文明时代了。"同时,氏族社会中产生的另一因素也在氏族社会中打开了一个缺口:"个体家庭以作为一种力量,并且以威胁的姿态与氏族对抗了。"城市与家庭二者联合彻底破坏了氏族组织后,城市(或乡区)成为国家的基本单位,构成了政治社会的基础;而仍然保留了血亲关系并渗入姻亲关系的家庭则成为社会的基本细胞,只在伦理方面和社会生产活动方面发挥作用,起初它还具有生产功能,以后则将此职能让渡给作坊、工厂,纯粹为消费单位了。显然这一转变为西方民主制得以发展奠定了基础。

当然,西方国家也并非通过这一次转变就彻底清除了血亲关系,或者说血亲关系作为民主的障碍就不复存在了。相反,这一转变只是清除血亲关系长期过程的开端。古希腊的民主制是基于公民权和奴隶身份血统世袭基础上的,而且,这种奴隶世袭制尽管随着奴隶和奴隶主同归于尽而结束了,但是,封建的中世纪整个欧洲出现了家族政治,权力世袭,贵族血统关系成为封建王权统治的基础。显然,这是随着中世纪商品经济的毁灭,转而倒退为自然经济而出现的血亲关系的复归,使血亲关系、地域关系、财产关系结为一体。正是这样,在西方文化发展过程中,虽然还有一些城市小国继续实行贵族的民主共和制,但是以血亲关系为基础的王权专制制度的建立在许多国家中使得作为国家形式的民主制已经荡然无存了，从而成为西方文化史上的黑暗年代。古代西方民主制是在氏族社会转变到奴隶社会时对血亲关系进行破坏的过程中发展的，而中世纪黑暗年代向血亲关系倒退，则毁掉了民主制赖以存在的条件，导致封建的以贵族血统关系为基础的王权专制。这就是历史的结论。这一血亲关系笼罩政治的局面直到文艺复兴才开始改观。文艺复兴，连同以后的资产阶级革命、工业革命，对血亲关系进行了一次又一次的荡涤，民主制也随之一步一步地前进。可以说，现代西方民主制的建立是基于破除血亲关系这一前提的，其发展也与血亲关系的不断破除同步而行。

一九八八

中国文化对血亲关系的强化和放大

血亲关系进入政治生活是与国家民主制发展水火不相容的。这是因为，在氏族社会血亲关系是建立在原始平等的基础上的，但进入政治社会后，以家庭（或家族）衍生出的血亲关系是建立在家庭等级金字塔基础上的，它奉行“父为子纲”的服从关系，“父要子亡，子不能不亡”，强调尊长敬老的伦理道德。家庭成员的角色和地位少有平等可言。相反，建立在地域基础上的城市（或乡区），其居民无论男女老少，皆为城市（或乡区）的公民，在理论上是“法律面前，人人平等”。公民在国家调节下结成了完全平等的权利义务关系。这是国家赖以正常运转、民主得到健康发展不可或缺的因素。如果依附于家庭（或家族）的血亲关系盛行，代替或压倒了使公民依附于国家的地域关系，公民权势必不会产生或遭到削弱，公民精神也不会产生或重新泯灭，“父父子子”的等级金字塔形的服从关系就会在政治生活中占主导地位，家庭认同代替城市认同，臣民角色代替公民角色，这必然会扼杀民主，造成“君君臣臣”“家天下”“世袭制”“父母官”和“一言堂”。

中华民族作为人类文明的发源地之一，很早就进入了氏族社会，并且同样经历了其他各民族都曾经历过的氏族民主制及军事民主制阶段。在氏族公社内部，没有人剥削人和人压迫人的现象，没有贫富不均，各个成员的社会地位是平等的，“天下为公”，“而无私耕私织，共寒其寒，共饥其饥”。管理氏族公共事务的首领，由氏族成员共同选举产生，不称职时，可以撤换。一切按照传统习惯行事。所谓“神农无制令而民从”，“刑政不用而治，甲兵不起而王”，正是这种情况的写照。传说中的“禅让制”就典型地说明了军事民主制时期民主选举军事首长的情况。但是，在氏族组织逐步瓦解并向国家过渡时，中国出现了不同于西方各国的特点，原始民主制未能顺利过渡到一种国家制度的民主制。据史书记载，夏禹照“禅让制”应将天下传给益，但禹的儿子启杀掉了益，并通过部落战争夺取了职位。“传贤”为“传子”所代替，父子、兄弟职位相袭成为制度，“天下为家”开始了。我们比较中西方的差异已经看到，在西方国家，氏族社会末期城市与家庭双管齐下，推翻了氏族制度，城市（或乡区）成为国家的基础，家庭成为社会的细胞，氏族社会向国家转变的过程就是削弱血亲的过程。但在中国，家庭（或家族）表现出了强大的力量，而却难以出现类似古希腊、罗马那样的城市组织，因此氏族制度瓦解后，家庭不仅成为社会的细胞，而且成为国家的基础。“天下为家”“君国不分”即是最好写照。

由于中国从氏族社会向政治社会的演变过程中，始终没有超越血亲组织——家庭（或家族）对政治的影响，中国的奴隶制具有浓厚的宗法色彩。更不幸的是商、周又发展出了“亲贵合一”“世卿制度”，孔孟儒家学说又提出了一套伦理为中心的国家学说，主张“修身齐家治国平天下”“家乃国之本”等理论；秦始皇建立统一大国时推行的郡县制，其基础按家庭组成什伍、里等组织，人民被组织在有连坐责任的家族集团里；这样国家制度同家族制度紧密地结合在一起。中国的家庭不仅具有社会、伦理方面的功能，而且更重要的是其政治作用。中国的国家基础机构便是家庭，社会和国家没有清晰的划分，家庭的伦理道德同政治始终未能分离。家庭与国家结成一对同构体，并对国家政治产生着两方面的影响：有利于加强对个人的控制；不利于保护个人，抗衡皇帝专制国家的集权。这样，在西方国家，氏族民主制这一国家制度的民主制的胚胎，经过城市（或乡区）的接生顺利诞生了，以后发展成为古希腊、罗马的城邦直接民主制。而在中国，氏族社会的国家民主制胚胎却由于长期存在的血亲关系无法发育起来，当中华民族带着原始民主制中存在的国家民主制胚胎进入政治社会时，血亲关系这条脐带一直把这一胚胎同旧氏族制度联系在一起，“家天下”“王位世袭制”使现代民主制的胚胎窒息了。随着国家制度同宗法制度的紧密结合，原始民主制的遗风就更无存身之处了。我国近代思想家梁启超在《新大陆游记》一书中也早注意到了中西方的这一差异。他写道：“西方人之自治发达固早，吾中国人地方自治亦不弱于彼。顾何以彼能组成一国家，乃我不能？则彼之所发达者，市制之自治；而我之所发达者，族制之自治也。”故中国有族民而无市民；有族自治、乡自治而无都市自治（见梁漱溟《中国文化要义》）。中国国家组织产生时，缺乏城市或其他以地域为纽带的地方基础组织作为原始民主制过渡到国家制度民主制的方式，也就是说，没有新的载体来继承原始民主制的合理形式。可见，中国不是没有民主制的萌芽，而是这一萌芽遭到扼杀了。显然，这就决定了中国后来民主发展的命运。这也是我国"大一统"的集权体制持续不衰,而民主难以成长的原因。

在把氏族民主制转变发展为国家制度的民主制时,西方早期的城市(或乡区)担当了这一历史责任。正如摩尔根所说:"都市生活和制度的发展,财富的积累于都市之内,以及由此而产生的生活方式的重大变化,便为氏族社会的覆灭,为建立政治社会以代替氏族社会做好了准备。"中国却缺乏类似的媒介和载体,未能使国家制度的民主制胚胎诞生,最终发育成长起来。那为什么中国又未能产生出类似西方的城市呢?原因也许很复杂,但有一点是肯定的,这一差异同中西方商品经济的发达与否有关。商品经济的发展,必然会摧毁、削弱血亲组织及其影响,把每个人都推进相互交往和联系之中。古希腊、罗马在国家出现前就存在了精细的分工和频繁的交换,并造就出一大批城市,这是有利于城邦直接民主制的产生和繁荣的。直到近代,西方才广泛兴起统一民族和统一国家,城市与统一国家经过长期的斗争妥协,直接民主制与中央集权相协调,又产生了代议民主制,把西方的民主推入一个新的阶段。但在中国,由商业造就的城市在国家出现前几乎不可见,直到国家出现后,尤其是统一国家建立后,才主要由于军事或行政的原因,兴起了一批城市。它们既不可能产生出直接民主制,也不可能同王权抗衡,建立代议民主制。

制度是人们在长期的历史发展中创造出来的,只要人们有意识地进行改造,其形式和精神都是会逐渐发生变化的。今天,我国在中国共产党的领导下正进行着民主化和法治化的伟大改革。我们要建设社会主义民主制度,必须有意识地重视以下两方面工作:第一,正如邓小平同志所说:"宗法观念的余毒绝不能轻视。"一人当官,鸡犬升天;一人倒霉,株连九族;任人唯亲,任人唯帮，都是封建宗法关系的表现，是血亲关系腐蚀政治的产物。血亲组织、宗法关系在政治生活中被铲除的国家才是民主制生存的肥沃土地。第二，建立、健全具有地方自治权力的城市、乡镇等基层组织，以取代家庭而成为中国国家的基础结构，削弱、最终消除"家—国"同构体，代之以"市—国"或其他类似的同构。正如摩尔根在论述雅典进入政治社会的转变时所说："给国家带来安全与秩序的新因素是享有完全自治权的乡区和地方自治政府。以类似方式组织起来的一百个区将决定雅典共和国的总体活动。基本单元是怎样的，其复合体也是怎样的。如前面所指出的，人民如果要学会自治之术，要维护平等的法律和平等的权利与特权，那就必须从基本单元开始。"

一九八八

中西启蒙的不同逻辑

西方的启蒙是从神权到人权，从神性化到世俗化，专横的教会是批判的靶子。通过启蒙运动，西方社会开始了现代化的历程，不仅市场经济得到了迅速发展，像"神奇的法术"一样在短短的一百年间创造了比以往所有历史时期加起来还要多的财富和大量的人口，而且政治生活也逐渐步入了理性化、法治化、制度化的轨道，资本主义挟着启蒙运动所产生的生命力，迅速发展成为一个崭新的强大的文明体系，支配和主导了整个世界。经过近代以来百余年的与西方文明的正面交锋，古老的中华帝国迅速崩溃瓦解，不得不放下几千年来形成的"天朝中心"唯我独尊的架子，加入资本主义现代化的全球化过程。

中国要现代化必须完成启蒙，这是自近代以来无数寻求救国强国之道的仁人志士的共识，但是中国需要什么样的启蒙？

这个问题却存在分歧和争议，并在思想界造成不少混乱。通观不少“自由主义者”的著述，他们说的还是西方启蒙思想家的话，什么人性化、世俗化、理性化等，好像中国人只能重复西方的路，这就很有疑问了。中国历史上神权早就终结，孔夫子说，“敬鬼神而远之”“六合之外存而不论”，并说“仁者，人也”“克己复礼为仁”。儒家学说成为中国统治者的官方学说表明，中国文化早就是“以人为本”，根本就没有神权与人权之争。可以说，中国人长期以来是“太人化”了，以致根本不受神的束缚，最多是“闲时不烧香，急时抱佛脚”“祭神如神在”，对神非常功利，非常世俗。中国的问题大多不是因为太信神，而是太信“人”，太信皇帝清官，说得严重一点，中国人正因为根本不信神（神也代表着一种公共生活的观念），所以只能信皇帝。因此，中国需要启蒙，但是启蒙的逻辑与西方不同，虽然不能说西方启蒙运动所提倡的东西中国人不需要，但是不能把西方的启蒙标准用到中国来。

为什么中国人如此相信皇帝？因为皇帝是“天子”和“万民的父母”，说穿了是皇帝与我们每一个人都有“血缘关系”，所以他的合理性是不能质疑的，设想自己的父母天性就是恶的，总在设法剥夺和压迫自己，既荒谬又无必要。然而对于中国的文化来说，整个社会就是一个存在着血缘关系或模拟血缘关系的大家庭，正如费孝通先生所说的，中国人的人际关系就是以家庭为中心一波一波地推出去的，由此形成一个大圆圈，同乡、同学、义子、结拜兄弟、师徒，一切亲密关系都要与血缘关系挂上钩才可靠，没有血缘关系也要形成“拟制的”血缘关系，如变形的血缘关系和虚拟的血缘关系。本来血缘关系本身没有什么不好的，每个人都是父母所生，都接受父母的养育之恩，但是如果把这种血缘关系搬到政治生活中去就会产生灾难。我们认为，中西文化的分叉最直接的原因是血缘关系在进入政治社会时是否瓦解，西方现代的政治文明是通过不断清除血缘关系的影响发展起来的。在进入阶级社会以后,政治生活的本质发生了根本改变,如把以血缘关系为基础的氏族民主制搬到等级森严的阶级社会中去,就会扭曲政治生活的本性。中国政治发展的一个根本问题仍然是需要破除血缘关系对政治生活无所不在的影响,中国的启蒙应该有中国的特色和任务,说具体点,就是要把血缘关系留在家庭和社会生活中,用现代契约观念重新塑造中国的政治文化,使中国政治走上责任政治、法治政治之路,彻底清除"裙带政治""人情政治"的封建余毒。

二〇〇三

华盛顿的政治遗产

华盛顿是美国的开国元勋,也是美国人的精神偶像,他带领美国人民与英国殖民者浴血奋战为美国人争得了独立。毛泽东是中华人民共和国的主要开创者之一,是中国人的华盛顿。毛泽东很小的时候就崇拜华盛顿,据说在 13 岁时就告诉身边的人"中国需要华盛顿",最终他实现了自己的理想,中国人民在他的领导下经过抗日战争和解放战争终于赢得了独立,洗清了近代以来遭受世界列强欺凌的屈辱。华盛顿与毛泽东作为自己国家的开创者都对自己国家后来的政治发展产生了深远影响。

对于政治制度来说,源头是非常重要的,因为源头提供了制度最初的合法性和基本框架,它成为后来制度变迁的基本平台。了解一点英国政治制度的人都知道,有很多制度往往是由最初的强有力的政治领袖偶然的事件所造成的,处理这些事件的方法后来成为惯例,并逐渐演变为正式制度。美国也是如此,华盛顿对此有深刻的自觉意识,他说过:"开始是人创造制度,后来是制度创造人。"正是认识到自己对美国制度可能产生的重大影响，所以深深热爱自由的华盛顿在连续担任过两届总统后就坚决不再竞选第三任总统。他的这一做法改变了美国人的历史，从此以后除了第二次世界大战时期罗斯福担任过三届总统外，每个人只能连续担任两届总统遂成美国惯例，后来经过宪法修正案成为正式法律。按照美国宪法制定者原来的设计，并没有规定总统连任的限制，主要是考虑到华盛顿对美国人民的巨大贡献，赋予他终身担任美国总统的权利。但是华盛顿拒绝了身边人关于连任的建议，为美国人留下了好的制度。因此尽管后来美国也有类似"文化大革命"那样的政治运动，如麦卡锡对美国共产党和进步人士搞的白色恐怖，但是总统和国会改选换届后就很快结束了。

美国人非常热爱华盛顿，但是并不崇拜华盛顿，更不崇拜其他总统，这也许是美国人的幸运，也是美国民主政治能日臻完善的重要因素之一。政治学的理想就是谋求一个好的制度，这是西方社会从亚里士多德到密尔的无数政治学家的不懈追求。

二〇〇三

知识经济背后的知识传统

现在大家都在谈知识经济，什么是知识经济？为什么过去没有知识经济？中国是否有知识经济？回答这些问题的关键是什么是"知识"？如果"知识"指的是一切意识化、理论化的观念，那么可以肯定有"知识"并不一定有知识经济。知识有不同的类型，从远古的巫术、礼仪、图腾，近代的科学、机械，到今天的数据、网络，都是人们讲的知识，但是知识经济中的知识却是与现代知识类型联系在一起的。现代知识的最基本特征是可传播性、普及性，亦即科学知识。当然并不是说人文知识对于经济发展就没有意义，但是产生知识经济的并不是人文知识，而是科学知识，并且是现代具有高度可传播性的科学知识。因此美国的经济可以称得上知识经济，因为美国人的知识是以实用主义为基础的，实用主义注重的是科学知识。

如果这样看知识，中国的传统文化就是一个严重缺乏知识的文化，一方面，“诗、书、礼、易”讲的主要是人文知识，实践智慧，这是起支配作用的知识形态；另一方面，技术、工艺虽然发达，但没有转化为可理论化的知识形态，很难传授和普及，只能靠师徒长期相处或父子相传的形式得以延续，一旦没了“传人”就可能失传。这种特点的深刻影响甚至今天都还能感受到，那些倍受尊敬的“国学大师”就是典型。这些人功夫非常了得，如钱锺书能说几国语言，许多名篇都可以倒背如流，堪称“绝活”，但是你能学得了？中国文化有很多“绝活”，但是缺乏知识，因此中国才没有发展出知识经济。这个中西差别也许与文化有关系，历史上很多思想家都指出过这一点，那就是东方文化是一种“技艺文化”，西方文化是一种“技术文化”。当然这里讲的“技术”是与“技艺”相比较而言，与中国文化中的“技术”不同，后者相当于这里的“技艺”。亚里士多德就已经指出“技术”与“技艺”的差别，他说有“技艺”者知其然不知其所以然，有“技术”者不仅知其然也知其所以然，所以“技术”能广为传授，而“技艺”只能靠长期相处观察领悟。后来西方文化的进一步发展，把科学与技术分开，有知识者甚至不一定知其然但一定知其所以然，这种分开极大地促进了知识总量的增长和传播。

社会科学知识也是一种科学，它与主要关注价值的人文知识是不同的，发展社会科学必须要有这个区别的意识。过去阻碍社会科学发展的因素中很重要的一条就是没有进行这种区别，以致社会科学的发展受到政治的太多干预，失去了它的独立性和科学性。对于很多社会现象，尤其是那些反社会的现象，我们主要是从政治的角度进行批判的，科学的批判不够，因此也就很难找出解决问题的办法。应该说，知识经济的发展也是离不开社会科学知识的，因此发展知识经济首先要树立科学精神，要对"知识"本身有一个彻底的感悟。

一个社会能否形成对知识的真正尊重和重视，是知识经济得以形成的非常关键的因素，更是一个深层次的文化价值观问题。我们都知道现代知识的生产基地主要是高等教育机构，美国知识经济的发展也是与其高等教育的高度发达有关的。但是一般人却不知道美国高等教育发展的直接动力是第二次世界大战后的复员军人法，通过这个法律，数百万退伍军人得以在国家支持下进入大学接受高等教育，他们构成了美国高等教育的主体力量，也成为美国知识经济发展的重要推动力。这件事很能体现美国文化对知识的高度重视。当代国际上声望甚高的管理学权威彼得·德鲁克把这件事看成是美国"向知识社会的转变"的标志。同样是处理战后军人的去向问题，不同的文化传统的价值观产生的思路就大不一样。中国传统文化是"化干戈为玉帛""解甲归田"，苏联赫鲁晓夫提出了"化剑为犁"，而美国人却提出了"化剑为知识"。此中的理念差异耐人寻味。

二〇〇三

卢梭论立法者

为什么需要立法者？卢梭认为人民不知道自己的真正幸福是什么，这与黑格尔后来的说法是一样的，都体现了资产阶级思想家对一般民众的不信任，说明资本主义的政治只能是精英政治。但是，有一点非常重要，资产阶级思想家一般都把立法者的政治身份与其自然的、社会的身份区别开来，具有抽象化的色彩，这一点我们过去忽视了。

在卢梭看来，要成为一个立法者，至少要具备三个条件：一是有感情但不能动感情；二是具有智慧，智慧立足于本性，但又高于本性；三是要为公众谋福利，不能为自已谋私利。立法者所立的法要满足几个条件：第一，把人为人（个别的具体的人）的存在改变为每个人为社会而存在；第二，要剥夺人的自然力量，依靠社会力量解决一切纠纷；第三，从人身上剥夺掉的自然的东西越多，法律就越好，社会就越稳固；第四，社会整体的力量要大于个人的力量，法律必须致力于把社会凝聚为一个整体，等等。总之，卢梭对立法者的要求很高，因此他才说，为了立法简直需要神明。

卢梭在把立法者神明化的同时也把立法者抽象化了，他认为立法者的地位、职务的高尚、伟大都不是个人的，而是与他的神圣职责相联系的。在这里，他实际上把自然人、社会人、政治人区别开来了，这是西方政治文化的特点。这种区别实际上也就是国家与社会的区别，它对于维护统治的政治合法性很有意义。因此，美国总统下台后，不能再称总统，许多高级政治家下台后仍然从事过去的职业。总统四年一换，虽然好事很难做，但坏事绝不会持久。

二〇〇一

评卢梭的《社会契约论》

一位苏联的学者曾提出，有两类学说：一类学说如精致的小花园，逻辑严密，语言优美，令人赏心悦目，增长知识；而另一类学说却像巍峨高山，既有参天大树，又有乱石丛生，既给人震撼的力量，又时时让人困惑迷茫，这种学说富于思想，给人以启蒙和智慧。卢梭的学说属于后一类型，其思想博大精深，对时代弊端具有天才式的敏感，所发言论往往启迪人们抚卷沉思。据说德国的伟大哲学家康德经常把卢梭的肖像挂在书房内，常常凝视沉思，并承认常常从卢梭那里获得灵感。毋庸讳言，从另一方面说，卢梭的学说又有粗糙的一面，他崇尚自然社会，主张强制自由，常常引起时人和后人的非议，他对术语的使用也不严谨，如主权、国家、公民、公意等，经常让人产生误解分歧。

卢梭所处的时代，资产阶级革命已经启动，他属于资产阶级激进派，与同时代的其他人相比，他是进步的。罗伯斯庇尔甚至认为，卢梭与同时代许多其他资产阶级启蒙思想家之间的差别，就如天堂与地狱的不同。卢梭与伏尔泰的分歧最大，后者曾讽刺卢梭的思想是要把人类变成四脚爬的动物。他们之间的最大分歧实际上是王权问题，伏尔泰主张开明君主制，其平等观仅限于上层人，对民众是不信任的；卢梭则反对一切君主制，深深同情下层民众的苦难。与狄德罗比较，卢梭更加重视人与人的关系，而狄德罗把人与自然的矛盾看得比人与人的矛盾更重要，认为人与人组成社会是为了对付自然，人与人之间是不团结的，像相互碰撞的小泥团，需要他人的统治。霍布斯也曾认为人与人之间像狼一样，仍然需要狼之外的强有力的君主统治，才能获得社会秩序。关于权力结构，卢梭认为主权不可分割，孟德斯鸠、洛克等人都认为主权可以分立，这实际上是彻底革命与妥协保守的差别。卢梭的主权概念很难操作，但具有批判意义。当时的分权是阶级分权，与后来美国人的阶级内分权是不同的，因此主张主权不可分割就是要求彻底的资产阶级革命。

社会契约思想是 17、18 世纪流行的资产阶级启蒙理论，卢梭是社会契约论的集大成者，在如何订立契约上他与同时代人也存在着重要差别。霍布斯提出了两次契约的思想，认为第一次是人民之间的契约，第二次是人民与国王之间的契约，通过两次契约最后把权力全部交给了国王。卢梭认为，契约就是人民之间的契约，根本不存在人民与统治者订立契约的问题。卢梭的《社会契约论》原来中文译为《民约论》，更能反映真义。但就人民之间的契约而言，卢梭比洛克含糊，洛克认为财产权与人身自由是不可让渡的，而卢梭有时认为所有权力都应该交出来，有时又有所动摇。卢梭从财产共有出发，主张小私有经济，维护小农生产方式；洛克主张财产私有，维护大资产阶级的利益。格劳修斯认为国王的统治是为了人民，因为人与人有矛盾，因而人们便以奴隶身份换和平，服从于国王；卢梭则认为，人民不属于统治者，相反统治者的权力来源于人民的赋予，况且让与权力并不能够产生和平，否则进监狱就是最和平的了，完全把自己的权力让与出去的人已经成为奴隶，而奴隶是没有资格做人的。契约思想的一个基本假设就是自然状态与社会状态的差别。人们通过契约组成社会从中得到了什么？绝大部分启蒙思想家都提到了政治自由、财产所有权，而卢梭认为除了政治自由外，人们由此获得了道德自由，成为了真正的人，这一点是许多启蒙思想家没有提到的。

卢梭思想中最引起后人争议的是他的"公意"概念，这一概念有一些原教旨主义色彩。卢梭思想中的专制成分最先是美国人提出来的。但是，这里面存在很多误解，如认为卢梭的思想引发了后来共产主义的一些实践。实际上，卢梭仍然是一个典型的资产阶级思想家，他认为公意绝不会伤害个意，即使要惩罚个意，也必须在契约范围内，如果公意在契约范围外惩罚了个意也就变质了，公意一旦丧失就回到了自然状态，此时人民就有革命的权利了。关于财产所有权,卢梭的观点与后来共产主义实践中的公有制存在根本差异。在卢梭看来,首先是财产的私有,然后人们把所有财产都交给主权者(这个主权者就是人民自己),实现公有,最后再交给个人,成为私有。在这里,公有即相互承认对方的财产所有权。卢梭的论证有点类似中国古代的土地所有制,首先承认"普天之下莫非王土",然后国家再承认"私有",这一过程的目的是打破传统贵族和大有产者对财产的垄断占有,通过重新分配,确立平均主义的小农经济生产方式。卢梭主张公意的强制性,但也主张在公意之外还有个人的权利,主权者不能侵犯公民保存的个体权利及自然的天赋权利,主权者的权力只能在约定范围内行使,否则就会变质。

二〇〇一

法治是公共政治

西方人谈法治从亚里士多德开始,但亚里士多德讲的法治与现代法治差别很大,他的法治观立足于"理智"与"多数"的假设。法治是理智的,因此比神治、王治、人治都好,神治不可探求,王治依赖于历史的偶然机遇,人治混入了兽性的因素,只有法治依靠不断总结的经验和规则,是理性的。更重要的是,亚里士多德认为法治能反映大多数人的利益和意志,"一个人的宴席总不如多数人的好"。亚里士多德的法治观的价值取向是统治,是为了维护奴隶主阶级的整体利益。近代以来西方的法治主要经历了三个阶段,从限制王权,到维护自由竞争的社会秩序,再到限制政府权力,维护人权。法治的变化主要是价值取向的变化。但是,西方的法治观始终与某种"公共政治"联系在一起,法治就是公共政治。

中国讲法治从《周礼》开始，礼包含了“法”和“德”两个内容，与身份等级相联系的通常用法来调整，如君臣关系；与血缘关系相联系的通常用德来调整，如父子关系。法治服务于王权，一开始就没有公共观念。其实古希腊除了讲法治，也讲人治，但无论是法治还是人治，都是服务于城邦的，城邦属于公共领域。而中国传统讲的法治和人治都是服务于私人的，即是王权的工具。公共政治的观念是理解西方政治生活的关键。马克思主义的“阶级政治”仍然是公共政治，这对于从无公共政治传统的中国来说，如何适用马克思主义？过去不谈这个问题，在马克思主义中国化的讨论中有所涉及，但是从政治学上没有引起重视。过去梁启超讲，在中国历史上荀子是西方式法治的发明人，这说明他没有看到西方法治价值观的变化，他眼中的西方的法治仍然停留在霍布斯阶段。后来国民党政府模仿希特勒的“法治国”在中国推行法治，更是与西方主流的法治相去甚远。中国实现法治最大的困难不在于立法而在于价值观念的转变。如果没有公共政治的观念，没有限制政府保护个人权利的观念，法治生活距离我们就仍然还很遥远。

二〇〇一

第四章　议会政治的历史与现实

现代议会的开端

议会是现代政治文明开始的标志，但是现代议会却是从中世纪的等级会议演变过来的。因此，一般认为，议会的前身是欧洲大陆的等级会议，其中尤以英国发展过程最为典型，而且议会作为现代民主制的机构也是最先在英国得到完善，以后才传到其他西方国家的。13 世纪时，英国封建领主为反对中央集权的国王，举行了起义，并在市民的支持下强迫国王接受了《自由大宪章》，虽然这是一份代表大贵族利益、极端保守的文件，但它包含着一个基本正确的思想：君主的权力不是无限的。据此，大封建领主在他们中间选举出一个由 25 名贵族组成的委员会，监督国王遵守宪章。西方有的学者把它称为英国议会的开端。

起初，各个社会集团在反对国王、争取签署《大宪章》的斗争之中，曾组成大联盟，团结起来，但它们之间的利益却是互相冲突的，不久联盟就四分五裂。不过，联盟不复存在以后，25 名贵族的委员会仍继续起作用。

后来，随着国王越来越不受《大宪章》的约束，日益加重捐税压迫，再次引起大封建领主的反抗，发动召开所有贵族的会议。于是 1258 年在牛津召开会议，并通过了著名的《牛津条例》。会上由于争论激烈，所以史称"疯狂的国会"。封建贵族通过这次与国王的较量，根据《条例》规定争得了国家的全部权力，国会有责任向国王提出关于管理国家的善意建议，成立由 27 人组成的国会(牛津会议产生的 15 人常设委员会再加上贵族直接选出的 12 人)。但是，封建大领主对国家权力的把持，使骑士、城市市民和自由土地占有者都一无所获。牛津会议不仅未能使反国王的联盟维持多久，反而加深了它原有的裂痕，最终走向崩溃完全是在意料之中的。

正是在这样的情况下，国王趁机向以西门·德·孟福尔伯爵为首的贵族军队发动战争。开始时国王的军队并未能取胜，但后来却使贵族军队节节败退。孟福尔临危求救，为争取骑士和市民的支持，第一次邀请他们参加国会。随即，孟福尔的军队取得了胜利，俘获了国王及其继承人。孟福尔为巩固自己的统治地位，召集了有封建领主、骑士、城市市民等参加的扩大会议，从此形成英国的等级会议，并成为现代议会的前身。

尽管后来孟福尔的统治被国王的军队所摧毁，孟福尔本人也战死沙场，君主专制又得到恢复，但是历史已经造就的等级会议并没有被废除。1295 年新执政的君主原打算召开只有贵族参加的国会，但会议宣布，这次国会是没有权力的，使国王不得不邀请各等级的代表(贵族、骑士、市民、僧侣)前来参加，从而使会议具有广泛的代表性，并由此荣获“模范国会”的称号。

从科学的意义上说，无论是“疯狂的国会”还是“模范国会”都不是现代意义上的议会。后来，随着资本主义经济的发展，作为第三等级的新兴资产阶级自然要提出得到相应的政治权力，迫使人们把他们当作一支独立的政治力量来加以重视。因此，他们的存在一方面推动等级会议的发展，另一方面他们积极利用一切机会把这个曾经是大封建领主与国王斗争的产物逐步变成资产阶级与国王角力的场所。英国等级会议正是在以上两种发展趋势下成为现代议会的前身。

一九九三

传统议会与现代议会

14世纪中期,仍然显得十分软弱的英国资产阶级在同王权斗争的过程中,他们完全寄望于国会,力求利用国会来限制王权,另一方面又与国王妥协,以取得对资本主义发展有利的政治条件。但是,国王作为封建阶级的代表,在两大阶级斗争尚未分出胜负的情况下,是不会轻易妥协,拱手让出权力的。正是这样,在等级会议中,资产阶级针对国王财政匮乏的困境,提出"不出代议士不纳税"的口号。虽然争得了一批席位,并迫使国王承认国会对征税的控制权,即没有三个等级代表的同意下,就不能征收赋税,例如"盾牌钱",王室领地上各城市的贡税以及封建性的贡物等。

自从等级会议建立以后,资产阶级与国王之间围绕着财政权、立法权、监督权的斗争一直在激烈地进行。资产阶级要按自己政治利益的要求,促使作为等级会议的传统议会转型,而国王则竭力保持自已的权力,每当资产阶级利用国会迫使国王让步时,国王总是坚决抵制。在立法权上,资产阶级争得国会参加立法的权力,明确规定非经国会同意,"任何规定不得列入法律",但是国王却可以利用权力拒绝签署,否定国会通过的法律。此外,他还可以延期实行国会已经通过的法律,有权使任何人不受已通过的法律约束。同时,国王颁发的敕令和告示,与国会通过的法律具有同等法律效力。至于国会尚未立法的事情则通通可由国王个人颁布命令加以调节。在这过程中,两大阶级围绕立法权展开了激烈的斗争。资产阶级力图削弱王权,促使传统议会向现代议会转型。而国王则拒不让权,并几度直接向国会进攻。

后来,随着资产阶级和国王矛盾的尖锐化,斯图亚特王朝的查理一世国王在 1642 年公开向国会宣战。这实际上意味着从传统议会向现代议会转型临产阵痛时期的开始。资产阶级面对国王的宣战,最终不得不依靠广大民众的力量,进行武装对抗。经 6 年内战,国会军于 1648 年战胜了国王的军队,推翻了王权统治,把国王查理一世送上法庭。1649 年初,查理一世被判以"本国善良人民的暴君、叛徒、杀人犯和敌人"等重大罪名而遭到处决。是年 5 月,英国宣告建立一院制议会共和国。

英国议会的这次转型虽然经过腥风血雨的斗争,但是它并没有得以实现。王权被推翻后,不是发展议会制共和政治,而是建立了一个军事独裁性质的克伦威尔个人统治的政权。它像一切个人独裁统治一样,逃脱不了"人亡政衰"的厄运。1658 年克伦威尔病死,他虽指定自己的儿子查理为继承人,但是不久就被推翻。1660 年国会宣布恢复王权,由查理二世即位,旧王朝再度复辟。国会完全成为国王的工具,推行恢复专制时期旧秩序的政策,结果导致资产阶级和保皇贵族、新贵族和旧贵族以及其他各种社会势力之间的矛盾,特别是继承查理二世即位的詹姆士二世采取亲天主教的方针,使各种反对国王的势力完全动员起来了,国王越来越处于众叛亲离的困境,最终被完全孤立。1688 年,随即发生了英国宪政史上的"光荣革命",资产阶级和新贵族通过国会迎来荷兰执政奥伦治亲王(詹姆士二世女儿玛丽的丈夫)继承詹姆士二世的英国王位,1689 年他和玛丽被宣告为英国的统治者。显然,这是英国资产阶级和封建贵族上层人物之间的一次大妥协,但是"从这个时候起,资产阶级就成了英国统治阶级的微末的但却是得到承认的一部分了"。从此,英国的以等级会议为形式的传统议会比较顺利地向现代议会转型，并使现代议会政治也得以逐步发展起来。

"光荣革命"后，议会于1689年通过《权利法案》，确立了"议会主权"原则，不经议会同意，君主无权终止法律的效力和废除法律，只有得到议会同意，才能开征税收。而和平时期所保留的常备军，应得到议会的同意。此外，该法案还规定下院有财产资格的"自由选举"以及议员在议会中言论自由、辩论自由的原则。1694年，通过颁布三年法令规定，议会至少每三年召开一次，议员任期不应超过三年。1701年《王位继承法》规定王位继承顺序的同时，还确立了凡担任隶属国王的、有报酬的职务或职位者，以及向国王领取抚恤金者，均不得成为平民院议员。总之，英国自"光荣革命"后，传统议会通过法制化的过程逐渐稳步地向现代议会转型，同时也就为现代议会建立了比较完善的法律基础。

英国从传统议会向现代议会的转型是一个渐进的漫长的历史过程。发展虽然缓慢，但却清楚而又透彻地展示了向现代议会转型的特征，这就是以"人民主权"也就是"议会主权"代替"君主主权"；以"法治"代替"人治"；以法定任期制代替终身制。

在中世纪，欧洲大陆许多国家都存在过等级会议，但是，唯有英国最先实现了从传统议会向现代议会的转型。因此，英国议会成了世界各国的"议会之母"。以后所有进行资产阶级革命或改良的国家，莫不仿效英国，把建立议会制政府作为根本的政治目标。

一九九三

普选制的历程

没有普选制就没有代议制，但是所有实行代议民主制的国家都是逐步推行普选制的，普选制最初并不普及。最早建立代议制政府的英国，也是最早提出和最先推行普选制的。英国在大宪章运动中就提出实现选举区平等，废除财产的选举资格，男子应有选举权，每年改选国会，秘密投票，规定议员薪金。但是，即使这些一般的不彻底的要求，在英国也是经过很长时期才逐步实现的，从它的选举人数缓慢扩大的过程就很清楚地说明了这一点。1832 年关于改善英格兰和威尔士代表制的法令通过后，当时 20 岁以上的居民中仅有 7%的人享有选举权。1867 年的选举改革降低了财产资格的要求，享有选举权人数的比例提高到 16%，1884 年再次降低财产资格，因此提高到 28%，到 1918 年，由于规定 30 岁以上的妇女享有选举权，这才使享有选举权的公民的比例提高到 78%。10 年后，妇女选举年龄降到 21 岁，最后直到 1970 年才终于实行 18 岁以上的男女公民平等地享有选举权。仅仅从形式上看，英国普及选举权差不多就历经了一个半世纪之久。

法国是资产阶级革命最彻底的国家，但是法国推行普选制也经历了漫长的岁月，《人权宣言》曾庄严宣告，人生而自由，权利平等，并在 1791 年建立第一共和国，宣布取消“积极公民”和“消极公民”的贵贱之分，实行普选议员。但当时选举方式是间接的，公民选举选举人，再由选举人选举议员。1793 年，宪法上虽然规定了较前稍为广泛的普选权，但是由于处在革命紧急时期，通过后的宪法根本没有实行。随后在共和制度和王权专制制度十分尖锐复杂的斗争中，普选权的实行与取消，扩大与限制经历了许多次的反复，直到 1944 年第四共和国成立时，国民议会才实行普遍的直接选举，规定 21 岁的男女公民都有选举权。1974 年 6 月通过宪法修正案，再把选举年龄降到 18 岁。法国作为资产阶级革命进行得比较彻底的国家，普选制这个体现“主权在民”的制度本该实现得最早、最完善，但是它却和英国一样也花了 150 多年。

美国独立后，在 1787 年制定联邦宪法时，没有规定全联邦统一的普选权，而是让各州在自己的宪法上规定的。这样，美国推行普选制不仅和英、法一样经过逐步普及的过程，而且从各州不同的规定，到联邦基本统一的普选权那就经过了更加漫长的岁月。直到今天，在法律上也许基本统一了，但事实上某些州非法限制黑人和其他有色人种的选举权的事件仍然是屡见不鲜的。从美国涉及选举权的宪法修正就可以清楚地看到普选权的普及是非常缓慢的，1787 年通过联邦宪法后，直到 1870 年才通过第 15 条修正案赋予过去的黑人奴隶以选举权。1961 年第 23 条修正案生效后，哥伦比亚特区公民才有选举总统的权利。1964 年第 24 条修正案生效后，才禁止以缴纳人头税为选举资格。1971 年第 26 条修正案生效后，选举年龄才降低到 18 岁。如果从事实上不平等的限制来看，那么美国这个被称为西方“民主之最”的国家，在普选制上可以称为不平等之最的国家，因为直到“1971 年 3 月，关于‘萨利尔地产公司对图莱里湖盆地蓄水区议案’的判决中，最高法院裁定，加利福尼亚州可以限定只有地主有权选举地区的官员，并且进一步可按地主拥有财产的多少，来计算他们的票数”。

一九九〇

普选制的不同形态

由于各国政治、经济条件和历史文化传统的不同，实行代议制的国家其普选制也是千差万别的。在英国，所谓普选制，实际上只是公民选举下院议员制度，代议机关中的国王和上院都是非选举产生的。而内阁政府是从议会中产生的，在政党和政党制度出现后，内阁政府根据宪法惯例就是由议会中的多数党组成的。正是由于采取这样的选举办法，选民选举下院，下院多数党组成政府，因此英国的代议制政府是典型的责任制政府。它产生于议会，并对议会负直接的政治责任，对选民负间接的政治责任，前者表现为议会的倒阁权，后者表现为首相有权请求国王解散议会，重新大选，若失败，则由反对党上台；若胜利则继续执政。这就是所谓让人民拥有最后发言权的理想政府的代议制政府。不过，在英国政府体制中，责任内阁制的运作，是内阁倒台，还是解散议会，完全是由政党操纵的。加上还有两党轮流执政的规则，他们可直接影响公民的普选，从而这就保证了英国代议制政府的稳定性。因此，有的西方学者认为，正是由于以上种种原因，英国政府体制充分发挥了议会内阁制的长处，而法国第四共和国则恰恰相反，它充分发挥了议会内阁制的短处。

美国普选制的范围，与英国显然不同，不仅国会两院（参议员由 1913 年生效的宪法案规定州直接选举）的议员，而且作为国家元首和政府首脑的总统都是由公民普选产生的。正是由于这一差别，政府体制内的权力结构，和英国相比完全是不同的权力安排。美国总统及其领导的行政机关对国会没有责任关系。它们只有到选举的时候才各自向选民负责而平时则都对联邦宪法负责。因此，它们之间仅仅是宪法上规定的相互"制衡"关系。

法国直到第五共和国的头几年，仍和英国相似，仅仅是国民议会由公民直接选举，而总统和参议员由选举团间接选举。1962 年法国经公民表决通过宪法修正案，将总统选举改为公民直接选举，从而和美国相似，强化了总统的权力和地位。因此，法国的政府体制既具有英国议会内阁制的特点，又具有美国总统制的特点。

显然,西方代议制政府是以实行普选制为前提的,没有普选制就没有代议制政府,但是实行怎样的普选制,不仅影响政府体制的权力结构,而且还会影响政局。这只要将法国第四共和国与第五共和国的政治情况稍作比较就很清楚了。第四共和国的总统是由议会两院联合选举的,而第五共和国总统在1962年改为公民直接选举之后,就使法国总统从“虚位元首”变为最有权力的总统,并从此在法国政治生活中结束了政府更届频繁,政局多动荡的局面。尽管不能认为改变总统选举制度是唯一的原因,但是,通过总统选举制度的改变强化了总统和行政的权力,削弱了议会的权力,这却是保证第五共和国政治稳定的重要因素。

一九九〇

议会的世纪

英国转型后的现代议会,一开始就充分表现出是以资产阶级在法律面前平等和容许自由竞争为基础的,并成为许多新的国家制度的基本原则。因此,从18世纪后期到19世纪中期,随着资产阶级民主革命在欧美诸国的兴起,推翻封建君主专制以后,无论是采取革命的民主共和制,还是采取妥协的立宪君主制,都纷纷建立了议会制。因此,西方学者把19世纪称为“议会的世纪”。

美国国会是在反对英国殖民统治的抗争过程中产生的。最初的大陆会议就是各殖民地代表共同策划和协调独立斗争的机关。1781年实施带有宪法性的联邦条例以后,大陆会议则成为13州共同议事的机关。1789年,随着联邦宪法的实施,美国的议会制度也就正式诞生了。宪法明确规定它所授予的立法权,

"均属于由参议院和众议院所组成的合众国国会"。

法国的议会虽然也是从封建时代的等级会议演变过来的,但是和英国不一样。首先,它是第三等级与僧侣贵族分裂,单独组成的国民议会,走上现代议会政治发展的道路。其次,自大革命后,无论是议会的结构形式,还是议会的普选制度都一直处于复杂多变的过程中,尽管如此,法国的议会政治却创造了最典型的议会共和制。

19世纪以后,英国、美国和法国的议会制度就成为后起的资本主义国家仿效的范例。西班牙于1810年建立制宪议会,后因1811年移至加的斯开会,所以在西班牙宪政史上称之为著名的加的斯议会。比利时于1830年建立了两院制议会。意大利在1849年首次召开普选的制宪议会。瑞士作为联邦制国家在1848年明显地是仿效美国建立了两院制议会。瑞典在1867年由原四级会议通过决议成立两院制议会。显然,上述情况充分反映了资产阶级革命时期议会政治发展的趋势,议会从作为"议会之母"的英国走向了整个西方世界。

从19世纪议会政治发展看,由于各国资产阶级革命和改良的程度,封建贵族和王权势力的强弱,民族统一国家形成的方式和进程,以及历史文化传统等多方面都不尽相同,因此各国的议会政府和整个的组织形式也千差万别。英国实行的是议会君主制,美国是议会总统制,法国是议会共和制,瑞士则是议会委员会制。如果从后起的德国和日本建立的议会制度看,它们虽然仿效了英国的形式,但是根据现代议会的要求,那只能说是不成熟的议会制度。德国直到1871年才正式建立由帝国议会和联邦议会构成的两院制国会。帝国议会作为下院议员按普遍、直接和秘密选举的方式,由选民选举产生。但是,由选举产生的"下院"却没有权力,它通过的法律必须经作为上院的联邦议院通过,而“上院”的议事规则又确保了普鲁士的绝对权力。因为按照规定,任何法律和决定,有 14 票反对即不能通过。唯普鲁士拥有 17 票,其他最多的巴伐利亚仅有 6 票,大多数小邦都只有 1、2 票,显然这只是普鲁士的表决工具。德国直到 20 世纪,才由短命的魏玛共和国实现了议会政治的现代化。

日本和德国一样,明治维新后建立的帝国议会也是不成熟的,既没有立法,也没有监督的权力,议会通过的法律必须经天皇及其咨询机构枢密院的批准。反之,天皇和政府可以不经国会同意,以敕令、紧急敕令或其他形式,任意制定法律。因此它仅仅是一种“赞协”作用,直到第二次世界大战结束,日本经政治改革以后才重建现代议会,即由众议院和参议院构成两院制的国会。

纵观 19 世纪的议会政治,它是随着资本主义生产方式取代封建主义生产方式的进程,随着近代产业革命的胜利和民主主义思想影响的扩大,首先是在欧美先进国家中发展起来,并且代表了近代民主政治发展的趋势。这是当时的潮流,也是历史发展的必然结果。但是随着垄断资本主义的出现和发展,由于政府体制不得不适应垄断资本统治的需要,使议会和议会政治面临“行政国家”的挑战,议会的地位相形衰落了。

一九九三

没有代议制就没有现代民主

在考察议会的地位时,如果把它置于民主制发展的历史长河中,人们就会得到一个明显的结论:“没有代议制就没有现代民主。”所谓代议制,就形式而论,是一种间接民主,不是由公民直接行使其主权权力,而是以只能选举代表的行为将其权力委托给一定的代议机关。因此,从历史发展的意义上说,代议制是现代民主形式。从氏族社会的原始民主直到古希腊城邦的民主制,以及到中世纪欧洲极少数贵族共和制城邦国家的民主制,应该说,形式上都是直接民主制,它们是以氏族成员全体大会和"公民大会"作为民主制的组织形式。显然,在国家出现以后,这些形式只有在国小民寡的条件下才是可行的。随着近代民族统一国家的形成和发展,由于疆土的扩大和人口的增多,如果仍然采取"公民大会"这样的直接民主作为国家的政权组织形式,那就不现实了。因此,在民主制的发展过程中,间接民主的代议民主制正是随着近代民族国家的形成而发展起来的。根据历史唯物主义的观点,如果没有代议制这种民主形式,古希腊创造的体现人类政治文明的民主制就不可能被继承下来,当然更谈不上现代民主制的发展。道理很简单,因为在现代民族统一国家中,公民已经不再可能通过全国"公民大会"来行使主权权力,也就是说,直接民主的"公民大会"形式已经不适用了,所以它必须创造新的形式,代议民主制正是适应这种历史发展的需要而产生的。因此,代议制在从古代民主制到现代民主制的发展过程中占有非常重要的地位,没有代议制就没有现代民主。今天,代议制的形式可能越来越丰富了,并且由于国家性质的不同而内容各异。但是,当任何国家的公民都不能通过直接民主形式来行使主权权力的时候,他们只能采用代议民主制,通过选举代表产生代议机构来行使主权权力。

代议制是以公民通过选举代表,间接行使主权权力为特点的。因此,现代西方国家的代议制和作为代议机构的议会以及产生代表的普选制是分不开的。它与中世纪的等级会议有本质上的区别。在现代西方国家的代议民主制中,无论是代议机构还是选举制度,都在不同程度上体现了"人民主权"的原则,即以法律面前人人平等和人身自由为前提。这在中世纪的等级会议制度中是根本不存在的。这种“平等”和“自由”虽然仅仅是形式上的,但是,它们毕竟是在比封建主义生产方式更先进的资本主义生产方式基础上产生的。正是这样,代议制以及它所带来的议会制度、普选制度等等现代民主形式都是历史的巨大进步。

当然,代议民主制的地位不是固定不变的,而是随着资本主义的经济政治和社会的发展而变化的。因此,正如有的学者所说,“19 世纪的议会制,代替了被打倒的专制王权,而具有新的权威主义的性质。这种权威,在议会制的发展和成熟时期,也就是其所代表的社会势力即市民阶级的权威”。在这个时期,议会作为新兴资产阶级胜利的产物,其地位是至高无上的。不过,随着自由资本主义向垄断资本主义的发展,特别是到 20 世纪初期,由于经济危机的冲击,政治、经济和社会矛盾日趋尖锐化,因此,政府不得不直接干预国家的经济和社会事务,致使政府的政治职能和社会职能不断扩大,并由此造成政府权力结构的变化和职能机构的调整。正是在这一系列的大变动的过程中,代议制机构的议会地位相对削弱了,随着政府只管“法律和秩序”时代的结束,议会“至高无上”的地位也就自然消失了。这正是议会地位变化的历史性转折点。不过,必须指出,尽管议会的地位有如此变化,但是今天还不能认为代议制的历史作用已经过时了。当然,“没有代议制就没有现代民主”,这是从民主的形式来看代议制的地位和作用的。如果把这种形式看作一种载体,那么古代民主制在失去直接民主制的“公民大会”载体后,代议制作为新的载体取而代之,由此才使古代民主制得以生存,并且在新的载体下得到新的发展。正是从这个意义上来说,代议制作为民主的形式其地位是非常重要的,但是民主与实现民主的形式和任何事物的内容和形式的关系一样,是不能混淆它们之间的辩证关系的。“没有代议制就没有现代民主”，但不能反推论，简单地认为，“有了代议制就有了民主”。因为除了有“少数人的民主”还是“多数人的民主”的问题外，在运用代议制实行民主的过程中还有许多复杂的问题，诸如代表的选举制度，代议机构的建设，议事章程的完备，公民的政治参与程度等。因此，根据以上诸多因素的分析，在西方各国的议会政治中，虽然它们都是实行代议民主制，但是其发展程度并不完全相同，而事实上议会的地位也是不完全相同的。

一九九三

为资产阶级政府加冕的“现代教皇”

在中世纪，宗教的地位至高无上，是一切世俗权力合法性的最终来源，国王登基必须接受教皇的加冕仪式，否则自己的政权就得不到合法性保障。经过启蒙运动对教会权力的猛烈批判，宗教被剥去了神圣性的光环，但由此也动摇了一切世俗权力的神圣根基，资产阶级必须回答一个问题，那就是“权力从何而来？”这一问题的回答是由现代议会提供的。现代议会是资产阶级革命的直接产物，它是作为反对专制王权而出现的，实行民主制理想上最好的政府形式。因此，资产阶级革命胜利以后，随即把议会推到至高无上的地位。“议会之母”的英国最为典型。英国资产阶级革命以后，在国王的权力虚化的过程中，逐步确立了“议会至上”的原则，并根据“人民主权”思想把议会的权力建立在公民普选的基础之上；再通过议会改革，不断扩大公民的普选权，从而把“人民主权”变成“议会主权”，使议会成为国家政治权力得以合法化的权威性机构。英国现代议会制度形成过程中创造的这一先例，事实上为以后所有实行议会制的国家所仿效。

虽然其他国家没有像英国那样作“议会主权”就是“人民主权”的解释，但是，议会作为国家政治权力合法化的权威性机构的这一地位是共同的。

在议会政治发展过程中，各议会制国家的议会的地位并不完全相同，但从法理上说它们都是“表达全体公民意志的机关”，并从形式上表明，政府权力是经人民委托而来的。显然，这就为政府权力的合法性建立了基础，并在否定“君权神授”之后，运用理性原则回答了政府权力是从哪里来的问题。因此，在议会政治正常运行的情况下，议会至少有一院的议员每隔几年就要进行一次选举，重新确认人民对政府权力的委托关系，从而保持和维护国家政治权力的权威性。

议会作为国家政治权力合法化的权威性机构，一方面是通过行使国家主权，诸如宣战、媾和、国防、外交等权力显示出来的；另一方面则是通过制定法律体现出来的。这个过程通常是把名义上属于全体公民的意志、实质上属于统治阶级的意志转化为具有权威性的国家意志。同时，政府根据法治原则，所有行为必须以法律为依据。因此，议会正是由于这种代议作用和立法作用，以最适当的形式充分表明了国家的一切权力都是来自人民，从而也就进一步表明议会作为国家政治权力合法化机构的权威性质。

此外，议会作为国家政治权力合法化机构的权威性质在政党政治中得到充分的反映，政党首先必须在议会大选中争得一定的席位，才能成为体制内政党，进而再取得执政党的地位。这就是说，政党必须通过议会斗争的途径取得合法的执政地位。因此，议会自然也就成为统治阶级内部角力和权力再分配的合法场所。应该说，正是由于这种成熟的议会政治才使资本能够在“法律和秩序”的环境中进行它的社会运动。

诚然,在现代西方国家政治体系中,由于政党政治、官僚政治和精英政治的发展,议会政治相对衰落了,议会的地位也下降了,但是,正如有的学者所说:“议会衰落的观点是建立在议会具有‘法律主权’这种传统的议会政府形式已经过时的基础上的。”这就是说,议会的衰落主要在于它的权力地位下降了。但是,议会作为代议民主制的组织形式和国家政治权力合法化的权威性机构仍然占有很重要的地位。尽管这仅仅是一种形式,但如果没有议会这样的形式,不仅谈不上什么民主,而且对统治阶级来说,它就无法回答权力的来源问题,也无法合法地把本阶级的意志转化为国家的意志,因此,整个国家的“法律和秩序”就不能具有权威的性质,整座统治大厦就会倒塌下来。正是这样,议会政治仍然是民主政治的主要内容,还不能认为议会的历史地位和作用已经过时了。

一九九三

多数原则与少数原则

“民主要有成效,必须明智地选择它的行动规则。”在议会政治中,从选举议员到议会议事立法,如果没有制定适当的行动规则,一切行动都要一致通过,那是不可思议的。因此它必须有一系列的规则,而这些规则内在的原则,总体上说应该是“少数必须服从多数”,“少数应有适当代表”,或者说要维护多数人的利益,也要保护少数人的利益。在近代民主政治中最先提出这个原则的是洛克,他认为一个政治共同体必须要有“大多数人的同意”才可能成为一致行动的整体,并说,“如果不是这样,它就不可能作为一个整体、一个共同体而有所行动或继续存在,而根据组成它的各个个人的同意,它正是应该成为这样的整体的;所以人人都应根据这一同意而受大多数人的约束。因此,我们看到有些由明文授权的议会,在明文法上并未规定其进行行为的法定人数,在这种场合,根据自然和理性的法则,大多数具有全体的权力,因而大多数的行为被认为是全体的行为,也当然有决定权了”。

很明显,最初提出“大多数具有全体的权力”的洛克是把它看作“自然和理性的法则”的,不遵守这一法则,无论共同体还是议会都不复存在,不能作为整体进行活动。后来,随着英国议会政治的发展,从实践中进一步认识到代议民主制应该实行少数必须服从多数,较少数服从较多数的原则,但是,这个原则并不意味着少数在议会中就不应该有自己的代表。因此,“少数服从多数”又加上“少数要有适当的代表”,从而使这一原则更加符合民主制的公正和平等。这在密尔《代议制政府》中阐述得很清楚。他说:“在一个真正的民主制国家里,每个部分和任何部分的人都会有其代表,当然不是不按比例的。选举人的多数都会有多数的代表;但选举人的少数一样将得到充分的代表权。要不是这样就不是平等的政府,而是不平等的和特权的政府,即人民的一部分统治其余部分,就会有一部分人被剥夺他们在代表制中公平而平等的一份影响。”

显然,这是讲议会的代表性和民主的广泛性。议会要代表多数人的利益,也要代表少数人的利益。在西方国家议会制度中为了保证体现这一原则,不仅设计了各种复杂的选举制度,而且设置了制衡的权力结构。议员选举制度有多数代表制、少数代表制、比例代表制,以及混合代表制。以权力制衡结构保护少数的最典型例子,是美国各州不论人口多少都选两名参议员的制度。

从民主制的角度来说,“少数服从多数”的原则只是实行民主的手段，并不完全是民主的本身，充其量它只是民主政治参与过程的最后一段。议员选举要经候选人提名、竞选、最后投票选举。议会立法要经提案、讨论、辩论，最后投票表决。因此，“少数服从多数”作为议决规则，在不同情况下，通常可以规定不同程度的多数要求，即不同形式的多数。

所谓“多数”本来就是一个相对的数量概念，首先有一个在什么范围内的多数，例如，议会表决，在常设委员会审议表决通过时是多数，而到全员大会时却可能是少数。其次，还有哪些人中的多数，其中可分为实际参加投票的多数，有权参加投票的多数，所有成员的多数。因此，议会民主政治的多数原则，在实行过程中是很复杂的。

一般情况下，各国议会制度制定了各种详细的规则。它不仅要考虑保护多数，而且还要考虑议事的效率。对某些问题的议决来说，如果规定过高的多数要求，就像必须一致通过才能行动一样，会一事无成。显然，理想上最好的原则，从代表广度与效率这对互相矛盾的要求中寻找最佳的结合点，因此，各国议会制度通常都根据本国的国情和政治传统规定不同形式的“多数”，一般比较普遍采用的是一定范围内的“超过半数”的多数，亦称简单多数。但有的问题，简单多数不能代表绝大多数人的利益，这就又规定了三分之二或四分之三等多数形式。例如美国参众两院的议员选举，英国下院议员的选举都是以简单多数为其规则的。还有的采取双重的绝对多数加以限定，美国联邦宪法的修改就是这样的，它首先要求参众两院各以三分之二的多数或立法机关召开有三分之二的州参加的修宪大会提出修正建议，接着还要求以上两种情形中的修正案得到四分之三州议会或四分之三州制宪会议通过方能成为宪法的一部分予以生效。显然，这样的绝对多数的制宪议决规则对议会的运转是很不方便的，但对于涉及政治和社会等有重大影响的问题还是十分必要的，因此多数国家在涉及宪法修改等重大问题时通常采取这样的规则。

在现代西方国家议会政治实践中，有各种各样的“少数服从多数”的形式，其中用得最广泛的是简单多数制，正如有些西方学者指出的，因为它“既能防止少数人代表集体采取行动，也能防止少数阻碍整体采取行动”。不过，总的来说，“少数服从多数”是议会政治最后裁决手段，并且其中任何形式都包含着一定的危险性，都具有被滥用的可能性，滥用“多数”和滥用“少数”的危害性是同等的。从发扬民主的意义上说，并不是因为这一原则符合高尚的理想，而只是因它现实可行，体现了利益保护的广泛性和采取行动的效率要求的最佳结合点。但是为了防止发生危险，不得不在议事立法的全过程中注意充分发挥多方协商精神。可能正是从这点出发，有的西方学者在论述民主政治中的多数规则时，倡导发扬中国政治文化传统，鼓吹采取“中庸之道”，“已所不欲，勿施于人”。

一九九三

现代政治“学校”

从传统研究角度看，议会的功能似乎主要就是立法和监督，但是，现代研究告诉人们，“议会除了决策之外，还发挥着许多种功能”。在政府广泛干预和管理社会经济事务的今天，正如美国学者所说：“一个庞大、复杂的技术性社会光靠一位总统，535 名国会议员是无法统治的。因为，这会缺乏一定的技术专长，时间和精力来解决核能源、环境保护、职业安全、通讯、航空、商业、平等就业以及美国生活中其他领域的复杂内容。……有份统计资料表明官僚机构为国会的每一条法律补充了20条规定或规则。就这样,制定政策的权力从总统和国会手中转移到官僚精英们的手里了。”从这方面说,议会的立法作用确实已不再适应现代化社会管理复杂领域立法的需要。但是,它的其他功能反倒显得突出了。例如,议会的政治社会化功能。毋庸讳言,现代议会政治的所谓议会立法,实际上无非是把政府的政策价值观不断传递给公民。这在议会内阁制国家中十分明显,也正是政治社会化非常重要的渠道。英国下院发生的事情都是最引人注目的,首相或大臣的声明,反对党对政府的责难,议员对大臣的质询,对国内外政治事件的大辩论,以及关键性的投票,会使公民们了解到政府和反对党的关系,政治领袖之间的关系,以及他们的举止行为,更使人们看到政府权力的限度。虽然,总统制国家不像议会内阁制国家那样,受“议会至上”这一传统政治文化的影响,但议会仍不失是促使公民的政治社会化,以及影响公民态度和价值观念的一个重要方面。诚然,美国的国会中的争吵活动不像总统的活动那样,成为“民众以最强烈,最持久情感关注的焦点”,不过国会委员会进行的听证会,特别是能引起美国公众注意力和激情的内容,例如水门事件、伊朗门事件,最少在一个时期内对公民的政治态度和价值观念是有很大的影响的。

显然,议会中的政治秩序正是一个被规划了的社会政治秩序的缩影,特别是在议会政治先发展的国家中,代代相传下来,程序变得繁琐不堪,以及那些古老得有点不合时宜的仪式,不仅对维持议会秩序是重要的,而且对公民政治态度的影响也是很重要的。英国学者就非常有趣地描写过:“不应当认为,古老的仪式,辉煌的制服,奇怪的古老的语言,都是无关重要的。独裁者们已经开始认识到‘马戏班’的宣传价值了。在这些方面,英国的政府制度没有什么要学习的东西,它倒是有东西教给别人。

所有的公共仪式,从宫廷朝见,加冕典礼,或是庆祝盛会,直到王宫门前警卫的换班,常常是有意识地但有时是不自觉地安排来激发全国的爱国热忱,和维护国家统一的……议会'开幕'时的铺排一年一度地提醒全国,纵然在新的意识形态下,议会依旧是昌盛繁荣的。"

同时,不可忽视的是"议会在政治领导人的社会化中,甚至显得更为重要"。议会内阁制国家政府成员绝大多数都是从长期担任议员的角色中挑选出来的(德国内阁政府成员有时会有个别部长不是议员)。议会既是政治领导人的录用机构,也是训练机构。而且议会的录用,必须在选民中接受考验,在几个对手中接受挑战。即使当选以后,他不得不认识到"一个新议员和一个初入学的新生是一样的"。所以,英国不少领导人都有过"后座议员"的经历。作为议会内阁制的德国也是这样。1967 年社会民主党上台后,在行政各部设置由一般议员担任的议会国务秘书,就是为了政党政治培育人才的需要,为有希望晋升到高级官员职位的年轻人提供积累工作经验的机会。

实行"三权分立"政府体制的美国,对政治领导人来说国会议员的经验并不像英国那样重要。但是第二次世界大战后以来的 9 位总统其中 6 位是长期担任过议员的。这事实本身就告诉人们议会在政治领袖社会化中也是极为重要的一个方面。

议会是多功能的,它在思想传播方面是一个合法的公开的论坛。有关政治体制改革,包括议会自身改革的思想,常常通过议会传播开去。虽然这些思想不完全产生于议会。此外,有的国家如英国的议会还具有司法功能,它的上院是最高上诉法院,下院除对本院成员外,对侵犯议会特权的犯法行为也有权进行审理,这种司法功能也能在政治社会化中产生很大影响。

一九九三

“跛足的两院制”

“跛足的两院制”以英国最为典型，今天，实行两院制的国家多数都是采用“跛足的两院制”。所谓“跛足的两院制”，主要是指它们职权一“高”一“低”，此外议员产生和议事规程等方面也不相同。英国本来也是平衡的两院制，而且贵族院还可以称得上“强有力的第二院”，但是，自19世纪中叶之后，由于政府干预社会经济事务职能扩大，因此要求议会进行社会经济方面的立法，并能满足政府财政方面日益扩大的需要，但是作为社会保守势力代表的上院根本不可能适应这个变化了的时代的需要。因此，1911年通过“议会法”，限制了上院的权力，使它不再能否决下院的议案，只能将其拖延两年生效。即下院连续三次所通过的议案被上院连续三次否决后，下院可以将该议案提请英王批准成为法律，但该议案第一次在下院进行二读到第三次通过时间不能少于两年。对于下院通过的财政法案，上院仅能搁延一个月。1949年再次通过“议会法”将上院两年的搁延权改为一年，需要下院连续通过的次数由三次降低到两次。英国议会的这两次改革，在权力上的调整，结果使它成为“跛足的两院制”。第二次世界大战后，德国、日本、法国第五共和国都是仿效英国建立的“跛足的两院制”。

“跛足的两院制”上院议员的产生每个国家都有自己的独特的方式，几乎很难找到有两个完全相同的国家，但是，它们共同的特点是，必定与本国下院议员产生方式有所不同。英国下院是普选的，上院则是世袭的和英王敕封的(终身制的)。德国的联邦议院议员是普选的，联邦参议院议员则是各州政府选派的官员担任的。日本众议院议员是普选的，参议院议员虽然也是普选的，但是选区的划分却不同。众议员按全国划分的30个选区，参议员选举则按都道、府、县和全国选区选举。法国国民议院议员由普选产生，参议员议员则是通过各省的选举团间接选举产生的。从法理上说，两院议员不同的产生方式是力图从不同的角度选出社会各阶层的代表，以使之发挥不同的作用，或者代表不同群体的利益。英国上院的世袭制和敕封制，最能保持保守的作用和代表上层的利益。

一九九三

美国两院的默契是两院制长期稳定的"秘密"

"平衡的两院制"以美国最为典型。但是，美国实行两院制本来要取得的作用，除了使参议员代表各州并保持与联邦联系之外，更主要的是要参议院牵制众议院，以防止人民进入众议院后变成多数专政。当时的制宪者们在解释为什么需要第二院时就说得很清楚，"第二部分(参议院)对第一部分(众议院)应该是一种牵制。……第一部分由人民中产生，常常容易轻率、善变、爱走极端……第二部分应由财产多的人(上层阶级)组成，这样一种上层阶级的团体必能抑制民主的骚动"。显然，如按此设想构建就必定是跛足的两院制。但后来的美国国会并没有形成原设计的模式，参议院事实上不是代表州权，众议院也不是代表全国人民。美国国会作为国家最高立法机构，宪法授予的立法权是平等的。尽管宪法赋予国会的非立法性质的权力是不相同的，如众议院具有首先提出筹款法案和拨款法案的权力以及弹劾的提案书，参议院具有国际条约的批准权和对总统任命高级官员的认可权。但是，在体制上，美国国会是平衡的两院制。当然，这也不排斥某些事实上的不平等，如两院对美国政治过程可能发挥的影响的权威性就大不相同,众议院的辩论就难得会引起美国公众的注意,而参议院的辩论却常常会成为传播媒介的头号新闻。

今天,采用“平衡的两院制”的国家极少,可能除美国之外,就是瑞士。因为这种“平衡的两院制”会对立法工作带来诸多不便。瑞士的独特政治体制,政党和派别斗争的政治色彩相对较淡,加之在国际上长期“中立”,国内持续稳定,因此瑞士能实行这样的平衡体制是可理解的。美国之所以能实行这种两院平衡的体制,确实是不容易的。但美国第 28 任总统威尔逊有一句中肯之言,倒是很能说明问题。他说:“因为参、众两院之间确实存在着一种‘默契’,因而几乎不可能存在旷日持久的对立。严重的对立是不会发生的。”这也正是美国两院制长期稳定的一个“秘密”。

一九九三

政党是英国“议行结合”的黏合剂

“议行权力结合”体制,英国是该类型特征表现得最明显的国家。在西方国家中无论过去还是今天可以归入“议行权力结合”体制的国家是很多的,历史上有德国的帝国议会,法兰西第三和第四共和国的议会等。今天的有法兰西第五共和国、德国、意大利、瑞典、瑞士的议会等。但是,所有这些国家的议会从体制上说都有不同程度和不同倾向的偏离。例如,俾斯麦时期的帝国议会,下院称帝国议会,虽然是通过普选产生的,但是政府只对皇帝负责,而且议会由皇帝召开,并有权解散两院,此外,制定和颁布法律及监督法律实施的权力,也属于皇帝。帝国议会本有批准政府预算的权力,但俾斯麦强使议员们同意政府自行决定以后许多年的军事开支预算。这样的议会是完全从属于政府的。与德国国会相反，法兰西第四共和国的议会的情况是内阁的生命几乎完全是由国民议会掌握的。因为内阁总理、部长人选以及政府施政纲领，必须由国民议会以过半数票通过批准，方才有效。倘国民议会以过半数票通过对政府的不信任案或否决政府提出的信任案，政府就必须辞职。政府虽也有权解散议会，但必须是在一届议会任期18个月以后和新政府组成15天后。而且，这18个月内应至少发生过两次内阁危机，议会被解散后，内阁总理依规定由国民议会议长充任，并由他与国民议会执行局协商推选一位新的内政部长，进而组成新的议会选举。法兰西第四共和国存在12年，政府更届20余次。显然，这是以议会为主体的"议行权力结合"的体制。

英国成为"议行权力结合"体制的典型是由其发展完善的两党制决定的。在两党轮流操作下，这一体制表现得特别稳定，无论是保守党还是工党执政，执政党就依靠它在议会中的多数地位，把议会和行政的权力结合为一体。而且，具有合法地位的反对党，通常都与执政党保持"默契"，维护"议行权力结合"的体制。这种结合的体制，除非执政党内部发生分裂，反对党一般是不可能通过不信任投票，逼使内阁辞职的，而执政党要解散议会通常也都是为了政治上的需要，预先谋划好的，选择政治良机，提前大选。表面看上去，议会有倒阁权，政府有解散议会的权力，似乎是平等的，民主的。但事实上却完全是在政党有序的操作下发生这一切的。总之，英国的议会政治经验表明，政党是"议行结合"的黏合剂。

今天，西方国家凡采用"议行权力结合"体制的议会制绝大多数都已朝着仿效英国成熟化的方向发展。德国帝国议会那样的体制已不复存在，法兰西第四共和国国民议会的体制已被第五共和国国民议会的体制所代替,在这新的体制下,由于共和国总统居于国家权力“保证人”和“仲裁人”的地位,因此,国民议会就不可能轻易倒阁,因为总统作为“仲裁人”有权解散国民议会。总统不仅任命总理和各部部长,而且有权参加和主持部长会议。正是这样,议会和行政事实上都在总统的控制下,并且形成了比较稳定的“议行权力结合”的体制。

德国在第二次世界大战后根据资产阶级代议民主制原则重建议会制度时,就注意吸收魏玛时期议会体制的教训,规定议会只有通过“积极性不信任案”才能迫使总理辞职,同时,又以 5% 的条款(即一个政党如果第二次民选投票时未得到 5% 的有效票数,或在第一次投票时未得到 3 个席位,那就取消其参加议席分配的权利)限制小党进入议会。正是由于这些措施,德国的“议行权力结合”体制走上了“成熟化”的道路。

总之,在“议行权力结合”体制下,形式上仍然保持议会立法,行政执行,议会有倒阁权,内阁有解散议会的权力。但由于政党政治的发展,行政权力的扩大和议会权力的相对削弱,事实上已经不是议会立法,行政执行,而是行政立法,议会通过,行政执行自己制定的法律,议会的倒阁权在两党制中已经是不现实的,在多党制国家由于种种限制至少是难以实现的。内阁解散议会除了能抓住有利时机,提前大选,争取连任或进一步提高议席的比例之外,对执政党也未必有多大好处,因为重新大选不仅要冒风险,而且要花大钱。正是这样,“议行权力结合”体制愈“成熟化”,议会政治就愈稳定。

一九九三

政党与民主

1832 年英国议会改革,选举竞争从议会内转向议会外,由此产生组织选举的现代工具——政党。1942 年一位德国学者在其《政党政治》中说:“没有政党,民主政治就不可能。”但是从西方政党发展的历史看,有政党也不一定有民主;西方主要政党都有走向寡头政治的趋势。这就产生了一个民主与政党的悖论。西方国家主要从法律上解决这个悖论,德国立有《政党法》,其他国家也有很多关于政党活动的具体法律规定。

西方的多党制民主为什么会走向悖论?问题主要在于资本主义政治把民主完全工具化了,忽视了民主的价值层面。民主不仅是一种程序和制度,而且是一种价值追求,即民主与人们的自由、平等、公民参与等是密切相关的。如果完全把民主作为一种程序,民主制度肯定要走向异化。现代西方人过分强调程序民主,而传统社会主义又过分强调价值民主,二者都对民主的健康发展不利。事实上,西方出现的法西斯暴政以及现代民主的异化就与民主的完全形式化有关,传统的社会主义民主由于不注重制度和程序建设也极大地破坏了人民的民主权利。民主的健康发展必须结合价值与制度两个层面才能实现。

二〇〇四

议行权力分立体制

“议行权力分立”与“议行权力结合”是相对应的类型。虽然它最初并不是发源于美国,但其作为成熟的体制是美国建立起来的,而且直到今天也只有美国具有典型性。美国制宪者苦心建立这种体制是从防止多数专政出发的,麦迪逊就曾说过:“在殖民地时代的美国人,只热心于摆脱专制君主的统治,而不曾考虑到立法部门篡夺权力的危险。然而,立法部门的篡夺权力与行政部门一样,必然走向专制。”因此,当时在建构新的体制时,一方面赋予总统以制约国会的权力，另一方面，将国会分为两部分，使它们相互制约。不过后来美国国会政治发展过程中并没有出现过制宪者们所担心的情况。事实恰恰相反，美国的代议民主制没有走到国会“专制”而是走向了行政集权。

“议行权力分立”，从法理上说，议会和行政的权力是人民分别赋予的。在两者的关系中，根据宪法规定，各司其职。例如，美国联邦宪法一方面规定立法权均属于由参议院和众议院组成之合众国国会；另一方面规定，行政权属于美利坚合众国总统。由于权力“分立”，国会除通过弹劾外无权对总统以不信任案迫使他辞职，总统也无权解散国会，相互间没有责任关系，大家都只对宪法负责，只对人民负责。但是，其中有一点必须一提，如果以英国为典型的“议行权力结合”体制是通过政党的操作结合起来的，那么美国却正是由于体制内的政党不具有英国体制内政党的那种功能，因此才使这种“议行权力分立”体制保持长期稳定。美国总统所在的党，可以是国会中的多数党，也可以是国会中的少数党。就是在同一政党的情况下，总统也很难驾驭本党议员的投票行为，因为美国两大党缺少英国政党那样的组织控制的机制，所以，英国学者认为“把美国政治看作在五十个政党制的范围内而不是在一党制的范围内发挥作用，这绝非是异想天开”。

当然，美国的这种“议行权力分立”体制，并非“分立”或“对立”的体制，两者之间不仅有互相制衡的关系，而且还有互相配合的关系，说得更确切些，由于两者所代表的根本利益是同一的。因此通常存在着一种彼此默契的关系。

总的来说，美国的“议行权力分立”体系内部关系是很复杂的，国会和总统的权力制衡，并非有权实行相互监督，而是通过权力交错，或者说通过部分共有权力的行使以达到牵制的目的，总统的行政任命权，要得到参议院的认可，国会行使立法权制定的法律，总统有否决权，国会对总统的否决经 2/3 多数同意可以推翻总统的否决。这实际上是在行使部分共有权力的过程中，各种力量互相较量以达到利益平衡的目的。说真的，美国的这种“议行权力分立”体制，如果没有默契的关系，那它的运转只能是无效的，整个政府的活动就会在互相扯皮之中消耗殆尽。当然美国国会政治的现实不是这样，问题的关键是在于国会和总统在行使共有权力时有相互制衡的一面，但在默契之中又有相互配合的一面。这正是美国“议行权力分立”体制的秘密。

自从 20 世纪 30 年代以来，“议行权力分立”与“议行权力结合”体制一样，随着政府的政治和社会职能的扩大，行政高度集权，议会权力不仅通过委托立法权、行政命令权等形式转移到行政部门上去，而且常常不得不依赖于甚至受控于行政部门。70 年代以后，美国国会虽然通过立法改革，加强国会的权力，限制总统的权力，例如 1973 年通过战争权力法；1974 年通过预算法和拨款扣压控制法等，同时国会还作了自身的改进，调整内部权力结构，加强为之服务的专业助手和辅助机构，但是，这并没有改变行政集权的趋势。据保守的估计，今天国会通过的议案，其中实际是政府的议案也要占约 40%—50%，尽管这比“议行权力结合”体制的英国政府议案所占的比例要低一些。

美国国会的“议行权力分立”体制，其中的权力关系非常复杂，操作起来弹性很大。国会和行政很难“通力合作”进行有效立法，正像美国学者所说，国会立法程序很像“障碍跑道”。众议院、参议院、总统相互制约。对此情况，英国学者早在 30 年代末就提出自己的看法，认为“在现代国家里，要将立法从行政那里完全分裂开来，是不可能的。在制定政策的时候，像立法议会那样的一个团体，是绝对不可能将自身组织起来进行创造性的行动的，除非指挥组织的就是运用组织者自己”。不过，这位学者也承认，这“是一种美国制度：是在美国的环境之中发挥作用的，是受美国历史势力陶冶的，因此在它对美国需要上的效用，应该用美国的标准去评价”。因为它毕竟运转二百多年了。但是，另有一点倒是更值得一提，凡仿效美国这种体制的国家没有不走样的，并且很难说得上是成功。

一九九三

半总统制政府

半总统半议会制是指法兰西第五共和国宪法所规定的，以总统为国家权力中心，以总理为政府首脑的一种政权组织形式。1789 年，法国爆发了大革命，推翻了封建主义制度，建立了资产阶级共和国。但法国的政体形式反复多变，先后经历了君主立宪制、帝制和共和制等形式。第二次世界大战以后，法国相继建立了第四共和国和第五共和国。但由于在第四共和国实行多党议会制，国民议会为国家权力中心，它拥有制定法律、监督财政、批准条约、授权总理组阁和倒阁权，以及同参议院联合选举总统的权力，致使立法权和行政权彼此牵制的机制遭到破坏，政府软弱无力，内阁更替频繁，政局动荡不安。随着时间的推移，第四共和国政治制度的弊端日益暴露，已不能适应 20 世纪 50 年代法国的政治、经济和社会发展的需要。1958 年，戴高乐政府主持和制定了加强总统权力和行政权力的新宪法，同年 9 月经公民投票通过，法国进入第五共和国时期。在这次改革中，决定法国实行半总统半议会制，这是一种介于总统制和议会制之间、像戴高乐所说的“既是议会制，又是总统制”的一种政权组织形式。

第五共和国的宪法原规定，总统由议会议员、省议会议员、海外领地议会议员及市镇议会选出的代表组成的选举团选出。1962 年 10 月，戴高乐通过公民投票修改宪法，总统改由直接普选产生，由此进一步加强了总统的政治地位。宪法规定，总统任期 7 年，但对连选连任未作具体规定，实际上可以不受限制。总统的权力很大，是国家权力的核心。宪法规定，总统通过自己的仲裁，保证公共权力机构的正常活动和国家的稳定；总统是国家独立、领土完整和遵守共同体协定与条约的保证人；总统除拥有任命高级文武官员、签署法令、军事权和外交权等一般权力外，还拥有任免总理和组织政府、解散国民议会、举行公民投票、宣布紧急状态等非常权力，也就是宪法赋予了总统以“保证人”和“仲裁人”的地位。总统作为“保证人”和“仲裁人”行使权力的行为，不仅无须承担政治和法律责任，而且除了犯叛国罪由议会控告以外，宪法再没有规定任何弹劾总统的条款。这样，总统就成为凌驾于立法、行政、司法“分立”的“三权”之上的权力中心。从法国政府体制的权力结构看，法国总统的地位要比美国总统的地位高，因此法国的总统在国家政治、经济和社会生活中所发挥的作用也更为突出。从一定意义上讲，在西方国家政权结构中实行的“三权分立”的体制，在大国已演变成为一种“家长(总统)式的三权分立”体制，法国的政治制度也已演变为“选举产生的君主制”这个法国式的代议民主制度，总统的权力达到了登峰造极的程度。“总统有权不负责，总理无权要负责”就是这一体制的生动写照。

不过，在密特朗首届总统任期后期，出现了一种新情况，反对党的联盟在国民议会中赢得了微弱的多数，密特朗作为左翼政党联盟的总统不得不提名中右政党联盟的希拉克担任总理，使得政府体制中总统和总理分别属于两个在政策上相左的政党，而且作为半总统制的总统所属政党在国民议会中处于少数党地位，这样如何按照宪法来协调总统和总理的关系便成为新形势下的新问题。从这些年的实践来看，总统的地位并没有受到严重的挑战，不管是左翼联盟，还是中右联盟，谁也不愿意改变现行的体制。尽管这个体制的内在矛盾并没有得到解决，但从中我们可以看到政治制度的强大惯性，它并不因为存在问题而轻易地改变。

二〇〇〇

议会政治是程序政治

“没有程序，就没有民主。”这是议会政治的一条重要原则。议会是以承认“人民主权”为前提的。因此，它是作为代议机构代表人民行使主权权力的。但是，人民究竟怎样选举自己的代表？又怎样“通过他们的代表行使最后控制权”？这就必须要有规定的程序，因为在不同利益人群中，要选出一定数量的代表来，没有规则和程序，是不可能的。同时，又由于选出来的代表是以不同利益要求为背景的，因此，在必然会发生意见分歧和利益冲突的条件下，没有共同认可的程序而要代表人民行使最后的控制权，同样是不可能的。正是从这些意义上说，在现代议会政治中，要实行议会民主，就必须有民主程序。

从议员选举到议会组成到议会运作和期满更届，从会议召开到审议事项，在整个议会政治过程中都充分表现了“程序政治”的特点。“程序政治”与“人治”是不相容的。议会的更届不是任何人，也不是哪个议会党团能决定的，只能根据预先决定的程序进行。美国国会只能在预先规定的任期满后按时按程序改选。卢梭在论述人民怎样维持主权权威时就曾说过，人民“必须有固定的、按期的、绝对不能取消或延期的集会，从而到了规定的日期，人民便能合法地根据法律召开会议”。显然这样的程序是为了防止个人或集团的专横和野心，保证人民的权力不被篡夺。当然，程序是人为制定的，但必须事先得到公认。英国议会更届的程序与美国国会不同，在运作过程中要复杂得多。英国议会更届只限于下院。它可以期满更届，但也可以由首相按法定程序请求英王解散下院，提前大选；还可能由于下院通过对政府的不信任案，在这时首相也可以呈请英王解散议会，提前大选，让人民作最后的选择。如果执政党竞选失败，那么就与反对党换一个位子，这在程序上表明政府要负双重责任，即既要直接对议会负责，又要间接对人民负责。

程序虽是人为制定的，但一定要事先得到公认。一旦得到公认便宣告合法，不得中途被非法改变。这就是说，如果要改变，必须依法废除，制定新的程序。例如，美国国会众议院原先大会辩论没有钟点规则的限制，议员可以不受时间限制发表冗长的演说，并以此阻碍议案的通过，但是，众议院早在 1812 年美英发生第二次战争期间，当时有议员以此战术阻止美国对英宣战，随后众议院就制定了钟点规则。因此，今日众议院辩论就只能按排定的时间程序正反两方面轮流发言。一般来说，议会的程序和规则是随着议会政治的发展逐步积累和完善起来的。同时，程序和规则作为人造的制度，不仅受议会内政党和派别斗争的制约，而且常常因为这种斗争的需要而不断变化。因此，程序和规则必须是事先制定的，是普遍服从的，但又是相对的。

在现代议会政治中，程序并不都是以法律表现的。有的是惯例，是传统，并且有时是和议会的某些仪式结合在一起的。但是，不管形式如何，它们都在议会内起着维持法治和秩序的作用。在这方面，要选择研究典型，可能非英国莫属，因为与惯例、传统、仪式联系在一起的程序和规则在英国议会政治中是不胜枚举的。例如，英国下院对政府政策的辩论，一般是在国王致开幕辞以后作答词和讨论财政预算时进行的，除此之外，必须得到政府的同意。还有英国下院的全院大会尽管通常到会的人数不多，但是由仪式、传统、程序交织起来的场面，却正如有的学者所说，很像一幅带有印象主义色彩的图画。在议会大厅的一端，坐着一个古老装束的威严的人物，他把传统和惯例结合起来形成一种权威，他按程序和规则，以不偏不倚的姿态主持议会的活动。分坐在两边长椅的议员们，右面是执政党，左面是反对党。他们在议长所做的程序安排下，双方进行此起彼伏、彬彬有礼的发言，彼此不可打断对方发言，尽管可在会场上走动。议会对审议的事项可以辩论，但议长提出的秩序问题是不可辩论的。因为对下院的规则和习惯的普通解释，是议长的职责。议长的职权与司法裁决权相似，双方发言时，似乎都只是向议长说的，而不是直接与对方辩论。如果提及对方某议员，都要加上尊敬的称呼和尊贵的头衔。因此，英国议会活动场面留给人们的印象是严肃的秩序。不少旁听过英国辩论的外国学者，都颇感这个场面虽然人数寥寥，但气氛是严肃的，个个几乎都是聚精会神的，绝不像是一个胡乱吵闹的交易所。

当然，英国的“议会政治”作为“程序政治”是由一部漫长而错综复杂的历史所产生的。在英国“非程序政治”也曾有过，只是比较罕见。可能正是因为“物以稀为贵”的缘故，英国把它们写进了政治编年史，以教训进入这古老场所的“后生们”。当然，外人读来，也颇有兴味。据记载：有人把一本书掷在一个大臣身上；有一次一个首相被人哄叫得坐下去；有一次一个大臣被呼为“犹大”，结果展开了一幕会场的厮打；有一次一个议员拿着权矛走了出去。今天，这些会场失风的事情已经成为往事，而是由传统、习惯、仪式和程序，通过议长捏在一起形成一种权威，维持议会一般的秩序。虽然议会也有惩戒议员的规则，但极少使用。议长要做的，有时用一个冷静的字眼，一句幽默的评语，通常就恢复了秩序，他没有铃，也没有锤，但他一站起来，议员们就得都坐下去，因此会场肃然。今天，经过一代一代传下来的这套"程序政治"已经把它捆得紧紧的，连英国学者都"认为它通常是一个死一般沉闷的地方"。

显然，我们把议会政治作为"程序政治"研究时，不能忽视它的另一个方面，因为"程序政治"并不是一切，"没有程序，就没有民主"，但也可能利用程序，扼杀民主。像英国下院这样，议会在种种束缚之下，就只能成为形式上的立法院，其真正的工作无非是充当内阁的登记机关。"程序政治"在议会政治实践中是非常复杂的。有政府利用程序扼杀反对党议员提案的，政府也有可能破坏程序以达到通过某项议案的目的，反之反对党议员当然也可以利用或破坏程序以达到自己所要达到的目的。这在有些国家的议会政治中是不乏例子的。据日本学者说，"在 60 年代朝野势不两立的尖锐斗争中，国会曾出现过在野党的牛步战术、占据会场、执政党的单独审议、强行通过等现象，这些都给国民留下了强烈印象"。1960 年当时的内阁强使国会非法结束《新日美安全条约》的审议，在会场就出现过"全武行"的场面，用暴力赶走反对党议员，以清一色的自民党众议院"全体会议"，在前后不到 30 分钟的时间内就通过条约。后来，到 1965 年又再次围绕《日韩条约》发生了激烈冲突。毋庸置疑，这类事件也是可以像英国那样写入政治编年史的。在这些事件以后，日本国会体制内政党痛定思痛，自民党和社会党终于确定：

以国会运营为基本，(1)确保言论自由，尤其尊重少数意见。(2)不得进行物理的抵抗。

今后审议,按上述精神进行协商,其具体方案在议员运营委员会具有诚意地进行讨论。

这样的运营规则也许不能说是已经完全具体地得到实施,但是那种“全武行”的场面已经鲜见了,尽管国会的争斗仍然是不断进行。

一般来说,议会政治后发国家,与发达的资本主义国家“程序政治”是两种不同倾向的问题。后发国家多数表现为“异常议会”“乱斗议会”等。例如,1975 年 6 月 12 日,印度阿拉哈巴德市高等法院宣布,当时的总理英迪拉·甘地因在 1971 年议会选举中有营私舞弊行为,判决她的议员资格无效。按印度宪法规定,总理必须具有众议员资格。因此,各反对党领导人纷纷提出要她辞职。对此,英迪拉·甘地随即在 6 月 27 日展开全国大逮捕,一天之内就逮捕反对党领导人数以百人计。还有韩国在 1988 年以前,由于选举制度明显有利于执政党,因而经常发生在野党占领会场和“武打”事件。在议会政治后发国家中,诸如发生相互厮打等非程序的“异常议会”,有的学者把它称为“议会民主主义的危机”。其实,这种情况对后发国家来说,更可以把它看作议会政治发展不成熟阶段的表现。因为正如前面已经分析过的,像英国这样被世人称为“议会之母”的国家,在议会政治发展史上也曾出现过“议场武打”的现象。议会运作不能没有公认的程序,其中包括惯例的、制定的,但合法的程序并不能保证立法和决策的绝对正确。因此,问题的关键不在于立法者怎样运用合法程序,而是在于为公共利益慎重立法和决策,发现错误能够按程序纠正和补救。还有,在议会政治中,“程序政治”还包含着防止阴谋政治、置议会活动于公民监督之下的内容,因为有了程序规定,要么按程序,要么破坏程序,才可能变秘密会议为公开会议。这在一定程度上可以说是一种防患于未然的措施。

一九九三

议会权力的虚化

议会政治曾经有过它的“黄金时代”,无论在近代民主制发展的历史过程中,还是在近代资产阶级革命中,作为代议民主制的议会制度都代表着文明和进步。议会政治确立的“议会至上”原则,不仅打破了神圣不可侵犯的“君权神授”的愚民思想和“君权至上”的传统观念,而且使“人民主权”原则能够通过普选制和代议制得以实现。毫无疑问,所有这些对推动资本主义发展曾经发挥过巨大的作用。但是,从 20 世纪初期开始,随着西方国家政府干预和管理社会经济事务职能的扩大,“行政国家”的出现,使议会的传统权力,对政府的监督作用相对削弱,议会代表人民行使主权权力的权威性也日趋下降。正是在这样的情况下,由西方著名政治学家布赖斯最早提出的“议会政治危机”论,很快传播开来,从而对现代议会政治投下了一块阴影。

第二次世界大战以后,西方国家的政治、经济和社会各领域的巨大变化使整个国家的权力结构发生了大变动,其中最为世人瞩目的莫过于议会地位的衰落及其权力的虚化。因此,笼罩着议会政治的这块阴影不是缩小而是扩大了。对于这一现象,人们多数是从行政权力的膨胀及其对议会权力的侵蚀这个角度来看的。当然,这是确确实实的,特别是实行议会内阁制国家,随着政党政治的发展,政府是多数党的政府,议会是多数党控制的议会,这样,在多数党的操纵下,多数党领袖作为政府首脑,他只会用内阁政府来左右议会,决不会让议会来控制政府。显然,这就决定了议会权力的虚化。从这点说,议会已从属于政府,不是政府向议会负责，而是议会向政府负责，政府需要什么法律，议会就制定什么法律。议会的其他权力，例如传统的“钱包权力”在议员们难以弄清楚的现代预算制度下，加上政府有意设置的种种限制和障碍，议会对财政议案的审议，事实上也早已虚化，成为必须经过的一种形式，尽管它在财政公开方面是有一定意义的。

一九九三

议会政治危机的根源

由于议会权力的虚化，所以有的西方学者认为，“议会民主”已经被“总理民主”所代替。德国有学者就明确指出，这是西方国家普遍一致的趋势，他说，“早些时候，‘总理民主’一词是用来指德国民主的专门结构的，该词如实地表明基本法规定的民主制度将它的政治焦点放到了政府首脑——联邦总理身上。然而，德国民主形式成为总理民主，不能只从国家传统中推出结论。它是与其他民主国家的发展过程相一致的。在这些国家中，行政部门首脑的权力日益增长。但是，在英国由于国家情况发生了变化，国家任务日益增加，从内阁政府发展到首相政府几乎是自发的，而德国总理民主的确立却是以议会审慎制定的一系列宪法原则为基础的”。其实，无论像德国这样，还是像英国那样自发地从“内阁政府”走向“首相政府”，在本质上都是从议会民主制走向行政集权民主制。因此，“议会政治危机”与行政高度集权可以说是一个问题的两个方面。

同时，如果人们再细加考察，那就不难发现，虽然“议会政治危机”的进一步加深是由于行政高度集权发展的结果，但是行政高度集权和“议会政治危机”更深刻的经济和政治的根源却是共同的。因为随着现代社会的发展,科学技术已高度发达,现代社会在庞大的生产条件下,政府只管“法律和秩序”的时代已经一去不复返了。今天,西方国家,特别是发达国家,政府干预和管理社会经济事务的职能越来越大。就是在一贯崇尚自由放任主义的美国,学者们也感到“政府的职责似乎是无限的”。因此,这就促使议会和政府发生权力消长的变化。议会的决策模式不能适应管理日益复杂的社会经济事务的需要,一个人数众多的必须经过辩论—表决的决策方式与国际形势瞬息万变,国内矛盾尖锐复杂,管理事务专业化程度很高的条件下进行决策的需要是难以适应的。显然,这正是现代议会面临的严重挑战,也正是“议会政治危机”的根本原因。这是问题的一方面。另一方面,所有这些对议会来说是挑战,对行政来说恰恰为其扩权提供了客观前提。正是这样,凡实行议会民主制的国家都难以摆脱“议会政治危机”。根据传统的议会政治理论,政府本是议会的执行机构,但是,由于以上种种情况的发展,作为执行机构的政府,在长期行政的过程中早已发展成为功能完备、反应灵敏、决策果断、便于指挥的等级制结构,并且随着行政机构的完善化,它比议会更适应现代决策的需要。其实这种现象以及由此而带来的议会与行政权力关系消长的变化,在英国政府体制中早就出现了,自从英国下院多数党领袖担任首相的惯例形成以后,英国议会的许多重要立法和决策,实际上都是先由内阁政府做出的。不过,时至今日,因为议会不适应现代立法和决策需要的矛盾更尖锐了,行政扩权更严重,所以“议会政治危机”更显得深刻了。但究其根源,“议会政治危机”乃“冰冻三尺,非一日之寒”。

显然,根据以上分析,“议会政治危机”的出现除了行政扩权的原因之外,应该说,议会本身对现代立法和决策不适应也是重要的原因。议会作为国家最高立法机关,从某种意义上说,它是适应自由资本主义时期政府只管“法律和秩序”的需要而建立起来的,但是,随着政府管理社会经济事务职能的扩大,它就越来越不适应了。因此,从 19 世纪 70 年代开始,英国议会就不得不越来越多地赋予政府以委托立法权。这就是说,从那时起议会立法已开始削弱了。“议会政治危机”实际上就已经表露出来了。

一九九三

议会政治危机的实质

行政权力的扩大和议会权力的削弱固然是“议会政治危机”的表现,但是危机更深刻的表现可能还在于议会代议作用的衰落,也就是说,它越来越不能表达人民的意志,不能代表公民的利益,以致有的西方学者认为“代议民主制的历史作用已经完成了”。当然,尽管今天对代议民主制作“历史作用已经完成”的结论为时尚早,但是议会政治已经成为“政党议会政治”却是现实。因为在现代议会政治中,议会立法实际上是议会政党立法,整个立法审议过程都是议会多数党操作的,自然也就是由多数党控制。

这在日本国会中表现最为明显,国会通常由一党独大的自民党多数控制,只要自民党内能保持一致,就没有通不过的议案。正是这样,以致本是国会的问题常常都移到自民党内部解决。这样,就正如日本学者所说,结果造成“国会内部与外部的界线不明,有些本应国会内决定的问题移到了国会外,而有些应在国会外解决的却拿到了国会内。这种由体制上的多重性而产生的混乱,使议会机能和政党议会政治机能的关系变得模糊不清”。这就是说，日本议会立法过程中争论的焦点都移到了自民党内部以及朝野政党非正式协商的场合。“凡属重要决定一般都是采取非正式的方式事先商定，如朝野间关于减税额的协商实际上就是在各党的对策委员会之间进行的。”这种政党议会政治在西方国家中是普遍存在的，只是各国的表现形式和政党的作用程度有所不同。政党议会政治的过度发展，使议会政治越来越缺乏透明度，从而削弱了议会在政治社会化方面的作用。因此，我们认为这是“议会政治危机”更深刻的表现，因为它从根本上动摇了代议民主制的某些原则。

一九九三

“理想上最好的政府形式”

“理想上最好的政府形式是代议制政府”这个命题是 19 世纪 60 年代初英国政治学家密尔提出来的。当代议会政治中，这个命题是否仍然能够成立，也就是说，代议民主制的代议政府是否已经完成了它的历史任务，应该由新的民主制来取而代之。显然，这是议会政治必须研究的一个重要问题。

毫无疑问，所谓“理想上最好的政府形式”在任何时候都是相对的，密尔提出这个命题时显然是从以下两个前提出发的。一是针对英国长期流行的一句谚语，即“假使能保证有一个好的专制君主，君主专制政体就是最好的政府形式”。密尔非常尖锐而又非常深刻地批判了这一点，他说，自古来也有一句谚语，这就是“在专制国家最多只有一个爱国者，就是专制君主自己”。因此，他认为“好的专制政治完全是一种虚假的理想……在一个文明有所发展的国度，好的专制政治比坏的专制政治更为有害，因为它更加松散和消磨人民的思想、感情和精力”。因此，正是通过与君主专制政治的比较,确定了他提出的命题的正确性。第二个前提是就民主制本身而言的,他说,全体人民参加的政府固然是好,“但是既然在面积和人口超过一个小市镇的社会里除公共事务的某些极次要的部分外,所有的人参加公共事务是不可能的,从而就可能得出结论说,一个完善的政府的理想类型一定是代议制政府了”。应该说,以上是代议制政府作为理想上最好政府形式的两个最有说服力的支撑点。

今天,如果就以上两点而言,虽然与专制君主制相比较已经没有什么意义,但是这个命题的第二个前提仍然存在着,并且是正确的。因此,尽管最新的科学技术为公民行使民主权利提供了现代化的工具,越来越多教育有素的公民也提高了政治参与意识,但是要在现代统一的民族国家中以直接民主制作为国家政权组织形式仍然是不可能的,在这里,且不谈其他更为复杂的因素。

当然,今天认为密尔的命题还是正确的,并不因此就否认“议会政治危机”的现实。正是这样,人们不得不承认共同参与民主制作为“议会政治危机”对立物的出现,是有进步意义的。因为从民主制的形式来说,共同参与民主制是一种直接民主制,即由人民直接参与公共事务,为克服现代议会危机提出了一些补救办法,例如,由人民直接行使创制权、复决权和罢免权,以保证公民能够比较广泛地参与国家立法和监督政府,直接对政府政策施加影响。

但是,必须指出,共同参与民主制的创制权、复决权和罢免权行使起来是有条件的、有限制的,在现实政治生活中,公民对公共事务都要直接参与是不现实的,而且即使实行,效果也将会像有的学者担心的那样,可能是“福”,可能是“祸”。因此,它不能作为国家政权组织形式,不能取代现行的代议民主政体。它只是对代议民主制的一种补充。公民通过直接行使创制权、复决权和罢免权可以培育为公共事务服务的政治参与意识，并在行使这些民主权利的实践过程中得到锻炼和训练。在这方面，它和普选制的意义是完全一样的。

共同参与民主制的创制权、复决权和罢免权在一定程度上可以克服和防止代议民主制中的某些弊端，但绝不可能根本摆脱现代"议会政治危机"。因为现代民主宪政史已经表明，公民直接行使创制权、复决权和罢免权既没有使一个国家从代议民主制政体变成为直接民主制政体，也没有使一个国家摆脱"议会政治危机"，更没有使一个国家能够阻止行政集权制的发展。瑞士是当今世界最早实行公民创制权和复决权的国家之一，但是，瑞士实行创制权和复决权不是从代议民主制向直接民主制过渡的标志，恰恰相反，它是从公民大会直接民主制向代议民主制的发展过程中，为保证这一改革能顺利进行而采取的措施。因为在统一之前各公国都是实行公民大会的直接民主制的，但在统一之后，这种公民大会的形式再也无法保持了，它不得不采取代议制政府形式。应该说，当时瑞士发展成为现代民族统一国家后，从公民大会的直接民主制过渡到代议民主制的议会制度，是历史的进步。而当时的瑞士之所以创立公民创制和复决制度实际上是为了保持传统的需要，以满足人民直接参与的要求。瑞士的创制和复决制度是发展得比较完善的，但是，它直到今天仍然只是作为代议民主制的补充手段，而且并没有因为长期实行这一制度使瑞士的代议民主制防止了固有通病的产生，其实它同样由于行政集权的发展和议会功能的衰弱也不可避免地陷入普遍的"议会政治危机"。由此可见，瑞士直接民主制的历史是非常有力的证明。

如果考察一下美国一些州实行的公民直接参与的创制、复决和罢免制度，那也是很有意义的。虽然美国联邦没有实行这一制度，但在一些州，早就在不同程度上采用了直接民主制。美国政治学家梅里亚姆在他的《美国政治思想》一书中就有这样一段记载："到 1917 年已有 21 个州实行了某种全州性的动议权、公民投票权或罢免权，而另外 22 个州不是所有的市就是某几个市都实行了这类制度。"显然，美国和瑞士不一样，一些州和市实行这种制度，是在建立了代议民主制政体以后，不是从直接民主制过渡到间接民主制采取的措施，而是为了扩大公民直接参与的民主权利，以克服代议民主制的某些弊端。尽管如此，两国实行这一制度的结果却都充分证明，公民直接参与民主制作为公民直接行使民主权利的制度不能说不是理想的，但是从现实角度来看，它的实行并没有取得理想上最好的效果，没有真正扩大和保证公民的民主权利。其实，说到底，无论是间接民主制还是直接民主制，仅仅是民主的形式。瑞士是以实行"直接民主制"著称于世的国家，但是，日内瓦大学教授、著名的社会党议员齐格勒也认为："我国(瑞士)著名的直接民主制在很大程度上已经成为直接的寡头统治。"而且，其中最发人深思的是代议民主制一切固有的弊端在公民直接参与的创制和复决活动过程中同样表现得淋漓尽致，以致倡导共同参与民主制的美国学者也不得不认为，"创制既能产生天才，也能产生魔怪"，创制的行使范围愈大，在任何一种选举程序中固有的典型的弊端就愈会出现——行贿、对竞选的捐款额过大、选举作弊。因此可以明显地看出金钱对决定创制投票的结果起着非常重要的作用。美国的一项研究报告表明，在 16 次公民行使创制权的活动中，其中有 12 次受到大公司大力支持的一方所花的钱超过了对手，并在 12 次中有 5 次"获胜"，因此，报告的最后结论是"目前的制度不平衡，对大公司有利"。

如果密尔当年通过与专制君主政体相比确认“理想上最好的政府形式是代议制政府”，那么今天当然不能仍与专制君主政体相比来确认这一命题的正确性。不过，今天如果与作为直接民主制的共同参与民主制相比，尽管理想上最好的政府形式确实不是代议制政府，但是现实中最好的政府形式却肯定仍然是代议制政府。因为共同参与民主制只能是理想上最好的民主制度，但在现有的社会制度条件下，它并不能成为最好的政府形式。有一位学者说得好，“我们之所以放弃直接民主，主要是社会规模太大，难以付诸实行，代表制就是要在不可能实现普遍直接参与的情况下，仍能实现普遍参与”。

一九九三

议会与行政权力关系改革

在现代议会政治中对议会最大的挑战，莫过于行政集权，它使议会“地位下降，权力萎缩”。对此，美国国会曾进行了一系列的改革。1973年国会曾通过《战争权力法》，限制总统“不宣而战”的战争权力，规定国会有权强令总统在60天之内(特殊情况可延长至90天之内)撤回派出的军队。1974年国会通过预算和拨款扣压控制法，加强国会的财政监督权。1976年，国会成立情报工作调查委员会，加强对联邦情报活动的监督，同年，参议院又做出决议，禁止总统在未经国会批准的情况下签订重大国际行政协定等。当然，美国国会通过这一系列有关加强其权力的改革，究竟效果如何，是值得考虑的。但是，这说明国会要提高地位，加强权力就必须进行改革。

在同期内，还有一些国家的议会也进行了改革。瑞典为强化议会权力改两院制为一院制。英国下院成立了新的委员会，以加强对政府的监督。显然,由于各国议会制度和议会政治传统不尽相同,因此各国改革的方向和内容也不尽相同。但是,它们也有相同的一面,这就是改革所涉及的,实质上都是立法与行政的权力关系问题。在处理这类改革问题时,如果真正从实际出发,作实事求是的分析,人们不能不看到议会要恢复昔日政府只管"法律和秩序"时期的地位和权力已经不可能了。因为在以现代化大生产为基础的社会中,政府职能的扩大和行政集权的发展不仅密切联系在一起,而且是有社会基础的。因此,议会的改革不是要求它像政府那样决策,而是要使它有权力监督和控制政府的决策。密尔早就指出:"代议制议会的适当职能不是管理——这是完全不适合的——而是监督和控制政府;把政府的行为公开出来,迫使其对人民认为有问题的一切行为做出充分的说明和辩解;谴责那些该受责备的行为……"

一九九三

议会的自我改革

如果议会改革的着眼点放在对政府的监督和控制方面,那么议会就不得不更加注意自身改革。事实很明显,现代议会的体系、结构和功能基本上是适应 19 世纪的需要逐步完善起来的。直到 20 世纪 70 年代西方国家才感到议会自身需要改革。因此美国在对国会和行政之间的权力关系作改革和调整的同时,对国会委员会体制、辅助机构的设置、议员助手人员的配备、经费开支等方面进行了改革,其目的主要是为了解决国会不适应现代需要的一些问题,诸如信息的来源和运用,立法审议中的专业和技术知识,议会政治活动的公开化,等等。此外,美国国会迫于腐败丑闻的暴露,还通过了一项道德准则,以保证议员的廉洁。

当时据报道，影响最大、对国会打击最沉重的丑闻有三件：一是在1974年，众议院筹款委员会主席威尔伯·米尔斯，酒醉后与夜总会女明星"范恩狐狸"的丑闻，被迫辞职；二是1975年众议院管理委员会主席韦恩·汉斯安排情妇伊丽莎白·雷作秘书(虽然她并不会打字)，由委员会支付工资，结果促使汉斯辞职，并且削弱了该委员会的权利；三是国会某高级人物接受外国院外集团的贿赂。显然，这类腐败现象的揭露，实际上对70年代国会的改革都起着无形的推动作用，而国会于1977年3月通过的所谓道德标准，只不过是对腐败现象做出直接反应的一项措施，主要是把议员的额外收入限制在他的薪水的15%之内，并规定议员必须在每年的5月提出上年度的财产情况报告，其内容要比以往透露的更为详细。

美国国会70年代的改革，对提高国会的地位和权力确实是有一定作用的，在一定程度上强化了对总统决策的约束力，改善了获取和处理信息的能力，调整了议院内部的结构和权力关系，而且在实行公开化和使议员接受公众监督方面，情况也有一定程度的改善。但是总的来说，美国政界评价不高。确实，这些改革是低程度的。但是，问题的实质还在于国会是不是真正行使这些或那些权力，国会议员是不是充分利用信息的力量和处理信息的设备，以及是不是真的遵守国会通过的道德准则。据有关报道，在美国充其量也是以对折的眼光来看这些改革成效的。

在20世纪70年代，其他西方国家的议会也进行过类似的改革。虽然各国改革的内容和方式是不一样的，但从德国学者为"总理民主"申辩的言词中，从英国学者对"人人皆变，唯独我们不变"的抱怨声中，总的来说，无论是改革巨变和改革后的效应，大体上差不多。西方国家的议会改革是艰难的。因为"议会制度是训练人们尊重传统的最好的学校”，所以它的存在和保持不变就是象征着传统的巨大影响力。这在英国议会政治中表现得最为明显，传统是历史的惰性拉力，是一种巨大的阻力。而改革必然会触及传统，因此，当 1968 年英国的哈罗德·威尔逊和特德·希思合谋打算改革上院时，由于他们旨在大大削弱有投票权的世袭贵族的数目，从而使上院的力量趋于平衡，结果引起一场混乱，威尔逊不得不放弃这项改革。1980 年，工党又再次许诺改革上院，并在工党会议上声言要册封 4 名新贵族以确保废除上院的议案得以通过，但是，对于未得到立法议员的同意就着手废除上院的这种设想当然是值得怀疑的，必然使工党自身陷入法治的危机之中，结果，工党也只能不提而不了了之。所以，难怪有的英国人既激愤又无可奈何地说：“上院唯一在理之处是其荒谬之处：只要你想使上院变得合乎情理，你就得罪了所有的人。”

一九九三

通向政治文明的不二法门

对代议制政府来说，“议会政治危机”与“理想上最好的政府形式”本是两个互相矛盾的命题。自从 20 世纪初布赖斯提出“议会政治危机”以来，议会政治就一直在这块阴影的笼罩下，伴随着“地位下降”“权力衰落”走过了大半个世纪。这么多年来，虽然“议会政治危机”一直冲击着西方国家议会制度，但是，代议制政府仍然是西方各国现实中最好的政府形式。

正是由于以上原因，西方各国议会制度始终在矛盾之中。它既深陷危机，又是现实中最好的政府形式。因此，这就注定了它只能在矛盾中求生存，迈着沉重的步子走向明天。第二次世界大战后有位英国学者曾为议会民主辩护说过这样一句话:“给人以希望,则是议会制民主主义的一根支柱。”现在看来,议会民主并没有像这位学者所说的,“给人以希望”,而行政集权制却成为西方各国普遍发展的趋势,以致有的美国学者说,已经从直觉上意识到代议民主制过时了。

不过,自从20世纪初以来,议会政治一直是伴随着沉重的危机和艰难的改革走过来的。虽然“议会政治危机”论长期以来从未平息,但是以议会制为核心内容的代议制仍然是各国主要的统治形式,而且议会政治也在发展。明显的表现是作为议会制度基础的公民选举权普遍扩大了,许多发达国家至少从形式上基本上取消了长期存在的选举资格的限制,其中诸如男女不平等、选举年龄限制,以及财产资格、种族歧视、文化水平、居住条件等不平等的规定。同时,议会和议会政治已经不再是欧美国家独有的了,第三世界发展中国家在取得政治独立以后,许多国家都建立了自己的议会。它们在形式上根据本国的实际情况和传统影响,仿效了发达国家的议会总统制、议会君主制和议会共和制。不过它们在内容上多数以民族主义思想为原则,各具有不同程度的改良。因此全部问题是,没有代议制,我们还能不能找到别的更好、更可行、更符合人类现代政治生活特点的民主形式?如果不能,那么,无论代议民主制存在何种缺陷,经受何种磨难,它都必然是我们人类政治文明通向未来世界的不二法门。

一九九三

第五章　现代民主制度的形态演变

行政集权民主制

行政集权民主制是当代世界主流的民主制形式。之所以称为行政集权民主制，主要原因是，作为国家表现形态的民主仍保留着议会民主制度，同时公民的普选权利得到承认，人权保障范围还有所扩大，然而在整个体制上实行的是高度的中央行政集权。托克维尔在《论美国的民主》中曾区别了行政集权与政府集权，认为行政集权只能使人民精神萎靡不振，消耗公民的积极性，从而缩短政权的生命，无补于一个民族的伟大长久。他反对行政集权，但他认为国家集权是必要的，认为这对国家的命运将产生重要影响，因此他强调中央对地方的控制权。后来的历史证明，行政集权不可避免，也没有像托克维尔所估计的那样毫无生命力。托克维尔的判断失误在于他没有把行政集权与民主联系起来考虑，而认为两者是完全不相容的。西方民主制度发展的事实是，英国的民主制度已变成首相民主，德国的民主制度成为宰相民主(在法律上总理之上还有总统)，美国的总统成为帝王般的总统。

行政集权民主产生的原因主要是在自由资本主义走向垄断资本主义的过程中，经济上的垄断导致政治上的集中。具体而言，其一，资本越来越介入政府，不满足于依靠政府提供法律和秩序，国家变成“管理整个资产阶级共同事务的委员会”，最直接的后果在于运用政府的行政权力干预社会的经济发展。其二，政府也越来越参与社会资本的运作，介入资本运动。资本高度垄断集中后，生产社会化必然要求政府的干预，由此资本越来越依靠政府的支撑，必然导致行政权高度集权和扩张。其三，资本超越政府管辖范围，向外输出，走向国际化、全球化，依靠政府对外扩张的政策和政府为之提供保护。

在不同的国家，行政集权都是总趋势，但各国形成的具体途径不同。英国是通过柔性宪法削弱议会权力，增强政府权力。它首先将上院的权力转移到下院，然后下院权力转移到内阁，最后再集中到首相。这个过程最初并不是法律规定的，而是由惯例形成的，后来才通过法律认定。如首相一职在法律上就曾经长期没有依据。美国是通过解释宪法来扩大总统权力的，宪法本身赋予总统的权力很有限，但宪法规定很简约，为司法解释留下了很大空间。因此虽然美国宪法的制定已有二百多年了却仍然有效，但是国家的权力结构已经发生了巨大变化。法国则通过新宪法的制定扩大总统的权力，集中表现在 1958 年的《戴高乐宪法》。

行政集权民主制的形成是在国家基本权力结构形式不变的情况下在体制内部进行的权力转移，因此也是一种政治体制改革的形式，这种变化没有对社会造成很大冲击，但是对政治生活的改变却是巨大的。比如在行政体系中，行政立法权的出现，行政裁量权的扩大，行政协定权与命令权的扩大，等等。这一过程的秘密在于，一方面扩大舆论参与，普及选举权，但是这些民主主要在议会或几年一次的总统选举中实现；另一方面，权力高度集中到总统、首相手中，保持了统治的稳定，没有造成体制外的冲击。行政集权民主制之所以仍然称得上是民主制度，还在于为了防止集权后权力被少数人滥用，确立了一整套科学决策体系，依靠科学、法律、精英三者的共同作用，实现了国家公共生活的良好治理，维护了统治的稳定。但是行政集权民主毕竟与民主有着矛盾冲突，随着集权的发展，团体政治应运而生，利益集团成为对抗政府集权的新形式，这在第二次世界大战后表现得越来越明显。

一九九〇

行政集权独裁制

行政集权独裁制是行政集权民主制的变态形式之一。行政集权独裁制直接产生于20世纪世界经济危机，其主要代表就是德、意、日法西斯主义政权。从比较研究的角度来说，行政集权独裁制与行政集权民主制都是为了不使“现行经济形态全部毁灭”，通过强化国家行政干预职能，实行行政集权和行政首脑专权，以此寻找摆脱困境的出路。但不同的是，后者仍然保留着代议民主制的一切设施，并仍按常规运转。前者则像亚里士多德称寡头政体为贵族政体的变态一样，是行政集权民主制的变态类型。它公开或事实上完全抛开代议民主制的普选、议会等一切民主设施。

学术界对于行政集权独裁制产生的原因大致上有三种解释：一是认为德、意、日与英、美等国历史文化上的差异产生制度上的不同发展，这种观点以摩尔的《民主和专制的社会起源》为代表；二是认为行政集权独裁制是资本主义越出常轨的表现，本质上是资本主义的产物，以马克思主义经典作家为代表，如斯大林、毛泽东、季米特洛夫等；三是认为德、意、日等国因无法克服经济危机走向侵略。三种说法都有部分道理，只是根本原因与次要原因、直接原因与间接原因的差别，经济上的解释更有直接的说服力。当时，面对经济危机，德、意、日几乎没有回旋余地，而美、英都有一定的空间，因为后者都有较完整的市场经济，有统一的市场，而前者是诸侯经济，割据市场，经济发展程度明显低于后者。加上德、意、日等国的法西斯势力利用了不成熟的民主制度，也蒙骗了一般民众。

行政集权独裁制形成的主要方式或途径，一是通过建立法西斯政党组织社会力量，二是利用不成熟的议会制度建立法西斯政权，再进一步形成终身首脑制。如意大利墨索里尼通过立法废除议会君主制，政府首脑不对议会负责，同时规定由国王任命政府首脑，但国王的命令必须经政府首脑副署。由此，政府首脑经一次任命以后，就永远不能罢免，成为终身元首，并且，还取得了无须经过议会的立法权。从这里可以清楚地看到意大利法西斯是如何通过不成熟的议会制度走上独裁之路的。德国的希特勒也是通过《授权法》(即《消除人民和国家痛苦法》)，实行中央的绝对统治，改变地方法，完全通过民主的形式建立个人的终身独裁统治的。从意大利和德国走向独裁之道的过程看来，二者都是在体制内完成的变化，也是“以法治国”，经过了合法程序。但是行政集权独裁制一旦建立起来后就完全背叛了民主，甚至连民主的形式都放弃了，它实行高度的个人独裁，一个领袖、一个政党、一个主义，人存政举、人亡政衰，对内实行血腥统治的高压政策，对外则发动疯狂侵略。

因而行政集权独裁制的共同特点是：第一，行政首脑作为国家的独裁者，具有无限的权力，集立法、行政、司法、军事、外交等一切权力于一身；第二，在事实上取消了议会和一切的公民权利制度；第三，整个政府就是一部进行强制性管制和血腥统治的军事官僚机器；第四，在党魁控制下的法西斯党支配一切。从这些特点可以说明它与行政集权民主制的区别，关键在于行政集权后的体制是否还保留着代议制的议会和普选制。对于这一点，《第三帝国的兴亡》的作者写得很清楚，“议会民主制度在德国终于被埋葬了……议会把它的宪法权交给了希特勒，从而实行了自杀”，只是“它的尸体却被抹上了防腐的油膏，一直摆在那里，到第三帝国的末日为止，偶尔拿来充当希特勒大声咆哮的传声筒，它的议员以后都是由纳粹党一手挑选出来的，因为以后再也没有真正的选举了”。

由于体制上的差别，行政集权独裁制政府干预社会经济的政策和措施与行政集权民主制也有所不同。1933 年美国罗斯福总统上任后，政府干预社会经济采取的政策是改良主义的，而 1933 年德国希特勒上台后推行的是所谓“国家社会主义”的政策和措施，实际上就是国民经济军事化和发动侵略战争的政策，正如希特勒所说“没有剑，就不可能有经济政策，没有权力，就不可能有工业化”，德国“必须再次沿着古代条顿武士的道路向前进军，用德国的剑为德国的犁取得土地，为德国人民取得每天的面包”。

在德、意、日发动侵略战争之后，国家全面走向军国主义化，行政集权独裁制发展到了顶点，根据法西斯的“领袖原则”，独裁者的权力膨胀到了无以复加的地步。但是，这种伴随着恐怖和战争建立起来的个人独裁制度，根据历史发展的规律，总是随着战争的失败而告终的，是随着独裁者的垮台和死亡而崩溃的。因此，在意大利、德国和日本法西斯侵略战争相继失败的过程中，它们的独裁者以及维系在一个人身上的法西斯独裁制度，也就一个一个倒塌下来了。行政集权独裁制声名狼藉，可以说，它已成为全人类共同的敌人。战后，在盟军的占领下经过对法西斯势力的整肃，德、意、日等国重新恢复了代议民主制，后又发展到行政集权民主制，从而结束了 20—30 年代开始的西方国家政府体制分叉发展的历史。当然,历史不会简单地重复,但是,经验却告诉人们,任何事物在整个历史发展过程中,分叉发展和变态发展常常是制度发展不可避免的现象,行政集权独裁制的历史教训是永远不能忘记的。

一九九〇

行政集权权威制

行政集权权威制也是行政集权民主制的变形之一,它主要在第二次世界大战后出现在发展中国家,是第三世界国家面对现代化挑战产生的一种制度形式,它介于行政集权民主制与行政集权独裁制之间。在行政集权权威制下,民主成为集权的工具或仅仅保留一个形式而不能发挥作用,但是在政治上有民族解放和经济发展的要求。它与独裁制的重要区别是,独裁制主要依靠军队和政治高压政策,而行政集权权威制主要依靠权威,特别是领袖人物的权威。不过二者的区别也不是绝对的,只是侧重点不同。行政集权权威制的权威来源主要是历史功绩和社会困境中领袖的政治品格和魅力,一方面靠秩序、安全、福利的供给,另一方面不稳定的困境不断提出权威的要求。拉美、亚洲一些国家是行政集权权威制的典型。

行政集权权威制维持统治的关键是保护权威,排斥一切威胁权威的可能,如通过对各种重要资源的垄断制造施惠特权,政治不公开,镇压一切反对派,等等。它必须要培养一个精英集团,维护这个精英集团的形象。权威统治是特殊利益集团的统治,也是人治的集中表现。

行政集权权威制是一种过渡性的统治结构。一方面,它有积极的作用和应有的历史地位,在革命后的现代化时期,能集中资源解决国家最急迫的问题;但是另一方面它的作用又是有限的,它依靠人治而不是制度建设国家,只会削弱和消耗公民的积极性。托克维尔说过,它可以创造奇迹,但它不会激发和培养人的创造能力。由于实行高度的人治,它会造成复杂的人际关系和腐败的社会网络,明智的统治者必须在结构没有瓦解之前进行转型和改革,在统治集团尚未腐化以前成功过渡到民主化阶段,否则就会陷进集权困境,造成社会的动荡。韩国就是这种转型成功的一例。

二〇〇四

道德集权民主制

道德集权民主制是随着现代社会化大生产的发展必然走向行政集权而提出来的问题,它是针对行政集权民主制割裂民主的价值与形式的弊端,通过制度的道德性与公共官员的道德修养,结合现代民主制度的基本程序实现民主价值的一种制度形式。道德集权民主制与共同参与民主制一样,作为国家制度仍然是一种设计和理想,但是它预示着民主发展的新方向。在20世纪,代议民主制走不下去了,“议会至上”的时代已经结束了,行政集权民主制的出现是必然的。但是后者如果与古代的君主制结合就可能导向独裁制、法西斯,如果与亚里士多德的政治民主结合,与道德政治结合,就可能产生道德集权民主制。

道德集权民主制的基本理念和必要性主要有三个方面:第一,如何使集权与民主走向统一。集权与民主是悖论,二者的真正统一只能靠道德,仅仅靠制度设计是不能解决这一问题的。列宁提出来的“民主集中制”是一项重要的民主制原则,而不是一种制度。从过去社会主义的实践来看,民主集中制对民主的保障主要依靠领导者的道德修养，领导者的道德与民众的道德必须统一起来是实行这一制度的关键，用阶级斗争是无解的。议会民主制的价值核心是反专制，行政集权民主制则以效率为核心原则，依靠法律、科学、人才，把道德排除在制度设计之外。道德集权民主制的价值核心是人权，它不排除法律与科学、人才，只是把它们与道德结合起来。这在理论上也不是完全没有类似的探讨，如现代产权经济学就提出，对产权的保护分为法律、制度、道德三个层次，法律和制度之外还要靠道德来保障。

第二，通过把道德与公共性结合起来，解决民主制中的多数悖论问题。多数人原则并不能彻底解决民主问题，因为多数人原则也有个理念问题，它的基础既可以是公共利益也可以是个人利益，所以才会产生悖论。解决这一悖论只有靠道德，这是密尔在《代议制政府》中早就阐明了的道理，如果每个人都只是追求自己的利益是不可能没有冲突的，“斯密教条”也是一种乌托邦。道德集权民主制与传统社会的道德理想主义不一样，后者主要把道德看成是个人修养问题，而道德集权民主制强调制度的道德性是首要的，强调道德的公共性维度与制度维度。中国的儒家道德就缺乏公共性维度，即梁启超所说的“有私德无公德”。

第三，使民主制度完善化。民主与民主制度是两个问题，民主说明的是人的生存状态和价值，如过美好的公共生活、追求公正、正义等，民主制度是设计出来保证人的生存价值的，但它并不必然有效。西方民主制度主要立足于限制人性恶的一面，是一种消极民主制，而且西方民主制竭力回避制度本身的道德性问题。完善民主制就是除了限制人的恶外，还要扬善，这只能靠道德。中国传统讲人性善，但只有思想没有制度，不讲制度本身的善，不讲运用制度发扬人性善，所以很容易陷入道德理想主义的陷阱。

道德集权民主制主张政府与政治的重新统一，政府回到亚里士多德的“城邦以正义为原则”的基础上来，法律、政策都要以人权、正义为原则，政府的基本职能是主持公正，是道德职能，政府不能仅仅追求经济发展、社会秩序和公民福利，而要致力于培养人的德性，有利于人的全面发展，促进“自由人”的发展。道德集权民主制强调政府官员必须是道德人，行政人员要负社会责任，关心社会，对民众的意愿保持敏感。这是民主制度发展的必然趋势。在议会民主制时代，政府只负责制定法律和秩序，对社会问题不负责任。到了行政集权民主制时代，政府广泛介入社会经济生活，把政治和行政分开以提高行政效率和监督行政是必要的，但是随着行政集权民主制的发展，议会对行政的监督越来越困难，官僚主义自主性越来越强，这就要求把二者以某种方式重新结合起来。英国的“行政裁判所”、瑞典的议会司法专员制度、我国香港特区的廉政公署，都是为了解决行政监督的问题而设立的制度，这些制度的实质就是“道德裁判”，处理“行政合理性”问题。

如何才能实现道德集权民主制？这个问题还需要人类制度发展实践的摸索。挖掘古典传统的道德资源无疑是必要的。但是这一制度也存在风险，任何一种制度都不可能是完美的，人们只能通过不同制度的比较、补充来发现一种制度的缺陷，这也许是困扰人类政治生活永恒的问题。在这个意义上，制度建设必须善于和敢于发现制度缺陷。

二〇〇四

共同参与民主制

共同参与民主制作为一种国家制度形式还仅是一种理性研

究和设想,它最初并不是由政治学家提出的,而是美国未来学家奈斯比特等人在20世纪70年代提出的。奈斯比特在《大趋势》中说:“70年代是政治上共同参与民主制的发展时期,复决和创制事例都有空前的增长。”“万事都要亲自参与的这种行政哲学在美国各地自下而上地传播开来”,“共同参与民主制正在美国的地方政治中引起革命性的变化,同时正在向上面沸腾,要改变中央政府的发展方向。”有的学者认为,代议民主制已经过时了,因为它只注重政府而仅在最小限度内发挥广大公民的作用,并认为亚里士多德当年所说的人是政治动物,其意思就是人参与自治以后,才能成为完全的人。

实际上,共同参与民主制的灵魂和核心就是历史上已经存在过的直接民主制,包括公民创制、复决和罢免权。未来学家提出共同参与民主制的依据主要有三个方面:一是代议民主制出现危机。政党作为代议民主的原动力机制,走向商业化操作,不能为民众服务。奈斯比特认为美国的两党制已经死亡,两党之间没有实质差异,仅仅是一种受利益集团操纵的选举工具。这种民主制的危机为共同参与民主制提供了必要性。二是政治经济的发展推动了教育的普及,公民的民主愿望大大提高了,可以实行更直接的民主参与形式。三是物质条件的改善为共同参与民主制提供了可能性,如现代交通、通信、网络的发达等,通过这些现代手段人们可以不需要代表直接表达意愿而直接行使权利。

当然,未来学家的预测并非完全空穴来风,历史上以及现代社会的一些直接民主制形式也为他们提供了一定的依据。直接民主制的第一个来源是瑞士在民族国家的统一过程中有此经验。但是当时的直接民主制阻碍了统一过程,统一提议很容易遭到否决,因而代议民主制取代了直接民主制成为瑞士的国家制度。但是由于传统的深刻影响,瑞士又设立了公民创制权、复决权、罢免权以补充代议制的不足,但其内容大多不再涉及国家主权与组织结构问题。第二个来源是美国新英格兰的小市镇一直采取的直接民主制。第三个来源是现代部分西方国家,如法国、日本等宪法规定的公民表决权。总的来看,直接民主制并没有成为国家层面的制度形式,瑞士每年有大量频繁的投票活动,民众不堪重负,要求改革的呼声也很高。

第二次世界大战后,最早提出"共同参与民主制"的是美国学术界,它既是对美国民主制的批判,又是为美国民主制辩护。但是,不管怎样,它在美国出现不是偶然的。到 60 年代以后,美国的代议民主制作为国家表现形态的民主,历经一百多年已经发展成为行政集权民主制,行政高度集权,政府权力空前扩大,因此,这就形成两大矛盾:第一,行政高度集权和公民要求更多民主权利的矛盾,尤其是在美国这个高度发达的资本主义国家中,由于社会民权运动的发展和人民争取社会权利和政治参与的斗争,公民的普选权、社会权和参与权都有所扩大;又由于社会现代化的发展,人民的经济生活水平和文化教育程度都有很大提高,公民的参政要求和行政高度集权的矛盾就显得更加尖锐,正像《大趋势》的作者所说,对两大党操纵的选举越来越感到不满,认为"两党制已经死亡,因为人们不想要它","许多人已经不想通过共和党和民主党来实现他们的目标";第二,政府空前扩大的权力与公民权益的矛盾。这是行政集权民主制在体制上难以克服的又一个矛盾。由此,不难看出,所谓"共同参与民主制"正是为缓和矛盾和解脱困境而提出来的所谓"新的民主工具",试图用"公民创制权""公民复决权"和"公民罢免权"来使公民参与政治的要求在形式上得到某种满足。这就是说,"新的民主工具"仍然是资产阶级的统治工具,它除了对锻炼和培养人民的参政意识有些作用之外，丝毫不能改变资产阶级民主制的实质。在代议民主制和行政集权民主制下的政党政治、金钱政治，在“共同参与民主制”中同样起着操纵和控制的作用。

对于这一点，西方学者毫不讳言，并承认，在美国“创制的行使范围越大，在任何一种选举程序中固有的典型的弊端就会出现——行贿，对竞选过度捐款，选举作弊”，“随着创制更加经常的使用，就明显看出金钱在创制投票的结果中，起了作用，就像它影响其他的政治竞争一样”。至于公民参与的内容，实际上都是些微不足道非实质性的问题，更不是什么重大的政治问题，正如一位学者所说，参与民主只能限于诸如从飞机上喷洒除草剂、开辟非吸烟区、回收啤酒瓶、使用什么颜色的路灯等，而在一些实质性的问题上是没有效用的。

对于共同参与民主制，国内基本上持两种态度，一是完全否定，认为共同参与民主制是乌托邦；二是部分肯定，认为共同参与民主制不仅是未来民主发展的方向，而且也能补充代议民主制的不足。两种观点都有其理由，就肯定的角度来说，共同参与民主制更能实现民主价值，它说明了民主与民主制度不是一回事。代议民主制作为工具是最好的，无论对于统治者还是被统治者都是如此，但在价值上有缺陷。共同参与民主制还有利于培养公民参政的知识、能力及公共精神。斯密提出每个人都追求自己的利益结果能产生整个社会利益的实现，这个“斯密教条”在19世纪即已遭到约翰·密尔批判，密尔提出只有从道德、公心出发，我们才会不侵犯他人利益和实现整个社会的利益。因此，精神是重要的，但是精神也要靠知识来支撑，知识要在实践中获得。另外，共同参与民主制有利于制度创新。公民的参与是制度创新的根本来源，人类一些重要的制度都不是理性设立的产物，而是来源于长期博弈的结果，制度的改进更是长期实践的结果。如选举制度就是在长期实践中逐步完善的。

不过从缺陷方面来说，且不讲现代民族国家的规模暂时还无法解决共同参与民主制的物质基础问题，即使物质条件允许了，共同参与民主制也不会是完美无缺的制度。理由很简单，任何民主制都只是一种形式，制度本身的问题不可能完全通过制度的设计来解决。共同参与民主制同样不能解决少数服从多数的悖论问题，如历史上古代雅典的苏格拉底审判揭示出来的民主问题，说明民主制度也会犯错误，例如集体表决用石头砸死小偷的严重违法事件。很多事情都是不能通过民主获得合法性的，如核武器的研制问题，你能用多数表决？英国过去决定对中国发动鸦片战争也是国会表决通过的，你就能说它合法了？其实，凡是间接民主制存在的问题，直接民主制也会存在，如政党和选举的商业化就是如此。美国市镇的直接民主往往被大公司支配，如禁酒立法争议与酒业公司的关联，枪支管理问题屡次陷入困境就与美国步枪协会的强大影响分不开。此外，共同参与民主制还容易被阴谋家利用，现代心理学的研究成果早已证明了这一点。总之，共同参与民主制有两面性，是一种“有问题的民主形式”。

二〇〇四

“社区”不等于“自由人联合体”

中国人民大学的高放先生在《中国党政干部论坛》2003 年第 9 期上，发表了《以马克思主义为指导，大力加强社区建设》一文，他在文中指出：“马克思所说的‘联合体’就是社区。”其立论依据主要是在马克思著作的英文本、法文本、德文本和俄文本中，社区的英文就是“community”一词，而且马克思在《资本论》中所讲的“自由人联合体”也用的是“community”这个词,所以“自由人联合体”也可以翻译为“自由人社区”。共产主义的奋斗目标就是建立自由人社区。“社区”与“共产主义”有同一个词根“commune”,而“共产主义”是抽象名词(communism),“社区”是实体名词(community),所以说社区就是共产主义社会高度自治的群众联合体。对此,我们认为,即使不谈最初使用“社区”一词的德国社会学家滕尼斯对这个词的使用,显然在时间上要比马克思提出“自由人联合体”要晚,就是从这两个词本身所包含的意义看,二者的关系也须要进一步深入分析。

马克思曾在不同的场合使用过“自由人联合体”这一词,这一点高放先生在他的文章中也提及过。但马克思在使用“自由人联合体”时,其内涵有一个发展过程。1842 年 6—7 月,马克思在为《莱茵报》所撰写的文章——《第 179 号〈科伦日报〉社论》中提出,应当“把国家了解为相互教育的自由人联合体”。这是马克思首次提出“自由人联合体”的概念。此时,马克思还是一位革命民主主义者,其世界观还带有浓厚的唯心主义色彩,他把自由看作不仅是人的目的,而且也是历史的目的。人类历史的发展进程在马克思看来,可以分为两个时期,一个是不自由的时期,另一个是自由的时期,这种不自由肇始于“人类史还是自然史的一部分”的时期,一直持续到封建专制时期;自由时期则是从资本主义摧毁了封建专制制度开始的,资本主义通过立基于自由理性的国家以及确保人的自由的法律制度等外部条件之确立,实现了不自由向自由的过渡,进而使得自由开始成为人的天性。当然,马克思在这里所提及的自由还是一种脱离物质生产关系的抽象自由。

1848 年,马克思和恩格斯在《共产党宣言》中进一步指出:“代替那存在着阶级和阶级对立的资产阶级旧社会的,将是这样一个联合体，在那里，每个人的自由发展是一切人的自由发展的条件。”在这里，马克思和恩格斯鲜明地表达了他们的政治理想，即实现全人类的最终解放，而人类解放的基本内容就是人获得全面而自由的发展。到此时，马克思已经完全转变为一个彻底的唯物主义者，他把废除资本主义的私人所有制作为摒除人的异化和实现人的自由的关键之举来看待。马克思认为，在这样的联合体中，人人都是自由发展的，个人的发展和一切人的发展达到了自觉的统一，不仅个人是完美的，而且整个社会也是完美的，这种“自由人联合体”就是共产主义社会。而且，在这种“自由人联合体”下，国家失去了它原有的政治性质，而演变成为一个社会自主管理机关，即“以生产者自由平等的联合体为基础的、按新方式来组织生产的社会，将把全部国家机器放到它应该去的地方，即放到古物陈列馆去，同纺车和青铜斧陈列在一起”。

1867 年，在《资本论》第 1 卷中，马克思再一次把“自由人联合体”作为历史发展的最高目标，他说：“让他们换一个方面，设想有一个自由人联合体，他们用公共的生产资料进行劳动，并且自觉地把他们许多个人劳动力当作一个社会劳动力来使用。”接着，在《资本论》第 3 卷中，马克思又提出，“如果我们设想资本主义的社会形式已经被推翻，社会已被组织成一个自觉的、有计划的联合体”，那么，这种“联合体”就是摆脱了被剥削和被奴役地位的、在人身上和经济关系上都自由的劳动者的经济联合体。在《资本论》中，马克思着重强调了“自由人联合体”是建立在生产资料公有制的基础之上的，也就是说，要实现“人的全面而自由的发展”这一根本目的，就必须彻底铲除资本主义私人所有制，摆脱现实的物质生产关系对人的种种束缚，使人获得真正意义上的解放，从而成为自己的真正主人。

从马克思主义原著中我们可以看出，马克思主义经典作家对人的全面而自由的发展的构想,是立基于全社会占有生产资料、生产力高度发达、物质文化生活条件极大富足的前提之上的。尽管人类到目前为止,还很难摆脱现实的物质生产关系的制约,但人类从“必然王国”向“自由王国”的飞跃却是不可阻挡的历史大趋势。现实的人类在从事物质生产活动的过程中,通过发展生产力这一积极力量的引领,不断地为人的全面而自由的发展创造条件。

20 世纪 90 年代后,新型的城市社区在中国各地大量涌现。新型社区的涌现与社区建设的勃兴,与市场经济体制的建立和发展以及城市社会现代化进程的加快密不可分。那么,什么是社区呢?我认为,社区是指一定地域上因生存需要而形成相对稳定的社会关系的人类共同体,其根本价值取向在于通过社区自治进而实现人的全面而自由的发展之目标。2000 年 11 月,中共中央办公厅、国务院办公厅转发了《民政部关于在全国推进社区建设的意见》,在该文件中,民政部关于社区的定义是这样界定的:“社区是指聚居在一定地域范围内的人们所组成的社会生活共同体。”民政部将社区的定义限定在“社会生活共同体”层面,有一个明显的不足,即在一定程度上忽视了人们对“社区自治”的价值诉求,不利于我们很好地把握社区的本质特征,更不利于我们把社区发展的目标取向与关注人的全面而自由的发展这一马克思主义的根本价值追求有机地联结在一起,这也是为什么当代中国的城市社区建设始终面临着内在动力不足这一深层次问题困扰的原因之一。

高放先生之所以认为马克思所主张的“自由人联合体”就是“自由人社区”,关键是这二者之间存在共同点,即“自由人联合体”是一个完全自治的社会组织形式,是在国家消亡之后出现的一种新型社会自主管理机构,而现时代中国的“社区”也正好呈现了马克思当初所主张的“社会高度自治”的社会管理机构之性质，且中国共产党人也正在不遗余力地推进社区建设，大力推进社会生产力的发展，推动人类社会朝着理想王国的目标迈进，因此，把“自由人联合体”翻译为“自由人社区”有它的实际意义。但从另一个角度看，由于马克思一再强调“自由人联合体”的建立基础之一是生产资料公有制，这种“自由人联合体”是在彻底铲除私有制基础上而诞生出的新型社会组织形式。因此，在当代中国，由于我们正处于并将长期处于社会主义初级阶段，我们的基本经济体制仍然是以公有制为主体、多种所有制共同发展的经济制度，从学理角度来看，如果把“自由人联合体”一味看作“自由人社区”，或者认为“社区”就是马克思所说的“自由人联合体”，而不注意它们内在建构之差别，容易导致理论上的混乱。毋宁说，“自由人社区”是“自由人联合体”在社会主义初级阶段的雏形或过渡形式更为贴切些。

社区及社区建设的根本价值追求在于通过社区自治的方式，实现人的全面而自由的发展之目标。人类社会向“自由人联合体”过渡的历史进程不是一帆风顺的，更不是一蹴而就的，而且，人的全面而自由的发展进程也是一个逐步积累的过程。明了这一点，我们就能深刻认识到在当代中国积极推进社区建设的重要意义。也就是说，我们从社区建设中找到了一条逐步推进人的全面而自由发展的有效途径。以往我们在这方面吃过不少苦头，有过很多教训，总是想在一夜之间跑步进入共产主义，在一夜之间让所有人的思想道德素质得到全面提升，历史已经证明这种想法和做法十分荒谬。

实现共产主义，实现人的全面而自由的发展之目标，是中国共产党的最高理想，但这将是一个非常漫长的历史过程。这是中国共产党经过多年的实践所得出的科学结论和预见。我们要在大力推进生产力和经济文化发展的历史过程中，在全面推进社区建设的进程中，不断满足人民群众日益增长的物质和精神生活需求，不断提升人的主体地位，不断提高人的全面发展的程度，不断提高全民族思想道德素质和科学文化素质，从而为实现“人的全面而自由的发展”之目标不断创设基础性条件。

二〇〇四

道德集权民主制的优越性

道德集权民主制立足于只有道德性才是真正的公共性的信念，认为集权与民主只有通过道德才可以实现真正的统一。因为，道德只要不被教条化，在任何时候都总是意味着某种自我牺牲，意味着对集体和他人利益的维护，意味着对大众民生的关怀。公共领域因为其道德性而具有感召力和向心力。所谓私人道德是没有的，私人道德正像私人语言一样不可理喻。道德集权民主制吸收了行政集权民主制的部分制度文明成果，同时继承了古代民主制重视道德的传统，其主要特征包括两个方面：一是真正坚持政府机构的公共性质，以恢复社会公正，提升人的道德性作为公共机构的基本职能；二是通过政府机构及其人员的道德性，把集权与民主、决策与执行统一起来，“以不忍人之心，行不忍人之政”。道德集权民主制超越了行政集权民主制的工具理性性质，在一定的制度和法治的基础上，以德治国，以德行政。道德集权民主制是一种比行政集权民主制更加优越的民主制，这主要表现在以下几个方面。

二者对公共领域职能的理解不同。对于行政集权民主制来说，公共领域唯一的公共性在于它的私人性，即资产阶级国家的主要任务是保护私人财产神圣不可侵犯。这在资产阶级制度的主要创立者洛克那里说得很清楚。这一点后来虽然有所隐晦，但公共领域的私人性并没有改变，这在当代“新公共管理”运动中也看得出来。所谓引进竞争机制、企业化政府、民营化政府，仍然没有脱离政府的私人性，仍然把政府看成是处于交换领域中的一方，而不是调节交换领域的公共机构，“政府是生产公共产品”的机构一说最能说明其本质。而道德集权民主制把公共领域看成是完全不同于私人领域的，它与私人领域之间的关系不是交换关系，而是调节关系。它以提供公正、提升社会的道德水平为唯一目的。即使是它所承担的经济与社会秩序职能，也是以社会的公正为目的的。因此，它必须抑制私人领域中人性恶的方面的过度膨胀，促进人性善的力量成长。正如亚里士多德所说，“城邦以正义为原则”，是区别于私人领域的交换关系的。仅仅提供社会秩序绝不是公共机构的目的，更不是最后目的，城邦追求的是一种公正的秩序。如果没有正义，强权压制也是一种秩序。公共领域更不能以经济职能作为自己的目的，“与民争利”。它必须超越私人领域之外，协调私人交换领域的矛盾，提供交换正义。如果政府把获利作为自身的唯一目标，其结果就只能是天下大乱，因为逐利本身是不考虑社会公正的。如果国家作为逐利的主体，就没有什么力量可以阻止它了。在道德集权民主制看来，私人领域可以遵循利益逻辑，但是，公共领域必须遵循道德逻辑。因此，在私人领域不允许的“搭便车”现象，在公共领域却是人类文明的体现。

对民主的理解不同。行政集权民主制基于政治与行政的二分，把价值问题留给少数政治家，而在行政活动中主张政治中立和祛除价值。民主因此仅仅成为一种选举工具，最多是一种争取利益的分赃工具。因此，西方主流思想家才把民主定义为“选举民主”，认为民主不过是选举领袖的手段，因而民主就只能是官僚制体系之外的民主。然而,如果把大量的行政活动排除在政治之外,那么政治就只能是极少数参加选举的政治家的事务了,而真正涉及民众利益的行政活动却以技术和价值中立为名把民众排斥在外。而道德集权民主制认为民主是一种生活,是参与公共生活,通过公共领域,在他人面前自由展现和言说。民主是广大民众的困苦得到真正关怀,其利益得到真正实现,不是选举统治自己的统治者的活动。对民主的工具化理解自然导致官僚等级制的支配地位,因为官僚制就是一种知识、信息以及技术的等级制。而对民主的道德化理解则导向追求人格的平等。对于行政集权民主制来说,选举的真实性和对文官的控制是实现民主的关键,在金钱操纵选举,官僚体系追求自主,从而导致两者都失效的地方,就只有回归道德化的制度和人的良知了。

二者由于对人的理解不同,因此对公共行政人员的要求也不同。行政集权民主制是经济理性占据主导地位下的政治制度,它把人看成经济人,而不是道德人;它通过把公共行政人员排斥在价值领域之外,把他们看成一种机械的工具;它立足于人的恶,致力于以恶制恶。道德集权民主制把人看成道德人,立足于人的善;它致力于激发人的善性去克服他的恶性,培养善的制度和环境。如果说,当整个制度都把人假设成恶人时,虽然会对局部的恶有所抑制,但是,这种制度设计却无异于对恶的张扬和宣传,无异于直接承认了人性恶是不可改变的。如果人性真是必然恶的话,那么任何制度设计都不可能做到对它的限制,因为,尽管法令滋繁,却总是防不胜防。实际上,对善的信念是制约恶的不可缺少的力量。西方社会也不仅靠制度,除了制度,还有宗教。没有宗教的作用,西方的一整套制度就不会有效。在宗教缺失的社会,道德则是主要制约恶的力量。只有立足于张扬和培养人的善性,才会从根本上制约恶的发展。道德集权民主制一方面通过制度上对善的培育和鼓励,另一方面通过对公职人员的道德要求,发扬他们的自主性和道德感召力、辐射力,真正做到代表人民的利益。道德集权民主制对人的道德化理解也是对人的多面性的理解,正是人的多面性要求公共领域的原则不能等同于私人领域,非交换领域不能等同于交换领域,公共行政人员不能等同于一般人员。一句话,道德集权民主制是一种以人为本的民主制。

二者的制度创新机制不同。行政集权民主制的制度创新主要表现为形式和量的变化,没有质的发展。实际上,其工具理性主义封闭了制度创新之路,行政集权民主制下的社会成为马尔库塞所谓"单向度"的社会。在这个社会,"出现了一种单向度的思想和行为型式,在这种型式中,那些在内容上超出了既定管理和行动领域的观念、渴望和目标,或被排斥,或被归结为这一领域的几项内容。它们被既定体系及其量的扩张的合理性所重新定义"。"新公共管理"运动之所以在很大程度上走不出制度运行层面的浅层次,正是其工具理性使然。"政府再造"有些夸大其词,实际不过修补而已。而道德集权民主制是鼓励制度创新的制度。从制度发展史看,一切重要的制度创新都遵从着道德价值的逻辑,至少在起点上是如此。伟大制度的创造者都不是基于科学的考虑,而是基于道德的呼唤。市场经济、宪政、代议制、政党等制度都如此。这些制度都是在发展过程中才逐步成为技术问题的。正是道德对"总体性"的把握,对人的道德自主的尊重,成了制度创新的契机。道德只要不被教条化,就能代表人类文明的进步,成为创造力的源泉。

二者的成本不同。行政集权民主制是一种成本较高的制度。西方的民主制度是一种奢侈品,支撑他们民主制度的是不平等的国际经济秩序,在一定意义上,西方民主制度建立在对第三世界的剥夺之上。第三世界国家照搬西方式的民主制度几乎完全不成功,其中一个重要原因,就是他们不能支付相应的成本。行政集权通过制度的精细设计来应付复杂性,而道德集权则通过简化复杂性解决问题;法律追求详备,道德则追求简略。因为,道德的原则和规范是通过道德主体的创造性理解而转化为行动的,因此,道德集权民主制是一种低成本的制度。它主要是通过恢复行政机构的"公共性",通过公共行政人员的道德修养以补充制度和法律的不足。实际上,如果行政人员没有真正的服务精神,即使制度再完善,他们也会对民众的需要置若罔闻,更糟的是,制度的供应不足或缺陷还可能成为他们拒绝服务的理由。而一个具有公共精神的公共行政人员,则不会因为制度没有规定而拒绝提供应有的公共服务,他们对民情的感受因为道德修养而变得更加敏感,在执行制度的过程中因有道德激励而追求更加卓越。

不过,行政集权民主制的优点也成为道德集权民主制的缺点。前者的优点是能确保最低限度的民主,能最大限度地减少决策失误给社会造成的冲击,制度纠错机制比较强。而道德集权民主制,由于道德的主观性,有可能忽视制度建设,导致制度短缺;可能为伪善的道德家以及具有政治野心的政客影响政治打开闸门;也可能因为道德高尚的领袖主观认识的错误而给社会酿成大祸,从而造成民主政治的灾难。因此,现代的道德集权民主制必须要吸取西方政治文明的成果,建立必要的法律和制度,全面超越古代的道德民主制。

二〇〇四

重建公共权力的道德立场

"以德治国"的提出为从根本上阻止腐败蔓延提供了正确思

路。很多人把腐败的严重蔓延归结于法治不健全，这在法制建设可谓“突飞猛进”的情况下，实在很难有说服力。在道德集权民主制看来，反腐败深入的关键在于使公共权力真正回归“公共性”，根除政府经济实体化的现象。实际上，只要政府的职能不是提供公正和正义，而是直接获取利益，那么仅仅停留在对公职人员的道德宣示和教育，这样的“德治”就是意义甚微的。在政府已经经济实体化的地方，政府职能成为创收的职能，由此，计划生育罚款成了地方财政的一大来源，卫生罚款成了城管收入的渠道，假释、保外就医成为变相的金钱赎罪，等等看是荒谬的现象，其实都是很正常的。公权力丧失道德立场是整个社会道德失范的根本，“体制性腐败”（绝不是指制度有漏洞的意义）的破坏力比个人腐败严重得多，而且是后者得以产生的真正根源。应该承认，由于各种特殊原因，改革开放以来政府长期不得不直接管经济，由此产生的政府经济实体化有一定的历史必然性及其合理性。但是，随着市场经济的建立和逐步完善，政府就应该恢复其公共性立场，以协调市场，为社会提供公正为己任，把道德职能作为自己的基本职能之一。只有这样，公权力的腐败蔓延才能从根本上得到有效遏制。

“以德治国”的提出为解决社会冲突，实现社会整合，提供了指导。毋庸讳言，随着社会收入差距的拉大，在现有国情下，我国的社会冲突会日益加剧，这严重影响了政治发展的正常进程。对此，很多人喜欢把账算在市场经济头上。实际上，从世界主要发达国家发展市场经济的历史来看，经济交往中的利益冲突，完全可以通过制度的设计和健全法治来解决，这一点，西方国家为我们提供了足够丰富的经验。但是，他们提供的另一个重要经验却未引起我们足够重视，那就是为了解决市场经济发展所产生的社会分化和社会冲突，政府必须坚持其道德自主性，成为冲突的仲裁者和正义的提供者,而不能变成冲突的一方。当然,由于资产阶级政府的阶级本质,它不可能完全置身冲突之外。但是现代西方国家自主性的发展却是其阶级矛盾缓和、社会冲突制度化的重要原因。显然,这种冲突是不可能简单通过健全制度来解决的,因为制度也是政府制定的。解决问题的关键因此就只能是,政府回归公共性,立足"以德治国",公职人员要做社会道德的典范,由此恢复政府整合社会的能力。当然,所有这些也都是在"以法治国"方略指导之下的。

二〇〇四

西方民主制度的两个传统

西方民主制度实际上存在着两个传统,一个传统是共和与道德,另一个传统是民主与科学。以古希腊雅典和罗马共和国的古代民主制为代表构成了前一个传统的主体,而近代以来的西方民主制则成为后一传统的主体。直接民主制在现代社会的存在与共和主义的不时复兴表明,前一个传统并没有随着古代民主制的终结而彻底消失,古希腊与古罗马对制度设计与法治的高度重视说明,后一传统与古代民主制的传承关系仍然清晰可辨。

关于民主与共和的关系,孟德斯鸠在其《论法的精神》中说得很清楚,他说:"共和政体是全体人民或仅仅一部分人民握有最高权力的政体","共和国的全体人民握有最高权力时,就是民主政治。共和国的一部分人民握有最高权力时,就是贵族政治。"也就是说,共和政体包括贵族共和与民主共和两种形式,当与民主相对而言时指的是贵族共和。他还认为,政治上的美德(不是一般道德上的,也不是基督教的)是共和制得以存在和发展的基础。政治上的美德就是“爱祖国”“爱平等”。

如果从公民人数在全体居民中的比例一直很小的意义上说，古代的民主制都是某种贵族共和制，这与现代民主制的差异是显而易见的。但是，古代的共和制与现代的民主制更重要的差异还在于制度精神的不同，古代共和制的精神基础是道德，现代民主制的精神基础是科学，即相信而且依靠科学（包括法律、制度、人才等要素）解决民主制的运作问题。这个问题过去无论在中国还是西方，都是长期被忽视的，大家都仅仅把古代民主看成是现代民主的来源和开端，没有重视二者在制度精神上的不同，没有把它们作为两个重要的民主传统来看。中国近代以来的自由主义者高举“民主与科学”大旗，共和与道德的传统一直在他们的视野之外，当他们用共和制来说明中国的问题时，其理论资源却是“分权制衡”之类本质上是现代民主的东西。最典型的是关于“共和比民主更重要”的说法。从理论上说，这是对古代共和制的误解（尽管可能是有意的误解）。在西方世界这两种民主传统的重要差异，也是在经过新共和主义者汉娜·阿伦特等思想家的努力下，才得以重新被关注的。

美德是支撑古代共和制的核心，在雅典领袖伯里克利在阵亡将士前所作的著名演说中，在马基雅维里的《李维史论》中，在卢梭的各种著作中，都可以得到反映。伯里克利说：“在我们这里，每个人所关心的，不仅是他自己的事务，而且也关心国家的事务：就是那些最忙于他们自己的事务的人，对于一般政治也是熟悉的——这是我们的特点：一个不关心政治的人，我们不说他是一个注意自己事务的人，而是说他根本没有事务。”在几乎所有的共和主义者看来，表明共和国健康的一个最重要的指标都是人民的道德习俗，而不是它的政治机构，即公民必须将城邦的利益置于个人利益之上，乐意为城邦的福利牺牲自己的意愿。

美德的反面是腐败,即将个人利益置于城邦利益之上。用卢梭的话说,就是必须教导公民将“公意”置于“私意”之上。

在共和国中培育和保持美德绝非易事,它需要一些与在现代宪法政府下追求个人自由相去甚远的特殊的条件。美国政治学家詹姆斯·西瑟认为,保持共和国的美德至少需要以下四个条件:第一,政权要小。柏拉图的具体数字是5 040户,卢梭的理想范围是日内瓦共和国。第二,城邦的人口必须相对同质。如果宗教多样和贫富两极分化,就会导致不同政治派别之间的斗争,从而使公民丧失美德。第三,城邦必须对商业尤加小心,因为商业的漫无节制会使人民腐化。孟德斯鸠就认为,追求奢华是所有共和国堕落、灭亡的根本原因。第四,城邦不能容许思想的自由传播,因为某些思想会使公民放弃责任并鼓励腐败。所有这些条件和社会控制造成了一种今天所说的封闭社会或不自由的社会。当然古代人与现代人对自由的理解是完全不同的。前者认为实现了自我治理的共同体的人民、能把自己完全融入共同体的人民是自由的,而后者认为自由首先是免于共同体的强制,是自我选择的实现。

随着现代民族国家的产生和发展,共和与道德的传统式微,取而代之的是民主与科学。从思想史来说,共和与道德传统的断裂源于马基雅维里的《君主论》一书,尽管他本人可能是一个共和主义者。该书赋予人的利益以最高的合法性,并公开摒弃道德,认为君主应该具备狐狸的狡猾和狮子的残忍两种手段,根据情况交替使用。后来一切玩弄阴谋诡计不择手段的政客就被称为“马基雅维里主义者”。从马基雅维里以后,道德与政治就分离开来,二者的分离甚至成为它们分别得以正常发展的必要条件。马基雅维里由此终结了一个传统,开创了现代性,也开创了现代政治学。

由于古代与现代的公民社会的具体内容已经发生了变化，今天要恢复古代的共和主义民主已经不可能了，但是这并不能说两种民主制的传统不可以相互补充。就民主制度最基本的自由、平等、民主来说，古代共和制的自由主要是因个人行为自然符合共同体利益而产生的心灵感受的自由，现代民主制的自由主要是免于强制的意志选择的自由；共和制追求实质的平等，因而它必须限制自然不平等造成的影响，而现代民主制立足于机会平等，因而反对对自然倾向的过多限制；共和制的民主是公民参与的民主，现代民主主要是一种程序民主。一句话，支撑古代共和制的基础是美德，而使现代民主得以实现的却是(制度与知识的)科学。对古代共和制来说，美德本身就是知识，因为只有具有了共同体的美德观念，才能分享共同体的集体经验，认识共同体的公共政治生活的内在机制。由于知识就是对共同体利益的认识，因而美德本身就是知识。对现代民主制来说，“美德”已经淡出，被一般以理性自律为基础的“道德”取代。在现代人看来，只有具有相当知识，才能谈得上道德，即道德本身必须以知识为基础。现代政治的道德基础是承认某种“客观现实”和“历史发展的必然趋势”，承认追求自我利益的人性的天然合理性以及工业发展所产生的大众化结构，要求政治过程符合科学标准，要求人民必须掌握政治运作过程中的复杂程序。因此，现代民主制与传统共和制比起来，更加依赖知识和制度的作用，并且越来越走向“制度拜物教”，相信制度的完善可以解决民主制中出现的所有问题。

我们知道，虽然古代的共和主义民主已经终结了，但是现代民主制度也产生了很多问题，这些问题的根本症结是民主形式与民主精神的分离，因此它不可能在“科学”的范围内得到真正解决。为此，怎样把两种民主制传统结合起来赋予现代民主制以新的活力,就很值得我们考虑。中国的自由主义者在高举“民主与科学”的旗帜时,千万不要忘了“共和与道德”的民主传统,否则也会走西方民主制度异化的老路。

二〇〇三

现代民主制度的四个基本原理

现代西方民主制度从资产阶级革命算起已经有三百余年的历史。它最早表现为英国资产阶级建立的代议制政府,也就是代议民主制。此后,无论是通过革命道路还是改良途径,西方资产阶级取代封建专制统治,无一不把建立适合本国情况的某种形式的民主制当作最终的政治目标。虽然各国历史文化传统与当时阶级力量对比的不同决定了各自民主制之间的差异,但是,在差异的背后,仍然可以发现,这些多种多样的民主制度不仅具有相同的阶级统治本质,而且具有四个相同的基本原理,即人民主权原理、代议制原理、分权制衡原理以及法治原理。

第一个是人民主权原理。人民主权原理作为思想是在资产阶级革命初期提出的,它回答的是国家和政府权力的来源问题,这是任何一种政治制度都难以回避的问题,因为任何政治体系都必须面对“你的权力是哪里来的?”这个原则问题。这一原理的提出在思想上具有三大意义:(1)打破了封建主义神权基础,把权力从天上搬到了人间;(2)使人类对国家的思考发生了很大变化,即人类开始从人的眼光看待国家,思考怎样找到一个好的服务于人的国家形式;(3)给予人民革命的武器,起了革命动员的作用。

资产阶级革命后,人民主权思想很快被转化为建构民主制度的基本原理。首先,人民主权从革命动力转化为政府合法性的依据。作为合法性依据,人民主权强调保护人民的基本权利,产生了资产阶级的人权观念,强调人民有参政权以及政府应当为公众谋福利。人民主权原理因而演化为一系列基本的人权制度以及福利国家制度。其次,人民主权从革命暴力的依据转化为政府权力和平移交的依据。这主要是通过选举制度体现的。政府权力的和平移交类似于经济领域中所有权与经营权的分离,权力可以由不同的人经过人民委托来使用,归根结底取决于人民的信任。杰斐逊就把政府看成经纪人,而人民是真正拥有权力的董事。再次,人民主权从革命思想转化为防止权力腐败与滥用的制度依据。如洛克认为,政府侵犯了人民的财产权就等于进入了战争状态,人民可以通过暴力收回权力。卢梭提出,每次开国民大会时,都要询问人民是否对政府满意,本届政府是否应该继续执政。资产阶级掌握政权后,人民主权原理在此体现为一系列监督政府的制度设计。

第二个是代议制原理。代议制原理回答的是人民怎样运用自己的权力这一问题。代议制起初完全是经验性、操作性的,不是什么原理。古罗马就产生了代表制,但与帝制联系在一起,因此卢梭才说代议制在历史上与人的屈辱联系在一起,对代议制持批判态度。中世纪末期的三级会议代表制也完全是经验性的。代议制作为建构制度的原理是 19 世纪的资产阶级思想家密尔确立起来的。不过,代议制作为人民主权的形式也具有必然性。因为,其一,代议制取代中世纪的等级会议,是反封建制度的重要形式。三级会议是国王主持召开的,英国首先提出“无代表不纳税”,这就削弱了封建王权。其二,通过代议制人类找到了一种政府权力和平移交的方式。其三,代议制作为一个民主制度的载体,传承了古希腊罗马创造出来的民主政治的文明。与代议制原理相关的制度主要有普选制、现代议会以及政党制度。

第三个是分权制衡原理。分权制衡原理回答的是政治制度内的权力结构及其采取什么样的结构形式的问题。三权分立是建构资本主义政治制度的基本依据。三权分立首先是阶级分权,后来转化为阶级内分权。作为思想来看,是阶级之间的分权;但作为制度而言,只能是阶级内分权。三权分立是妥协而不是革命的产物,它首先在英国产生,后来经过美国人的实践逐步成为所有资本主义政治制度的内容之一。

三权分立并不具有必然的普遍意义,但是分权制衡原理却具有必然的普遍意义。分权制衡作为现代制度的基本原理是因为它有其坚实的哲学基础。其一,人性恶的假设。麦迪逊说过,如果人都是天使,政府就没有必要存在了,同样,如果官员是天使,人民的监督也没有必要了。人性恶在这里,主要不是一个事实判断,而是认识问题的方式,是制度建构必须予以考虑的因素,就像康德所说的实践理性,只有这样考虑问题,才可能有一个好的结果。其二,权力具有两重性的假设。“权力是必要的恶”,“权力是一把双刃剑”等等说法就是这个意思。不能假设具有权力的人能够自动为人民服务,如果那样,当权力为非作歹时,就会毫无办法,造成很大损失。其三,以恶制恶是防范权力腐败和异化的重要方式。防止权力异化和腐败的方式有很多,如社会团体、人的道德、财产所有权等,但是,由于组织和权威的因素,只有以权力制约权力才是最好的方式,这是经过千百年的人类政治实践证明了的。

第四个是法治原理。法治原理回答的是政治制度运作的机制问题。古希腊的亚里士多德就提出了法治是人类治理自身的最好方式,他认为法治包含守法和良法两个方面的内容,亚里士多德的法治价值取向是统治。作为建构政府制度的法治原理是资产阶级革命所产生的，它主要经历了三个阶段：第一个阶段法治的内容主要是宪政，即限制王权，体现了资产阶级与王权的妥协；第二个阶段法治的内容指“法律和秩序”，其价值取向是自由、平等，即强调维护资本和劳动的自由，强调维护交换的平等，这是现代西方法治的核心内容；第三个阶段随着政府权力的扩张，法治的内容又转向限制政府权力，保护人权。法治的条件主要包括有限政府、民主政府以及健全的市民社会等。现代西方国家无论做什么制度上的变动，总要寻找法律上的依据，可以说达到了“法律神圣”的地步。

总的来看，现代西方国家民主制度的基本原理可以说已经较完善了，其政治改革主要在制度运行的层面，而不是在基本的制度方面。

二〇〇〇

分权制衡的三种模式

西方政治制度中的分权制衡机制有广狭两义之分。狭义的分权制衡就是通常所说的三权分立，广义的还包括各种非国家权力与国家权力之间的制衡，如利益集团、媒体、政党等社会力量对国家权力的制衡。这里主要指的是前者。大致说来，西方国家的分权制衡有美国、英国、法国三种基本模式。

美国是典型的三权分立国家，可称为“交错重叠式”分权制衡，这一模式在全世界的应用只有美国一个国家。它的特点是通过两个机构的共有权力形成制约，达到制衡目的。行政与立法共有的权力包括参议院对行政任命权的影响以及总统对法案的否决权。行政任命权属于总统，但总统任命高级官员要得到参议院认可。这样，高级官员就不可能集中源于一个地方，参议员每州两人，总统必须考虑地区均衡。尼克松总统遭到弹劾的一个重要原因，是因为他过多任命了东部地区财团的代表，遭到参议院反感。行政与立法也共有立法权，国会的立法必须经总统签署才能成为法律，遭总统否决的法案虽然国会可以再次以2/3多数通过使之成为法律，但是总统的否决容易操作，而两院要形成否定总统的2/3多数就比较困难。行政与司法的共有权是大法官的任命权和大法官的司法对总统权力的影响。大法官的任命权属于总统，但是法官具有很大的独立性，由于宪法赋予总统的权力很有限，总统要扩大权力就要求助于司法，大法官的判例可扩大也可缩小总统权力。立法与司法之间的共有权力包括最高法院的司法审查权以及参议院对大法官任命权的影响。国会通过的法律为司法机关的活动提供了依据，但是最高法院可以通过违宪审查推翻国会通过的法律，也可以通过司法解释改变对某一法律条款的具体含义的理解。总之，美国的模式比较充分地体现了分权制衡的原理，但操作起来很复杂，需要很多因素的结合，是与美国特殊的国情相联系的，至今没有一个国家能够模仿成功。美国模式运转顺畅的秘密就是，凡符合美国资产阶级整体利益的，畅通无阻，处处绿灯，协调合作多于制衡，但要做一点背离美国利益的事情，就会处处碰壁。越南战争和伊拉克战争的不同案例比较典型地反映了这一模式的特点。

英国是“三权结合式”或“议行合一式”。德、日、意等国基本上属于此类型。英国议会产生政府，大法官是内阁的当然成员，上议院是最高法院。英国的分权只是机构和职能的分立，通过人员的结合联系在一起，而美国的人员、机构是分立的，通过共有的职能联系起来。从制度上讲，英国的分权制衡很不彻底，很容易走向法西斯体制。如有的西方学者所说的，英国议会是万能的，除了不能把男人变成女人，女人变成男人外，什么都可以做。国王的权力在法律上的限制也是很小的。但事实上英国模式也有很重要的制约因素，这个因素就是人的素质和对传统的尊重。英国人特别尊重先例，地方自治也有很悠久的历史。英国制度叠床架屋，非常复杂，但能够运转自如，靠的就是英国人对自由的热爱以及传统的巨大制约力量。

法国模式可称为“家长式”或“总统统筹式”。今天的俄罗斯也可以归于此类型。法国总统是国家权力的核心，是宪法的保证人和协调人。总统不对议会负责，但可以解散议会。总理由总统提名，总统参加内阁，并有决定权，总理充当总统和议会的中介人。就行政来说，法国模式的特点是“有权的不负责，负责的没有权”。总统通过司法委员会和宪法委员会控制司法，司法权很小，只能管辖行政法之外的案件。因此有学者把“戴高乐体制”称为法西斯体制。不过法国总统的权力也存在制约因素，如总统任期最多两届，总统在诉诸国民投票时，如果失败已有辞职的先例，另外当总统所在的政党或政党联盟在国民议会里不占多数，而总理所在的政党或政党联盟在国民议会中占了多数时，总理也显然对总统具有一定制约能力。因此，说它是法西斯体制，过头了。

二〇〇〇

瑞典的“Ombudsman”制度

“Ombudsman”指的是瑞典的议会司法专员。“Ombudsman”的前身是大法官，他作为国王的代表负责保证法律的实施，并代表国王巡视各地，监督官吏的活动，受理臣民对官吏的控诉和伸冤的案件。资产阶级革命后转变为瑞典的行政监察制度。1810

年瑞典议会选举产生了第一位议会司法专员，后几经变化，到1976年发展成现行体制，全国设置4名议会司法专员，下设约有五六十人组成的议会司法专员办公室。议会司法专员的主要职责是调查公职人员是否滥用职权，违法乱纪，玩忽职守。自从1975年瑞典刑法典通过一项修正案，规定只有故意过失和严重玩忽职守才判以刑罚，由此议会司法专员更加明确的职责就是受理不足提起公诉的案件，其处理案件的方式自然也就主要是批评、警告、提出改正错误的建议，以调解方式帮助官员执行政策，或通过公开印发文件对坚持错误、拒不改正者公之于众，必要时提起惩戒性程序，直至向司法机关起诉。

瑞典的"Ombudsman"制度自1954年首先由丹麦仿效之后，60年代已冲出欧洲，目前差不多五大洲都有一些国家或地区借鉴或采用了这种行政监察体制，并且议会司法专员制度正在朝社会化的方向发展，诸如反托拉斯监督专员、市场政策专员、男女同工同酬专员、新闻专员等。这一制度在国际上还引起各国政治学和行政学的许多学者们的关注，在加拿大的艾伯塔设立了一个专门从事研究的"国际议会司法专员协会"。

瑞典的"Ombudsman"制度的发展是与其福利国家的高度发展分不开的。50年代以后，西方主要资本主义国家，特别是那些发达的国家，都纷纷从代议民主制走上了行政集权民主制。政府直接干预和管理社会经济事务的职能空前扩大，政府再也不是只管"法律和秩序"，而是延伸到社会生活的每个角落，几乎无所不管。虽然各国管的程度、方法、方式不完全相同，但是政府管理的容量总是在扩大。正像一位美国学者所说："今天，认为政府机构干涉着我们生活中'从生到死'的各个方面的看法是很平常的……政府的职责似乎是无限的，而我们每年都给政府增添任务。"可以说，"Ombudsman"在瑞典、在国际上正是由此应运而生。政府管理经济事务越多，与公众的权益关系越密切，政府及其官员与大众的矛盾也越复杂，为调整关系，缓解矛盾，可以制定某些法律，但是不可能事事有法可依，这就必然赋予政府和官员以较广泛的行政裁量权。在这样的情况下，如果发生非法或不法的行政或不行政的行为，可以上诉行政法院或普通法院。但是，如果发生合法而不合理的行政或非行政行为，那就会陷入法治危机，国家的公共利益和个人的合法权益都会失去法律的保护；既没有处置这类损害性案件的法律，也没有受理这类诉冤的司法机关。瑞典的"Ombudsman"在多年的实践中逐步显示了它在这方面所起的"拾遗补缺"作用，并越来越表明是突破这种困境的比较适当的行政监察制度。

"Ombudsman"的职责是处理法与道德之间的案件，这对一个福利国家，或者说政府管理经济事务广泛的国家来说是十分重要的。因为在现实社会生活中，公众碰到的大多是这类问题。建立专门办理这类案件的制度和机构，这就使公众"告状有门"，使政府既受合法与不合法的监督，也受合理与不合理的监督，促使政府为政清廉；司法机关可以相对减轻负担，集中办好大案要案……所有这些对建立有效的现代化的行政监督制度都是颇能给人以启示的。

瑞典的"Ombudsman"从性质上说，既有议会专员的特点，又有法院法官的属性。由于这种双重性的特点，他在司法过程中行使法官的职能，但无须受法官司法程序的限制，他可以像议员那样行事，也就是说，他可以在职权范围内受理案件，但也可以主动到无其他法律规定的任何行政单位进行调查监督。因此这样的司法监督是主动的，不像法院那样，要在案发以后，经提起公诉，才能立案审理。同时，议会司法专员有法律保证，调查不受阻挡，包括行政机关的保密资料，只要无其他法律规定都属于可调查的范围。这样,行政机关首长负责制和保密这两个拒调查于门外的挡箭牌,在议会司法专员面前就失去了作用,一切不合法、不合理的行政行为任何时候都可能受到督察和调查。要是根据司法权行使的原则,政府及其官员的官僚主义就是对公共利益或个人合法权益已经造成损害,一般说只要不触犯民、刑法,那就不可能诉诸法院,上诉到法院也不会受理,更不可能做事出有因但尚无实据的调查。对司法上这些难于摆脱的困境,“Ombudsman”却可以顺利地行使其行政监察权。

还有,议会司法专员的调查,通常都是根据公民来信或传播媒体提供的线索而后进行的,这就把公民吸收到行政监察体系中来,发挥了公众的监督作用。

如果说议会司法专员在行政监察体制中起了“拾遗补缺”作用,那么其对行政机关行政人员则起了防患于未然的警告作用,以使他们尽可能避免走到贪赃枉法、政治腐败,最终铸成大错的结局。因此,这一制度赋予专员主动调查的权力,但所赋予的处理权却是慎重的、积极的,主要是批评警告,帮助改正。同时还应该一提的是,专员根据线索或申诉进行调查,确认行政机关和工作人员根本没有违法或不合理的行政行为,对此情况不仅有责任而且也有权为被诉人所受到的“不白之冤”通过适当形式予以“平反昭雪”,必要时还可以对秉公执法,廉洁行政给予适当的表彰。这对我们也是不无启发的。监察不完全是消极的惩戒,更应该注意加强积极的建设性的监察。在这里,不完全是宽严结合的问题,而且还包括批评与诱导相结合,督察与建立制度相结合。

正因为议会司法专员制度体现了监察的积极性,所以其作用和力量不是靠庞大的监督机关和严厉的惩戒,而是靠法律的庄严和专员的正气凛然,也可以说是法律和正义的结合,从而产生对不合法、不合理、不公平的行政行为的抑制或威慑作用。因此,瑞典最早只有一个专员,就是到今天,议会司法专员全国也只有4名。当然,专员素质要求是极高的。他们不仅在法律方面要有很深的造诣,而且在公众的心目中应该是一个德高望重的形象。

当然,瑞典"Ombudsman"的作用和力量,更重要的是来自立法、行政、司法、舆论四大部门的密切联系和相互配合。其与立法部门的关系是:它由议会选举产生,但监察工作独立于议会;它向议会提交年度报告,将监察情况公之于众,但年度报告也是它对议会负责的表现,报告若被否决,这就意味着将要辞职;同时,报告既反映对法律执行情况的批评,但又有修正和创制法律的建议。其与行政部门的关系是:既监督行政,也帮助行政执行法律、法令,协助改进工作,提高效率,完善管理制度。其与司法部门的关系是:它对法官进行监督,但又协助法院为之负担责任,它所受理的案件如最后确有必要可以向法院起诉,但对非重大案件它则可以过滤下来由自己处理,从而相对减轻了法院的负担。其与舆论部门的关系是:舆论不仅向它提供情况和调查线索,而且舆论的支持和配合,会使其监督变得更强而有力;同时,它也常把监督的情况通报给舆论,必要时通过舆论公布于众,对坚持不改者施加影响,进行公开的批评。这种多方面的相互配合的关系,使"Ombudsman"的监督体制不是孤立的,而是形成了一个立体的网状结构。其间最重要的是与广大公众的关系,也可以说,正是这种关系,才使它成为一种有效的行政监督制度,并且以人员少、机构小、作用大而显示了它的独特之处。这对我们来说,更是不无启发的。

一九九〇

不“黑暗的”中世纪

西方中世纪时期，无论在资产阶级启蒙思想家那里，还是在马克思主义那里，都是与野蛮、专制、黑暗联系在一起的，我国有学者在批判古代中国的专制传统时，也提出“走出中世纪”。显然，这些批判都是有一定事实依据和道理的。但是，西方中世纪除了黑暗的一面外，还有光明的一面，这很容易被我们忽视。这里仅就中世纪的基本制度与现代商品经济的复杂关系谈谈西方中世纪的另一面。

西方中世纪封建制度的基本特征是采邑经济、领主政治、基督精神。很显然，特别是在中世纪早期(5—10世纪)的“黑暗年代”，这一套制度安排阻碍了商品经济与市场的发展。采邑制度是中世纪西方封建社会的经济基础，其基本特点是：在孤立、闭塞、分散的自然条件限制下，封建主得以通过对庄园土地的占有，建立起对农奴的近乎垄断的强权地位以及自给自足模式。事实上，“在900年时，城镇几乎完全从欧洲大陆上消失，而商业活动事实上等于零”。

庄园组织虽然不能导致高水平的生产能力，但由于对外部条件(国家管理与市场流通)依赖较小，中世纪西方农业技术反而取得了更大进展，超过了古希腊—罗马水平。这些农业技术包括重犁耕作出现、三圃轮种制、挽马新方法、水车与风车普遍使用等。无疑，在封建制度繁荣时代，庄园内所存在的各种用品的分工(农、林、牧、副、渔以及各类手工业)是有利于生产力发展的，对手工业的历史承继(农奴兼手工工匠)和对劳动与创新的主观需求(摆脱农奴地位)，使得西方世界培育出一种技术革新精神，这种精神在中世纪后期发展成为在其他文化中所没有的对实现工业机械化的狂热与嗜好。到10和11世纪,庄园内剩余产品的积聚对社会经济生活产生重大影响:各地、各庄园之间的交换不仅需要而且可能,采邑封闭状态被打破;生产率提高使庄园内部出现人口相对过剩,客观上需要寻找新的就业出路;手工技术日益发展使得手工工匠可以生产出越来越多的剩余产品,他们要求摆脱领主的控制,独立地经营和生产。在其后的岁月中,持续不断的农奴逃亡形成潮流。这一切使得商业主导的新兴城市中心开始出现并得到很快发展,“它代表西方历史上的一个革命的转折点——给予西方历史独一无二的和奇特的个性”。不难看出,正是由于采邑经济的逐步发展,才使得西方世界有可能在10到11世纪走出黑暗时代的泥淖。

采邑制度的政治层面表现为领主政治。它对内表现为金字塔般的领主—附庸秩序,对外表现为封建领主间的武装冲突与割据。领主政治的实质在于地产对政治权力的分割。在这一体制中,拥有土地的人也拥有权力,拥有的土地越多,意味着领主权力越强大。这是因为,从国王到公爵、伯爵、子爵、男爵直至骑士等大大小小的封建主,通过土地的层层受封,建立了上下级之间的领主(封主)和附庸(封臣)关系,即使国王与大封建主之间,所存在的也只是权利义务相连的契约关系:封建主应既提供封地,又提供保护;而封臣则应根据当地习惯,每年服一次兵役,通常约40天,还要根据情况提供款项。在这种制度下,“我的附庸的附庸不是我的附庸”,大大小小的封臣不仅接受了所封土地,而且还在自己的领地内实行“特恩权”,享有独立的行政权和司法权,拥有自己的武装和法庭,领主有权审判和处罚农奴。国王并不是一个“普天之下莫非王土,率土之滨莫非王臣”的绝对统治者,当他足够强大时,他可以迫使其封臣们效忠(如查理曼);而当他相对弱小时(他的土地甚至比大的封建主领地还小,如12

世纪前的法国国王)，真正操纵权力的是封建主们。国王可以在封臣拒绝履行义务时强制其执行，封臣们也可以联合起来犯上，还可以组成国王议事会议限制国王滥用权力。国王之下的领主附庸犯上更是司空见惯。因而领主政治毫无稳定性可言。

混乱的领主政治本身当然不利于经济与贸易发展，因为它破坏了市场与贸易发展所需要的统一、安定、标准化的前提条件。但是随着采邑经济的缓慢发展，这种千疮百孔的领主政治却在无意中必然地为城市兴起、商业发展、市民阶级培育提供日益有利的“外部条件”。正因为这种支离破碎的政治格局，使得农奴得以较为轻松地从一个庄园逃出，并在另一个封建主领地上建立新兴城市。许多封建领主对城市兴趣颇浓，没有其特许和保护，逃亡的农奴是不可能在封建领地内建立集市与市场的。所谓保护，实际上是由领主权力边界约束造成的效应。正因为在国王、封建主和世俗教会(本身也为大封建主)间存在着十分复杂和微妙的制衡与失衡的关系，市民阶级方能通过纵横捭阖、左右逢源、联合其中一方反对另一方，在封建制度的夹缝中生存并且发展壮大。在整个中世纪的封建王权反对领主格局，建立中央集权的漫长岁月中，“欧洲君主新权力的获得，在极大程度上取决于同新兴的商人阶层的非正式结盟”。作为回报，市民阶级得到了来自王权的持久的宽容、保护和支持。这是资本主义萌芽得以在封建生产关系中孕育成长的最重要的客观条件之一。

至于教会对商品经济发展的影响，我们看到的是同样的情况。毫无疑问，作为中世纪唯一的意识形态，合并了政治、哲学和法学的基督教神学，是与当时的封建政治经济秩序相契合的。基督教教义宣扬“原罪”“预定论”“除非我信仰了，我决不会理解”“君权神授”，以及颂扬怯弱、自卑、顺从、自甘屈辱等，是不利于崇尚创新、冒险、人文主义的商业精神与市民文化发展的。教会与其他世俗封建主的斗争与混战是封建割据的基本因素之一,它同样破坏了经济发展所需要的统一、安定、标准化的外部前提。但是,教会接受了来自世俗权力的越来越多的财富,直至本身发展成为最大的封建主之一,成为世俗权力的一个主要组成部分。在教会逐步世俗化的过程中,我们可以发现它有利于经济发展的一面,尽管这只是连带的副产品。

第一,尽管中世纪城市在黑暗年代的兴起主要是由于手工业与商业发展所致,但基于对布道质量和重点的考虑,教会把越来越多的修道院设在城市——这在客观上有利于城市发展。事实上,中世纪兴起的城市在建筑风格上都受到了圣城耶路撒冷象征主义的影响,“在许多情况下,仍旧可以说中世纪城市是从修道院的发展而后诞生的”。

第二,以修道士劳动为基础的修道院的自给自足精神,也十分有助于技术进步。在“劳动就是祈祷”的信念支配下,修士们将智能与汗水连在一起,以“崇拜神的方式献身于技术创造”,修道院因此成为技术中心之一。

第三,随着基督教影响的不断扩大,宗教建筑和面积的扩展,市场在多方面受到刺激。建造教堂的需求导致外来建筑工人增加,因而建筑工人有更多的钱用于吃和穿。与建筑有关的采石、锯木业也都发展起来。随着朝圣的香客到来,修道院门外四周和朝圣大道上的零售业异常兴旺。宗教需要所产生的消费投资乘数效应十分显著。

第四,和世俗封建主一样,拥有对领地的行政权和司法权(如征税、制定法律甚至发行货币等)的教会封建主,出于对财富与收入的追逐,热衷于每周举办一两次的集市,并对城市发展持宽容态度(特许城市设立)。

第五,由基督教教会发端的文化教育运动为市场与商业的发展奠定了文化基础。12 世纪,以教会学校为基础的早期大学开始出现,大学里设有文科、教会法规、民法、医学和神学等学科。到 1500 年,欧洲已有一百余所这样的大学。在教会办学的推动下,城市中出现了教会外的由私人创办的学校,这些学校是城市文化影响真正得以扩展的地方。文化教育的发展促进了知识阶层的活跃,客观上也弘扬了理性精神。

第六,基督教及其传统的普救说、改变异教徒信仰的热情和十字军好战精神,是中世纪欧洲从 10 世纪开始向海外全线扩张的重要因素。毫无疑问,从 11 世纪开始的持续两个世纪的十字军东征,是西欧教俗封建主阶级在宗教名义下进行的大规模军事殖民战争,它是教权世俗化、俗权宗教化混合的中世纪权力构成的重要表达。十字军东征既是城市与商业发展的结果,同时又是市场与城市进一步发展和资本主义萌芽产生的重要外部条件。事实上,早期的探险者及其支持者,其所作所为在一定程度上是出于宗教方面的考虑需要。即使在 15 世纪末的地理大发现过程中,"为上帝服务"仍是最强烈的动机之一(除寻找黄金外)和最有效的幌子。

最后,作为中世纪封建社会政治、宗教、哲学与文化秩序的终极提供者,基督教对四分五裂的欧洲起到了整合作用,这无疑有利于资本积累。

一九九五

虚君不"虚"

在议会君主制国家中,国家的实权完全掌握在形式上对议会负责的内阁手中,作为国家元首的君主,有的只是在形式上享有广泛的权力，实际上这些权力由议会、内阁、法院等机关以君主的名义在行使；有的则仅享有纯礼仪性的权限。尽管议会制君主立宪制国家的君主只具有象征的地位而不掌握实际的政治权力，也不是国家政治生活中的中心人物，但其在礼仪上的作用、对社会舆论的影响力和在国家政治生活中的实际作用，仍是其他的机构无法替代的。

君主可以作为“国家统一”和“民族团结”的象征，由此而产生的人民崇拜和对国家的认同感具有不可估量的精神作用。一般来说，仍然保留有君主的国家，其历史大多都有几百年甚至上千年，君主在国民的心中具有很崇高的位置，一方面君主制度已成为国家政治制度的组成部分，人们把它作为一个古老的政治传统来遵守，不肯轻易地将其抛弃，除非君主本人有重大的过错；另一方面君主在国家政治生活中常常保持“中立”，超脱于政党政治之外，当国内政坛出现危机时，君主可以利用其影响力，从中斡旋，调解关系，缓和矛盾，保持国内局势稳定，这样君主自然成为国民心目中的国家代表。

君主的政治经验丰富，见多识广，对政府的决策有一定的帮助。尽管君主并不处理政务，对决策也不负责任，但君主同内阁总理或首相保持有密切的联系，同时由于内阁的任期有限，每隔一定的时期需要更换，这样就不可避免地会出现政策连续性问题，而君主是世袭的，对国家的对内对外政策比较了解，可以就某些问题发表看法，提供参考意见，从而影响政府的决策。

在英国，作为君主的英王，还起着联系英联邦各成员国的纽带作用。英王既是英国的国王，也是英联邦成员国象征国家元首的国王，英王和王室成员经常去成员国访问，参加各种外交活动。英联邦各成员国与英国政府之间没有法律上的关系，因此共同拥立英王为元首被认为是联系英联邦的纽带。英王及王室成员在英联邦各成员国的活动被英国人看成是英联邦“不可分割”的证明。

二〇〇〇

原始积累运动中的英国政府

在以地理大发现为起点、以圈地运动与海外掠夺为基本内容的资本原始积累过程中，国家的作用耐人寻味。无论是更早一些的葡萄牙人航海活动，还是迪亚士、达·迦马、哥伦布和麦哲伦的地理大发现，都是在葡、西王室的支持下进行与完成的。在随之而来的海外殖民掠夺与对外贸易过程中，国家更是起了主导作用。以下就是原始积累运动中英国政府的基本表现。

国家通过立法（如英国《航海条例》）鼓励造船、发展海运、奖出限入。如英国亨利七世和八世在位期间，政府规定，一切外国船只都不得把不是它本国所产货物输往英国，各地同英国进行贸易的货物都必须是英国制造并由英国船只装运。

英国政府特许成立了一系列具有贸易垄断权的公司（从1553年到1680年先后组织了49个商业特许公司）。这些商业特许公司不仅成为对外贸易迅速发展的主要工具，而且也成为对外殖民掠夺的急先锋和基本组织形式。如通过战争，东印度公司在印度“由一个商业强权变成了一个军事的和拥有领土的强权”。

国家积极保护和支持“海盗”行为。在这种庇护和支持下，据估计，“仅在伊丽莎白女王统治时期，英国海盗掠夺的赃物价值高达1 200万英镑”。国家通过一系列海上战争建立了海上霸权，为资本积累与扩张准备了外部前提条件。正是在国家的积极推动下，奴隶贸易大大发展。1713年《乌特勒支条约》签订后，英国开始垄断奴隶贸易。

虽然在“圈地运动”初期国家扮演了“局外人”的角色，但在几次颁布了流于形式的限制圈地法令之后，很快站到了圈地贵族地主与资产者的背后：首先，政府颁布的“血腥立法”使失去土地的农民又在暴力驱使下被迫出卖劳动力，变成被剥削的雇佣工人。其次，16 世纪初的英国宗教改革推动了暴力剥夺土地的进程，成为英国教会领袖的国王在没收了大量教会领地后，将其赏赐给贵族或出售给新贵族和工商业资产阶级。最后，资产阶级革命后，自 17 世纪后半叶，“圈地运动”进入了第二个时期。圈地方式已不再是私人自发进行，而是通过“议会圈地”方式在国家政权直接参与下进行。

在上述进程中，国家的干预是“重商主义”的，这一政策一直持续到资本主义生产关系完全建立和市场经济体制确立为止。

一九九五

多层次的地方自治

一般来说，在西方主要资本主义国家中，大都实行多层次的地方自治制度。也就是说地方各级政府都有自己的议事机关和行政机关。这种多层次的地方自治制度，不同于严格的中央集权的地方管理制度，也不同于单层次的地方自治制度，即地方各级政府中仅基层政府拥有自治权。在实行多层次的地方自治制度的美、英、法、日、意、联邦德国等国家中，地方政府的体制也不尽相同。其中美国的地方政府制度最为复杂，可以说是一种“交叉重叠”的多层次地方政府体制。

这里以美国为例来说明。在美国，从权力的角度看，州的权力是除让与联邦一部分以及联邦禁止使用的之外，享有其余保留的一切权力(当然是形式上的),而州以下的各级政府其权力则完全是州授予的。所以,从联邦宪法看,并没有赋予县、市以下各级政府以自治的权力,它们的权力是由州宪法保障的。也就是说,是受州控制的。如果说联邦与各州之间,联邦政府不能取消州政府,州政府也不能取消联邦政府(因各自都由普选产生,各自只对自己的选民负责),那么州与地方政府之间,地方政府的成立要得到州的准许,如市政府要得到州的特许状,州政府也有权取消任何一个地方政府。当然,按习惯法州政府是不会随意取消地方政府的。不过从这里可以看到美国地方政府的两种复杂情况,一是各州所设置的地方政府不是划一的,各州可以根据自己的情况设置各级各类地方政府;二是地方各级政府的隶属关系是交叉重叠的,州作为联邦单位,州政府是隶属于联邦政府的,但地方各级政府都隶属于州。县、市、镇、区等类政府之间没有直接的垂直的隶属关系,但它们在管辖的地方事务中却有交叉重叠的关系。

美国地方政府体制中的交叉重叠关系,是由于经济发展、教育管理、环境保护、宗教信仰、种族歧视等原因逐步形成的。因此,在地方上有各种各样类型的政府,除按区域划分的政府如县、市、镇,还有按照特殊目的设置的政府,如学区政府以及为处理污水、消遣游乐、消灭蚊子等设置的特区政府。这样,有的政府是跨几个行政区域的,反之在一个行政区域内也可能有几个不同的政府。例如纽约港行政当局就是由两个州和七个县交叉组成的,其目的是为了管理有关纽约大都会区的运输和商务等一些复杂问题。另一方面在纽约大都会区却又存在着多级政府,据估计有一千五百个政府单位。又如在芝加哥郊外的公园森林区,把它划为自己管辖范围的有“考克县、威尔县、考克县森林保护区、公园森林村、理奇镇、花镇、莫涅镇……不下十五个政府单位”。

美国在世界上有地方政府实验室之称。除阿拉斯加、康涅狄格、罗德岛不设县以外，美国县一级的政府机构共有三千多个。县普遍设县管理委员会主管各种主要的地方事务。县管理委员会的组成形形色色、种类繁多。随着经济的发展，各州市一级的机构都有所发展。市的管理形式大体上分为市长议会制、委员制和经理制三种。美国镇的管理，大部分都实行镇的代表大会制，选举不脱产的管理委员会。但在新英格兰地区的小镇，由于历史传统仍然保留着直接民主制。在不超过千人的小镇每年召开代表大会，处理当地事务，诸如确定税率，通过下年度预算，选举管理委员会委员、镇的官员、警官、消防队长，这类选举的官员一般也是不脱产、没有正式薪俸的。美国地方自治在第二次世界大战后最引人注意的是按经济区域进行管理的这种形式的发展。美国历史上早就出现了以处理专项任务如修建水电站、养护公路、保护环境等为职责的特区政府，随着跨县跨州经济开发事业的发展，按经济区域设置的新的政府机构急剧增加。总之，西方国家地方政府组织管理形式的变化，是由经济的发展、城市的增多、郊区的开发以及高度现代化所带来的交通运输、环境污染等一系列的问题所引起的。

一九八三

复合分权

“复合分权”是美国人建立起来的，它实际上超越了三权分立。《联邦党人文集》比较充分地描绘了这种分权的结构，在奥斯特洛姆的《复合共和制的政治理论》中也有很好的描述。“复合分权”就是两次或三次分权，每一个层次的政府都直接面对公民个人。第一次分权是人民与政府的分权，人民交出部分权力；第二次分权是两个政府的分权，即中央与地方的分权；第三次分权是政府部门内部的分权。美国的"复合分权"对分权理论的贡献是：(1)把英国的阶级分权转变为阶级内部分权；(2)把两权或三权分立发展成复合分权，有的学者概括为"网络式分权"；(3)为分权提供了坚实的理论基础，包括人性恶与权力的两面性等。

美国的"复合分权"把分权制度发展到了极致，在职能、机构、人员三个方面都有清楚的权力界定，分权的目的不仅是为了防止个人暴政，而且也为了防止集体暴政，同时也为了防止政府腐败和轻率决策。这几个方面其他国家都只能在某几个方面做到，不如美国彻底。而且，美国的"复合分权"作为一种精神还渗透到了社会之中，因此美国有很多三方关系，两方之间直接交易的很少，这激发了美国第三产业的发展。

不能把美国的分权看成是简单的权力监督，它实际上有很大的弹性和灵活性，"好事"一路绿灯，"坏事"寸步难行。如美国在杜鲁门总统时期，国会曾通过法律禁止工人罢工，经过总统否决，国会再通过，这就达到了既镇压工人罢工，又瓦解工人阶级的奇妙作用；威尔逊总统在巴黎和会上的谈判被认为伤害了美国利益，被国会否决；卡特总统恢复了与中国的正常外交关系，但同时国会又通过了《对台关系法》等。这些事实充分说明了美国分权制衡制度的弹性、灵活性能充分适应社会的发展，尤其是在外交关系中往往占据主动地位，伸缩自如。不过这一制度的最大缺点就是要求的条件很多，不可能在其他国家实行。

二〇〇一

地方自治与地方分权不可分离

"地方自治"在资产阶级革命初期，是作为反封建王权进行地方改革的政治主张提出的。资产阶级革命后,“地方自治”制度,在调节中央和地方的关系,利用地方的财力和物力,巩固整个资产阶级的政治统治中起着不可忽视的作用。“地方自治”和中央与地方的分权是密切相联系的。尽管这种分权实质上只是管理权限的分工,但是所有实行地方自治制度的资本主义国家都通过宪法,或者由议会制定地方自治法,对中央与地方权力的划分做出明文规定,即中央政府有哪些权力,地方政府拥有哪些权力,以及两者之间的权力关系。地方自治权的大小在于中央与地方之间的权力是怎样进行划分的。

从实行联邦制的国家看,联邦的权力就资产阶级的法理而言,是由参加联邦的单位让与的。所以,美国联邦宪法规定的联邦权力是列举式的,而对各州权力的规定是保留式的。《美国联邦宪法第十修正案》规定:“凡宪法所未授予联邦或未禁止各州行使的权力,皆由各州或人民保留。”这是一种权力划分的形式。在宪法中还有另一种划分的形式,既规定禁止联邦使用的权力,如联邦不得未经州的同意而改变其疆界,不得未经州的同意而剥夺其在参议院的平等权力等,以保护州的权益;又规定禁止州使用的权力,如不得缔结条约、发行纸币等,以保证联邦维护统一的权力。

此外,美国在联邦与州之间还规定有共同使用的权力和双方都禁止使用的权力。前者如各自为了自己的用途而以自己的名义进行征税的权力,后者如双方都不得制定追溯既往的法律。

美国联邦和州的权力划分,正如美国学者所认为的是“分工和重叠行使权力,而不是明显的权力分离”,“是建立在集权与分权这对矛盾的基础上的”。美国联邦宪法一方面对联邦和州的权力有所划分;另一方面又为联邦自如地控制,以致为剥夺地方权力留有充分的余地。因为宪法给予联邦的权力是有弹性的,它可以通过联邦法院的解释扩大其权力。从19世纪初开始，联邦最高法院的判例就从宪法中有关授予联邦"制定必要和适当法律"的权力中引申出所谓"默示权力"，从而为扩大联邦权力确定了逻辑上的合法依据。到20世纪30年代的新政时期，联邦权力的扩大达到登峰造极的地步，有些美国学者也认为这时"联邦原则已寿终正寝"。当然，不能由此认为从此美国的州权丧失殆尽。由于全体资本家和部分资本家的利益、全国性财团和地方性财团利益的不同，这种资产阶级内部的矛盾正是继续维持联邦与地方分权的基础。联邦最高法院拥有的解释权，一般总是维护全体资本家的利益，从法律上保证和推进联邦集权，但有时也会适当保护州权，30年代宣布"新政"违宪之举无非是适当抑制一下过分扩大的联邦权力。因此，从某种意义上说，联邦最高法院起着调节作用，州权正是在这种矛盾中并通过适当调节得以维持的。

联邦德国与美国一样也是联邦制国家，联邦与州实行"分权"制度。但联邦德国《基本法》规定"联邦的权力得置于州的权力之上"，并以列举的方式规定了联邦专有立法权，以及联邦与地方的共同立法权，未列举授予联邦的即为各州保留的权力。这种保留的权力，由于共同立法权在《基本法》中确定了联邦权置于州权之上的原则，联邦在这个范围内已经有立法的，各州不得重复立法，联邦尚未立法的，各州可行使立法权，一旦联邦立法，即使各州在这方面已经立法，也必须服从联邦，州的原先立法自然失效。这样，《基本法》保留给各州的权力是非常有限的，联邦并能在共同立法的范围内进行调节，当联邦尚不需要某方面的立法权时，它可以给州保留，当需要的时候根据联邦权置于州权之上的原则，就可以集权于联邦。因此，联邦德国的国家立法权主要属于联邦。

虽然确立了联邦的立法权置于州立法权之上的原则，但由于联邦政府的体制中，联邦参议院是各州政府派驻联邦的联合机构，它是各州政府的代表组成的，联邦议院通过的立法，凡涉及州的权益都得经联邦参议院同意，而且联邦政府提议的立法得先送联邦参议院认可，由此联邦参议院对联邦政府涉及州权益的立法有一定的制衡作用。使联邦占优势的立法权受到各州的牵制，这至少在形式上也维护了州的权益。

联邦德国立法权主要归联邦，行政权和司法权则主要归各州。这就意味着，联邦主要管立法，各州主要管执行，在实践中也正是这样。由于联邦集权的发展，各州立法实际上只不过是为执行联邦法律而制定具体的法律细则而已。不过联邦德国这种行政权力的划分，还是有它的特点的。联邦主管的行政是外交、国防以及有关全国经济发展的重大事务。在这些方面，联邦的管理权是一统到底，联邦有自成系统的行政机构，它们在行使管辖范围内的职责过程中，地方无权过问。但联邦有关部或局分布在全国的机构，并不完全与州和地方的行政机构平行。如联邦铁路在全国有十个区，而联邦邮政就有十八个区。联邦除了行使这些重要的关系全国的行政权力外，其他的行政管理权力由地方行使，或者委托地方行使，或者与地方共同行使。例如，由地方独立管理的有教育和地方警察，委托管理的有联邦公路。独立管理和委托管理的主要区别是，前者的费用由地方支出，后者由联邦支出。但 1968—1969 年的宪法修正案规定，联邦只要支付 50%以上的费用的项目，就算是联邦委托的。显然，这是联邦以减少支出而达到扩大对地方行政干涉的权力。

联邦德国对联邦与州权限划分的模式，能够使地方有明确的管辖范围，它不像美国那样复杂，又不像法国那样从上到下统得死死的。尽管联邦德国也是一个中央集权的国家。

单一制类型的国家,对地方和中央同样实行一定的分权制度。但是从资产阶级的法律观点看,单一制国家的中央政府是国家主权的统一代表,地方自治权是由中央授予的。当然这与联邦制的国家在实质上没有多大差别。但中央授予地方权力的大小,则与每个国家的历史传统、阶级斗争的现实状况有着密切的关系,从而也有着不同的权力划分的结构。

法国素有“在上为民主,在下为帝制”的传统。这就是说,中央是“民主”政治,而地方则受中央集权的绝对控制。第五共和国的宪法统一规定“自由选举产生的地方议会自由地进行管理”,但另一方面又规定“政府在地方的代表负责维护国家的利益,监督行政并使法律得到遵守”。这样,法国的地方自治是在中央派遣代表的严格监督下行使其权力的。

法国各省均设省长负责制。这个职位还是拿破仑时设置的,自那时以来它的行政作用基本上没有改变。省长有着双重的身份,作为国家派驻省里的代表,他就是国家权威,是统一的不可分割的共和国的具体化身,作为地方议会的行政长官,为议会拟定议事日程、制定预算,可以召集议会开会,也可以终止他认为越出权能的会议(地方自治法规定,地方议会是不能讨论政治问题的),直至解散议会。省长以这种高度集中的权力,保证法律和中央政府法令的执行。

法国的地方自治,除了受省长的严格监督,中央各部在地方还实行条条控制,几乎每个部都派有自己的代表。国防部由一个将级军官作为代表,负责地方宪兵工作,教育部有一个校长级的负责人,司法部派一名警察官,等等。其中最有权力的是财政部派遣的审计长,劳工部派的劳工局长,农业部的农业局长,这些官员都领导着一批下属国家官员,其任务是执行中央政府的有关规定,并监督地方当局工作。

因此,法国的所谓地方自治实际上是在中央的严格监督下,通过双重的行政系统进行地方事务管理。而中央各部派出人员的工作,又统一在省长的协调之下。这种权力的划分与其说是“分权”不如说是包办,地方除了表决预算,负责税收事务,制定地方公共事业的规划,另外实无多大自治权可言。地方管理置于中央高度集权控制之下是法国中央与地方关系的基本特点。

其他单一制的主要资本主义国家,如日本、意大利等国,中央与地方权限的划分,地方行政大都具有双重性质,只不过形式有所不同。在日本,地方政府有所谓处理当地的“固有事务”和受国家委托的“委托事务”之分。在意大利,作为自治单位的省有宪法赋予的权力的职能,和国家委托的权力和职能之分。

总之,“地方自治”与“地方分权”是一个问题的两个方面,凡实行地方自治的,在形式上都保留着地方分权制度。同时要看到,中央与地方的所谓依法划分的权力界限也并不是一成不变的,相反是经常变动的。因为中央与地方的矛盾是所有资本主义国家无法解决,也是不可能解决的,这在资产阶级内部也是一个争论不休的问题。主要资本主义国家的地方自治时而被削弱,时而回升,但总的趋势是中央集权逐步加强。

一九八三

直接民主制的历史命运

“直接民主”就是不通过代表机关由公民直接行使管理国家事务的权力。从历史上看,“直接民主”最早在6世纪前雅典城邦共和国实行过。它的最高机关是“公民大会”,由全体自由民和奴隶主参加,有权解决国家的一切重大事务。每个公民都有参与行使管理国家事务的权力,在大会上可以自由发言、讨论和提出议案。雅典城邦之所以能实行这种制度，主要因为它是个小国，人口不多。正由于这样，这种直接民主的公民大会到中世纪只是在一些封建的城邦小国中才得以保留下来。在13世纪初，瑞士联邦统一之前一些地方就实行直接民主的“广场集会”或称“露天会议”，并在瑞士统一之后，一度得到发展。从14世纪起，这种形式逐步形成了制度，每年定期开会，有执行机关负责把要付诸讨论和表决的重要事项写成“备忘录”提交给每个公民，以便在会议上提出经过充分考虑的看法，后再举手表决，多数通过决议。直到今天，这些直接民主的形式在瑞士的少数几个州仍然保持着，但只限于联邦宪法规定的权力范围之内。然而，自英国资产阶级革命在封建等级会议基础上建立现代意义的间接民主的代议制以来，从世界资本主义范围来看，间接民主的代议制则逐步取代了直接民主制，成为居于主导地位的一种政治制度。在现代西方，不管是君主立宪制的国家，还是民主共和制的国家都是实行代议制，而只是在个别国家的少数基层单位实行直接民主。例如，美国新英格兰地区的一些千人以下的小镇实行所谓“镇民大会”制度。或者仅仅在政治体制的某个方面采用直接民主制的形式。例如，法国的公民复决，日本修改宪法的公民投票，意大利的公民立法创制和人民公决等。

间接民主的代议制逐步取代直接民主制，是有它的历史原因的。随着社会生产力的发展，资本主义发展统一市场的要求，与封建贵族阶级把持的“广场集会”这种直接民主制的矛盾越来越尖锐。因此，到19世纪中期，资产阶级不得不对它进行改革。对此，恩格斯曾经科学地评论说：“现在，当民主主义者支持文明的、工业的、现代民主的瑞士来反对那些古老的游牧州的那种野蛮的基督教德意志的民主的时候，他们到处都成了进步的代表，现在他们连一点反动形象也没有了。现在，他们证明自己已经懂得了19世纪民主的意义。”

就拿瑞士这个实行直接民主制历史最悠久、发展最完善、时间持续最长的国家来说，也是如此。瑞士之所以实行直接民主，与瑞士的历史传统和特殊的政治经济条件有着密切关系。在古代，瑞士这个多山的、农业落后以畜牧业为生的地区，人民为了合理使用草地，早就建立过“谷地共同体”，日耳曼人入侵以后，又带来了“自由民集会”，随后，“露天集会”又经历了漫长的岁月。这些传统的影响无疑是很深的。同时，瑞士是一个寡民小国，这是一个很重要的条件。事实上，正是随着居民人口的增加，近代工业的发展，“露天会议”这种直接民主制的形式逐步衰落下去的。在今天仍然保持着“露天会议”的州都是人口稀少、经济相对落后的州，全部加起来仅占全国人口总数的2.4%。而且，在1971年以前仅仅是男性公民的“露天集会”，而在1971年2月女性公民取得了参加会议的权利后，就因人数增多而使会议面临着会场、讨论、计票等许多复杂的问题，因此，近年来要求取消这种直接民主制“露天集会”的呼声越来越高了。这就说明，实行直接民主制是有条件的，它逐步为代议制的间接民主所取代，是一定历史发展阶段的必然现象。直接民主并不是“公民行使权力的最好方式”。

一九八七

直接民主与社会主义民主

社会主义民主是人类历史上最高类型的民主，“比任何资产阶级民主要民主百万倍”。当然，这是就民主的本质而言的。作为公民行使权利的方式，现在社会主义各国家的工人阶级和广大劳动者仍然主要是通过间接民主的代表制（苏联的苏维埃，中国的人民代表大会等)行使管理国家事务权力的。俄国十月革命中诞生的苏维埃,是间接民主制的代议机构。在这次革命的前夕,列宁研究了马克思主义的国家学说,根据巴黎公社的经验和俄国的实际情况,明确提出"摆脱议会的出路,当然不在于废除代议机构和选举制,而在于把代议机构由清谈馆变为'工作'机构",而且肯定地作出结论,"如果没有代议机构,那我们就很难想象什么是民主、即使是无产阶级民主……"。显然,列宁这样做是考虑到俄国的实际情况,"由于文化这样低","今天我们还没有达到使劳动群众能够参加管理的地步",所以"苏维埃在纲领上是通过劳动群众实行管理的机关,而实际上却是通过无产阶级先进阶层来为劳动群众实行管理而不是通过劳动群众来实行管理的机关"。列宁在领导苏维埃的建设过程中,曾努力"把议会制的长处和直接民主制的长处结合起来",但根据最初的苏维埃建设的经验,列宁也感到这个任务是非常困难的,不仅有加强法制观念的问题,而且有提高文化水平的问题。要想一蹴而就,没有社会政治、经济、法律和文化上的准备,就想实现"人民管理制"的直接民主,不仅欲速则不达,而且会走向反面,导致无政府主义。

我国的社会主义民主制度是在"一切权力属于人民"的基础上建立起来的,核心是人民当家作主。从这个意义上说,它体现了直接民主制的理论原则。但是人民行使权力的方式在现有条件下是通过间接民主制的代议机构,即人民代表大会行使的。这是既吸收了自巴黎公社以来社会主义民主实践的经验,又根据我国国情而在宪法上确定下来的。因为在我们这样的国土辽阔、人口众多,经济文化比较落后,人民长期以来缺乏民主和法制训练的国家,根本不可能要求广大人民有直接管理国家事务的经验,要实行直接民主制的"人民管理制"是不可能的。

当然,我国以“一切权力属于人民”为基础的民主制度也是重视发展直接民主制的。我国宪法第四十一条规定,我国公民对任何国家机关和国家工作人员,有提出批评和建议的权利,对其违法失职行为有申诉、控告或检举的权利,被检举、控告者不得压制和打击报复。这就使任何国家机关工作人员处于双重责任的地位,他们既要向人民代表大会及其常务委员会负责,即间接对人民负责,同时又直接向人民负责。很明显,这就使列宁所说的“把议会制的长处与直接民主制的长处结合起来”具体化了,并加以付诸实践了。我们还总结了十年动乱对社会主义民主和法制破坏的教训,在《关于建国以来党的若干历史问题的决议》中明确指出:“在基层政权和基层生活中逐步实现人民的直接民主,特别要着重努力发展各城乡企业中劳动群众对企业事业的民主管理”,并强调指出,“要逐步建设高度民主的社会主义政治制度,是社会主义革命的根本任务之一”。

我们正在朝着间接民主制的代表制进一步完善化方向发展,同时我们也正在为实行直接民主制的“人民管理制”,从基层政权和基层生活逐步实行人民的直接民主着手努力做实事。一切无视现实,既看不到我国的社会主义民主制度正在迅速完善的事实,又看不到实现人民的直接民主面临的一时难以克服的困难和正在做的实事,而在那里空谈直接民主,从理论上来说,也是幼稚的。

一九八七

第六章　政府与市场:社会进步的两个“轮子”

社会进步的两个“轮子”

国家和市场是分不开的。从人类社会的历史发展看,分工、交换、市场的发生和发展是先于权力、国家、政治的发生和发展的。而且,它们出现以后对人类社会的发展就具有不同的功能。从这个意义上说,国家和市场是社会发展的两个“轮子”。显然在它们的发展过程中,国家作为一个阶级压迫另一个阶级的工具,由于统治阶级的更换,经历了不同阶级属性的变化。但是,市场作为交换手段在本质上并没有什么变化,因此市场的产生和发展并不改变国家的阶级属性。而国体的变化取决于由哪个阶级实行统治,而不取决于统治阶级是否采取市场价格机制。

从国家与市场对社会发展所起的不同功能角度来说,马克思主义国家学说认为国家是为了“经济利益相互冲突的阶级,不致在无谓的斗争中把自己和社会消灭”,由此来“缓和冲突,把冲突保持在‘秩序’的范围以内”。这样,国家在原初开始以至到今天,它的主要功能是管理社会,维护阶级统治的秩序。市场的功能主要就是交换,到近代市场经济形成以后,在现代化的社会化大生产中发挥合理配置社会资源的作用,但在本质上仍然是交换,尽管比原初部落边缘之间的交换要复杂千倍万倍。正是这样,国家在“自行消亡”之前仍然存在着相互冲突的经济利益,需要国家把这种相互冲突保持在“秩序”的范围之内，同时，既然有不同的经济利益，也就需要有交换。两者都是人类社会发展到现阶段的必要条件。从本质上说，就是到今天，人们不可能要求国家或者作为其代表的政府取代市场。同样，市场的运行也不可能没有政府，哪怕市场再发达也需要有政府，而且更应该强调的是市场越发达，生产和消费结构越复杂，越需要有一个强有力的高效廉洁的政府。

总的说来，国家与市场或说市场与政府各自发挥其功能作用，并随着社会政治经济条件的变化沿着自己的轨迹而发展。因此，人们不可能要求国家和政府去管那些管不好而本该由市场管的事情；同理，人们也不可能要求市场去管那些管不好而本该由政府管的事情。前者如社会经济资源的合理配置，后者如公共物品的生产和分配。也就是说，人们不可能指望政府按预定计划创造国民经济按比例发展的奇迹，也不可能指望市场解决社会的平等问题，为社会提供无排他性的诸如国防、教育等公共物品。当然，国家和市场各自有其运行的轨迹，但它们对社会的存在（不致社会在无谓的斗争中被消灭）和发展所发挥的功能作用，特别是在现代社会中又常常是互补的。所以，在任何市场经济发达的国家，经过近一个世纪的实践，人们已经越来越认识到政府和市场是推动社会发展的具有互补作用的两个“工具”，或者说是社会前进的两个“轮子”。

一九九五

维持正义的两种力量

正义问题源远流长，在人类文明发展过程中，正义作为善的表现，无不为之而追求，以致为它而牺牲，又由于人们地位和利益的不同,人们又不断为它作不同的解释,不同的界定。正是这样,我们面对的不知有多少正义的概念,有多少价值标准和取向。我们只要从时空观的广角环顾一下,就不得不为它的纷繁复杂,多彩多姿而感到十分惊叹!因而,要从前人研究汗牛充栋的书本中找出一个确定的定义来,虽然不敢说绝对不可能,但可以说是非常难的。其中不仅有多学科的问题,而且还有时空差异问题。从社会经济形态演变的角度看,正义问题与市场经济的发展以及政府的职能都有着十分密切的联系。

随着我国社会主义市场经济的发展,社会正义问题日益凸显。社会主义市场经济条件下的正义问题,聚焦点是公平问题,也就是权利和利益分配问题。这就是说作为前提的政治正义和"持有的正义"已经基本解决了,借用李风圣先生的话说,是在"人人都是国家的主人"的前提下来谈分配正义问题。对这个问题,如果只作理论抽象的解释和回答,一般还可能比较容易说清楚,但要是就某一件具体的事,恐怕就很难讲得清楚了,若要想找到大家认同的正义和判断善恶的正义观,那就简直是不可能了。因为正如恩格斯所说,"永恒的正义观……不仅随每个时间和地点而发生变化,而且也因人而异"。因此,在社会经济转型期,正义和正义的判断是非常复杂的。在现实生活中不仅需要改造和扬弃社会主义计划经济条件下形成的平均主义分配的正义观,而且要促使以社会主义市场经济为基础的正义观的逐步积累,逐步在政治上、心理上取得共识。为什么在现实生活中有人会端起碗来吃肉,放下筷子骂娘。这个矛盾现象,曾经在社会上是个热门的议论话题,似乎令人百思不解。但是,人们透过现象去思考,那就不难发现,其中蕴含着许多对立的分配正义的问题,各人有各人的分配正义观。有的是由于持平均主义分配的正义观,只要吃肉有多有少,有精有肥,有好有坏,只要结果不公平，就会骂娘，尽管过去没有肉吃，现在嘴里也吃着肉，这是社会主义计划经济体制下形成的分配正义观留下的遗产。当然，其中有的是由于对获得财富和利益的途径和手段不公正而感到愤怒，尽管同样有肉吃，还是要骂娘的。因为在市场经济条件下，市场上劳动、资本各种要素的交换，以及权力与金钱的交易，这当中存在着明显与不明显的、非常复杂的分配正义问题，不平则鸣，这是自古以来的道理。

市场最基本的功能是实现资源的最佳配置。它可以像马克思比方的那样，仿佛能用法术从地下呼唤出大量人口来，致使潜伏在社会劳动里的生产力被挖掘出来，创造大量的物质财富，推动社会文明发展，但，它不是万能的，它不会解决社会正义、分配正义问题。蛋糕做得再大还是有分配正义问题，从本质上说，和吃肉骂娘是同样的问题。在西方经济学的研究模式中，市场经济能够创造一个为最大多数人谋取最大利益的永恒正义的社会。但是，在现实中对市场提这样的要求，肯定是不切实际的，人类不能要求市场做它做不到的事情。

从历史的长河看，市场和政府是推动人类文明发展的两个轮子，而且它们的出现本来就是人类文明的两大标志。如果市场真能像模式中设计的那样，人类早就不需要政府了。正是以人类文明发展为大背景，政府必须调节和维护市场经济条件下的社会公平。当然，这里还有许多值得探讨的问题，其中最核心的是市场与政府关系的定位问题。对于政治学来说，我们关心的主要是如何通过政治体制改革，建构一个高效廉洁的好政府。

一九九八

"看不见的手"与"看得见的手"

从粗线条的角度回顾历史，亚当·斯密的那个时代特别强调“看不见的手”，“凯恩斯革命”后则强调“看得见的手”。针对凯恩斯主义的“革命的革命”，尽管想回到斯密的时代，但是历史却表明，这是不可能的，更何况斯密的“看不见的手”本来就是一种分析经济运行方式和状态的理想模式。由于实践最能使人从理想走到现实，因此，今天已经有越来越多的政府和学者们承认政府和市场的作用是同等重要的。同时，毋庸讳言，社会主义国家经过计划经济的教训和经济体制改革的实践，从社会主义经济发展独特的经历中重新认识到政府和市场的作用。在当今世界现代化的进程中，人们常常把环境、人口、能源等视作全球性的问题。事实上，政府与市场的关系问题也是世界各国普遍存在的，从某种意义上说，也是全球的问题。

对政府与市场的关系，人们不是从它们的作用，而是从它们的“缺陷”中才得到较为深刻的认识。从市场的“缺陷”，想到政府的作用；从政府的“缺陷”，又想到市场的作用。最终经过数次往返来回的实践，人们才逐渐认识到“两只手”作用并存的重要性，指望依靠“两只手”的作用推动社会前进。

当然，在现实中如何处理政府与市场的关系，也许经济学、政治学等理论学科仍然会继续争论下去；各国处理政府与市场关系的实践也将是千姿百态，各走各的路。不过，这样的争论和不同的实践已不仅是原有层次上的问题，可能更重要的是在于如何处理政府与市场的复杂关系。经验已经证明，“政府作用”过度化会显出“政府缺陷”，造成“政府失灵”；反之，“市场作川”过度就会显出“市场缺陷”，造成“市场失灵”。确实，要处理好政府与市场的关系是很不容易的。要选择发挥两者最优作用的最佳配合点，这与其说是经济学、政治学的理论问题，还不如说是一门艺术。近年来，有些国家的经济波动，政府的政策摇摆，莫不都是因受“政府失灵”和“市场失灵”的困扰。尽管这会使一个国家的社会经济发展陷入进退两难的痛苦境地，但是，要摆脱这种困扰，恐怕还很难说已经找到了出路。理论家们总是喜欢将一切成功的经验说成是自己所信奉的理论的胜利。诸如，东亚模式通常被说成是自由市场经济模式在后发展国家的胜利。其实，无论是日本、韩国还是我国台湾地区的经济发展，已有学者认为都远非仅仅是“看不见的手”作用的结果，相反，政府在很大程度上发挥了主导作用。

时至今日，政府与市场二元机制相结合的混合经济已为越来越多的国家所接受，但是由于各国存在着政治和文化的差异，政府和市场既有特定的作用，也各有特定的缺陷，并且在社会经济发展过程中有着不同的互动和制约关系。由于“市场失灵”和“政府失灵”的交替冲击，现代市场经济，不管是哪种模式，实际上都走向二元机制相结合的经济体制，都要依靠“两只手”的作用才能维持常态的运作。

一九九五

政府的“拐杖”功能

马克思在评论大卫·李嘉图的自由竞争思想时说道：“只要资本的力量还很薄弱，它本身就还要在以往的或随着资本的出现而正在消失的生产方式中寻求拐杖。”这就是说，在资本还无法以自己的力量自由运动时，在旧的生产方式的界限内，必须而且可能找到支撑自己发展的力量。它会依靠政府这根“拐杖”开拓和发展市场，逐步形成市场经济制度，并且随着这一制度的成熟，依靠社会大众的力量最终抛开“拐杖”。到那时，资产阶级通过革命的方式或改良的方式实行政治变革，也就势在必行了。马克思和恩格斯对资本主义国家政府与市场的关系除了“拐杖”

的提法外，还有“守夜人”“更夫”等说法，他们没有对社会主义未来的组织提出什么看法。这可能正如美国著名经济学家布坎南所说，从这里可以看到马克思的天才在于对革命后组织问题保持沉默。

现在看来，马克思关于“拐杖”的提法对于我们认识后发国家政府和市场的关系具有普遍的指导意义。由于现代化的进程是有先后的，因此，政府与市场的关系在各国的表现是各不相同的。如果对世界上最先实现现代化的国家，按照现代化先后顺序排列一下，人们将不难发现，愈后的愈需要依靠政府这根“拐杖”。正是这样，主张政府只管“法律和秩序”的洛克出于英国，深信“看不见的手”的神奇作用的斯密也出于英国。而法国则不得不依靠政府这根“拐杖”了，后起的德国、日本对政府的依赖就更大了。一般来说，在后发国家经济发展的前期，政府常常起着“拐杖”的作用，随着经济的发展和市场的发育、健全，“拐杖”自然就渐渐成为多余。当这个时机到来的时候，如果不抛开“拐杖”，那就可能阻碍经济的发展。有不少第三世界国家都在不同程度上碰到了这个问题。

一九九五

经济体制转型中的国家与产权

在我国从社会主义计划经济向社会主义市场经济转型的过程中，国家发挥了积极的作用。“摸着石头过河”，一步一步地正确处理了国家与产权的关系，走出了一条中国自己的道路。坚持马克思主义的立场、观点和方法，借鉴现代西方经济学有用的研究成果，不是把所有权与国家对立起来，但又同时在实际运作过程中把产权与国家逐步剥离开来，走出计划经济条件下国家与产权重合的模式,使产权主体的权利、权力和责任明确下来,也就是经济学所说的使产权逐步清晰起来。这是改革开放以来,经济体制改革过程中我们竭力探求解决的难题之一。它和市场经济是相互联系的,没有产权主体的自主权,市场经济就发育不起来;没有市场经济的发育,产权主体就没有活动的空间。这对我国社会主义市场经济的发展具有重要的意义。

当然,在我国目前的情况下,走向社会主义市场经济转型过程中,产权问题是一个复杂的问题。我们为解决这个问题,已经走出了自己的路,但是有了路,还有怎样走的问题。在前阶段的经济体制改革中,我们充分发挥了国家的作用,但是,我们不能不看到,我国的社会主义市场经济主要是靠国家这根"拐杖"发展起来的。尽管转型期"拐杖"是必要的,但随着它的发育成长,就会出现内生力脆弱现象和不规范的弊端,以致带来严重的寻租问题,造成政治腐败,市场扭曲,阻碍经济发展。

因此,随着社会主义市场经济的发展,为了促使内生力的增长,我们应该逐步放掉"拐杖"的作用,迫使作为产权主体的国有大中型企业丢掉"拐杖",在市场的风浪中搏斗,建设现代化的企业,建立大大小小的舰队。这样,国家和政府必须转变职能,从以文件和政策促进社会主义市场经济发展的方式,转向制度建设和制度创新的新路子。当然,这不是说,不要政策导向。货币政策、金融政策、产业结构政策,仍然是重要的宏观调控的手段,但市场经济最重要的是政府对法律和秩序的供给。由此,这就需要加强社会主义民主宪政的建设。

二〇〇一

苏联解体的又一种解释

对苏联的解体,人们可以从不同的角度进行分析,但是,从它作为第一个社会主义国家的发展全过程看，在处理政府与市场关系中所铸成的大错恐怕才是其症结所在。在近四分之三的世纪里，苏联一直朝着以政府取代市场的目标模式方向发展，建立起了中央高度集权的计划经济体制，并且成为社会主义国家发展经济的典型模式。这一统制经济模式的失败是苏联解体的根本原因。20 世纪 80 年代末 90 年代初，苏联解体和东欧剧变，标志着统制经济模式的终结。

诚然，苏联作为第一个社会主义国家，在建立和发展社会主义经济中不得不强化国家的作用，主要由政府制订计划配置资源，以求达到按比例发展的运行状态。这种统制经济的模式在某种特定条件下，可以最大限度地发挥资源的有效作用（如战争年代、苏联军事共产主义时期等）。

但从长期发展看，实行这一模式的时间越长，其弊端就越多越明显，不仅有计划按比例常常落空，而且造成资源浪费，劳动无效，以至于阻碍和破坏经济发展。到 50 年代中期，随着"政府缺陷"的显露，不得不进行改革。但改革的目标始终没有瞄准向市场经济转型和过渡，因此，改革屡遭失败。到 80 年代，由于受扩大市场机制这一世界经济改革潮流的冲击，苏联一反常态，试图来一个大跳跃，通过"休克疗法"使市场经济一举成功，结果造成无政府状态，导致经济失控。这正如一位西方学者所言，"这就像睡美人故事一样，市场机制是睡美人，休克疗法是王子，通过'休克疗法'这个王子亲吻市场机制这个睡美人后，使市场机制重新焕发活力，而俄国因缺乏市场机制，休克疗法这个王子亲吻的结果是唤醒一个魔鬼。"

显而易见，这是在政府与市场的关系上从一个极端跳到另一个极端。如果说过去的经济停滞是失之于取代市场后的"政府缺陷"，那么，这次解体则失之于"取消政府干预"后既无计划又无市场的经济无政府状态。这两个极端中无论哪一个，都可能使国家经济跌进灾难深渊。这对所有向市场经济转型改革的国家来说，都有着发人深省的教训，即政府与市场不是对立的，计划和市场不是相排斥的，社会主义与市场和资本主义与计划也不是互不相容的。社会主义国家曾经以政府取代了市场，在今天，当重新认识并实行社会主义市场经济后，从计划经济向市场经济转型还得依靠政府的积极推动作用。其中的道理可能就是“解铃还须系铃人”。在经济体制转型过程中，削弱政府的推动作用，其结果是欲速则不达，甚至会使改革前功尽弃。政府充当的角色应该是“解铃人”，并发挥“利他”的作用，促使市场经济的发育，不失时机地弱化行政干预行为。这就是说，政府要充当市场经济的“拐杖”。而像苏联那样，在社会资源合理配置的市场价格机制尚无眉目之际，就试图用市场来取代政府，其结果必然使经济失控，物价上涨，社会混乱，最终导致国家解体。

一九九五

多元化的市场经济

由于“市场失灵”和“政府失灵”的交替冲击，自 20 世纪 30 年代以来，所有西方发达资本主义国家都有各自的经验和教训，并且形成了各种类型的市场经济模式，诸如美国的自由市场经济模式，法国的计划市场经济模式，德国的社会市场经济模式，日本的管理市场经济模式等。因此，研究西方的市场经济模式，不仅可以纵向比较，而且可以横向比较，探讨不同类型之间的差异，分析历史发展阶段的特点。通过市场的比较研究，我们将会发现它们各自的个性特点是千差万别的，同时它们所具有的共性也是十分明显的。如果从政治学的视角来把握各种市场经济模式，那么显而易见，它们都涉及政府与市场的关系，而且各国的市场经济模式之所以具有不同类型的差别，最重要的原因就在于政府与市场关系的差异，也就是政府干预市场或市场依赖于政府程度的不同，这是比较研究西方国家市场经济模式应予以重视的一点。

西方国家成熟的市场经济模式确实有许多值得借鉴的经验。正是这样，某些发展中国家出于实现现代化的紧迫感，在经济体制改革时，常常试图仿效某个发达国家的市场经济模式，以求一举成功，发挥市场"法术"的神奇作用。但是，其结果往往是欲速则不达。市场经济模式正像政府体制一样，任何一个国家都不可能搬用另一个国家的体制和模式。如果英国搬用美国的政府体制，那就必然会造成政治和管理的混乱；同样，如果英国搬用美国的市场经济模式，那也会造成社会和经济的混乱。反过来，也是一样。同是发达资本主义国家之间尚且如此，发展中国家如果搬用西方国家的市场经济模式其后果那就更不用说了。我们作以上分析，主要是为了说明在研究西方国家市场经济模式时，不要在自己心目中自觉或不自觉地以某个西方国家市场经济模式为底样，进行临摹式的研究，盲目迷信市场经济。

事实上，任何现代市场经济模式都有一个政府怎样宏观调控和管理经济的问题。人们在研究经济模式时，为了理论上的概括可以采用抽象法，进行纯经济研究，但是，若要通过研究吸取某些可供借鉴的经验，那就必须把它放到现实的社会经济生活中进行政治分析，研究政府与市场的关系。在今天说来，我们已经不再怀疑社会主义需要市场经济，但是我们不得不承认，对于社会主义市场经济应该如何处理政府与市场的关系，譬如说，能不能按照管得最少的政府是最好的政府这个自由主义的原则来处理（显然，这是不可能的），还需要进一步探索。

就我们从高度集权的计划经济体制向社会主义市场经济体制转型而言,我国经济体制改革的经验充分证明,没有政府的驱动是不可能顺利进行的。正像过去由政府推行计划经济体制一样,向社会主义市场经济转型也需要政府的驱动。在前段时间,人们常用“松绑”“简政放权”来表达政府转型期的作用,尽管这些都是必要的,但是,从某种意义上说,政府在转型期的作用不能只是消极放权。从政府与市场的关系来说,在高度集权的计划经济体制向社会主义市场经济转型的这个特定环境和条件下,不仅需要政府运用法律和秩序来保障市场的正常运作,而且需要政府运用各种手段特别是经济干预手段来培育和扶助社会主义市场经济体制,并使之逐步成熟化、完善化。因此,在经济体制的转型期,不能简单地认为只要政府采取放任主义,社会主义市场经济就会生长起来;更不能把自由资本主义时期那套政府与市场关系的模式搬过来,似乎要搞市场经济就得从资本原始积累做起,政府只管法律和秩序。显然这就从根本上忽视了我国经济体制改革的起点。我们的转型是从高度集权的计划经济转向社会主义市场经济,它不仅需要政府的驱动和引导,而且需要政府的扶助和培育。这似乎正像马克思当年形容法国政府与市场的关系那样,政府是“拐杖”。正是这样,在从计划经济向市场经济转型的过程中,尽管政府必须简政放权,最终达到政企分开,但是这不能简单地理解为削减政府权力,弱化政府能力。其实,从简政放权到政企分开,仅仅要求政府逐步放掉运用行政计划手段取代企业的决策权,以便使企业成为分散决策的独立的市场主体单位,从而让它们自主地根据价格机制、市场需求来组织企业的生产和经营活动。显然,我国近年来的改革已经取得了一定的成效,但是改革还没有到位,许多政企不分的问题还困扰着政府和企业。因此,以简政放权、政企分开为内容的经济体制改革仍然需要继续下去。但是,在经济体制转型期,政府作为“拐杖”扶助和培育市场经济的作用是不能削弱的,从这个意义上说,它该是一个强有力的政府,只是其价值取向与传统的中央高度集权政府是不同的。

一九九五

小的管不了,大的就管不好

有种看法认为,似乎在市场经济条件下,政府的经济职能主要是宏观调控,对市场管得越少越好。其实,从某种意义上说,这是一种错觉。因为,宏观管理与微观管理是分不开的,没有微观管理的良好基础,宏观调控就难以奏效。如果政府没有对企业或作为市场参与者的个人的行为进行法律的、行政的、规范的微观管理,就不可能有正常的市场秩序。比如,政府在运用财政税收这一宏观调控手段时,如果对企业和个人都没有纳税制度的管理,对逃税漏税行为无力严格管理和严厉惩处,那么用作宏观调控的财政税收政策就不能达到预期的政策目标。其他还有诸如不正当的竞争、产品的安全卫生、伪造假冒行为等。所有这些都不可能仅仅靠市场自发竞争淘汰或经营者的道德约束,而是要靠政府的微观管理来规范市场的运行秩序,没有这样的微观管理不仅难以制定出有效的宏观调控政策,而且即使有了好的政策,也很难达到好效果。因此,任何已经形成现代市场经济的国家,政府对市场主体都要进行规范化的管理。大家知道,美国政府中的大批独立机构对市场主体的微观管理,其规范化的要求几乎达到事无巨细的程度。

当然,政府微观管理主要是以立法、行政、司法为手段对市场主体行为加以规范化,而不是回到计划经济体制下的政府管理。这样的微观管理对培育市场经济，促进市场健康发展，是具有积极意义的。正是从这点出发，对简政放权、下放权力过程中出现的政府调控权威的下降和管理能力的弱化，都是不容忽视的，应该及时扭转，否则将会有害于我国尚未成熟的社会主义市场经济的健康发展。

一九九五

“第三只手”

建立社会主义市场经济体制，就是要让市场在资源配置中起基础性的作用；但市场不是万能的，有许多社会和经济问题是市场所解决不了或解决不好的，因而就需要政府干预，以弥补市场的缺陷和不足。但政府干预也有其缺陷，市场所解决不了或解决不好的社会和经济问题，政府就未必能解决得了。这样，面对某些社会和经济问题，“市场失灵”和“政府失灵”可能会同时出现，从而使这些社会和经济问题失控，处于无序化状态。因此，我们一方面要完善和健全市场机制，使市场机制充分发挥其功能；另一方面要加强政府建设，规范政府行为，提高政府效能，以保证政府干预的有效性。而更为重要的是，我们应在市场这只“看不见的手”与政府这只“看得见的手”之外，建立和发展“第三只手”，这“第三只手”的功能就在于规范市场和政府的行为，维护市场的秩序，减轻政府的负担，缓和政府、企业与个人三者之间的矛盾，沟通政府与企业和社会成员的联系。

“第三只手”的内涵是社会性公域，它既不同于私域（市场经济），又不同于政府（公共权力），而是社会性的公共领域。结合《中共中央关于建立社会主义市场经济体制若干问题的决定》中关于“发展市场中介组织”的命题，我们可以做出初步论断：在我国，社会性的公域是由两大领域所组成的，其一是物质领域，表现为社会性的公共权力及其公共组织（中介组织）；其二是精神领域，表现为公共道德。概括起来说，社会性的公域是由社会性的公权和公德所组成的。

社会性公域的公共权力，部分来自私域（市场经济），部分则来自政府，其功能就在于规范市场和政府的行为，维护市场的秩序，减轻政府的负担，缓和政府与企业、个人之间的矛盾，沟通政府与企业、社会成员的联系。社会性公共权力的载体就是社会性的公共组织，包括社会性的经济组织、社会组织和文化组织。

与市场经济相联系的公共道德主要有六大方面，即爱国、诚信、公正、勤劳、节俭、互利。社会性的公共道德的首要功能就是约束市场原则的扩张，包括对他人合法权益的尊重以及不得侵犯国家利益。公共道德是对市场原则的一种制约，在某些方面也是对政府行为的制约。如果公共道德能够蔚然成风，成为市场经济活动中人们自觉遵守的行为规范，那么就政府而言，将会极大地减轻负担。因为公共道德的发展将会在很多方面与政府主管的精神文明建设相得益彰，并且有一定的替代作用。其实，无论是在精神领域还是在物质领域，政府的能力都是有限的。

总之，在建设社会主义市场经济体制的过程中，应该在市场这只“看不见的手”与政府这只“看得见的手”之外，充分发挥非官方的公域这“第三只手”的功能，让“公权”和“公德”充分发挥作用。这样，市场、政府、社会性公域，这三只手就能够同时并用，齐心协力地推动社会的前进。

一九九五

社会职能不决定国家阶级属性

在对现代资产阶级国家的研究中，有些学者认为，由于它的管理社会公共事务职能的扩大，现代西方国家已经成为"既是资本主义的国家，同时又是独立于资本家阶级各阶层的国家"，因此"要重新考虑"，"国家是剥削被压迫阶级工具这一根本命题"。这样，就对人们提出了一个问题，马克思主义国家学说对现代资产阶级国家的研究是不是还有意义。

如果结构功能主义、行为主义在国家问题上着重探讨的是现代资产阶级的社会管理职能，即所谓"公共政策"和"公共事务"，那么，要重新考虑国家作为阶级压迫工具的命题，只不过是由此而得出的结论。因为他们都认为现代资产阶级国家越来越多地管理社会公共事务，诸如人与环境的问题，保护大自然、利用和管理自然资源的问题等，国家对这些问题都是代表社会的"普遍利益"而采取行动的。在这里，他们的理论与从来不承认国家是阶级压迫工具的理论在表现形式上有所不同，而是认为现代资产阶级国家已经改变了属性，或者说部分失去了阶级压迫的内容。

其实，关于国家的社会管理职能问题，在马克思主义国家学说中早有论述，并且是这个学说的组成部分。马克思在《资本论》中曾指出：代表国家的"政府的监督劳动和全面干涉包括两方面，既包括执行由一切社会的性质产生的各种公共事务，又包括由政府同人民大众相对立而产生的各种特殊职务"。这就是说，国家的职能除了有"内部的"和"外部的"之分，"内部的"还分为由一切社会的性质而产生的管理公共事务的职能和由阶级对立而产生的阶级压迫的特殊职能。由此可见，关于现代资产阶级国家管理公共事务的职能，本来就是马克思所讲到的，并不存在由于这种职能的扩大而需要重新考虑马克思主义国家学说根本命题的问题。恰恰相反，倒是需要人们认真、全面、准确地理解马克思主义国家学说，研究和探讨现代资产阶级国家的新情况和新问题，从而认清马克思主义国家学说对现代资产阶级国家研究的重大意义。

第二次世界大战结束以来，随着国家垄断资本主义的发展，现代资产阶级国家干预经济和社会公共事务的领域越来越大，干预的程度也越来越深了。《谁掌管美国》一书中写道："如果说，政府的权力曾经一度受到限制的话——政府除了保护法律和秩序、保护私人自由和私人财产、监督合同、保护本国不受侵犯以外，没有别的权力——那个时刻早已过去。今天认为政府机构干涉着我们生活中'从生到死'的各个方面的看法是很平常的……看来，政府的职责是无限的，而我们每年都给政府增添任务。"这种说法未免夸大其词，但是现代资产阶级国家管理由社会性质产生的公共事务的职能确确实实扩大了，并还有继续扩大的趋向。当前，虽然有些美国学者主张回到"杰斐逊时代"，重新提出"管得最少的政府是最好的政府"这个政治格言，但是在垄断资本主义时代，利用国家机器干预经济和社会生活的情况却是不会逆转的。因此，在研究现代资产阶级的国家时，问题是怎样探讨管理社会公共事务职能扩大的新情况。

马克思和恩格斯在论述资产阶级国家的性质时，明确指出："现代的国家政权不过是管理整个资产阶级的共同事务的委员会"，它是"理想的总资本家"，"本质上都是资本主义的机器，资本家的国家"。现代资产阶级国家管理社会公共事务职能的扩大，是不是就意味着已经不是资本家一个阶级的国家，而是一个既是资本家又是独立于资本家的国家呢？在这里，且不谈剥削阶级和被剥削阶级共有的国家这个非常模糊的概念，首先讨论一下国家的阶级属性是由什么所决定的。马克思主义国家学说认为："国家是维护一个阶级对另一个阶级的统治的机器。"因此，国家的阶级属性只能从这种谁对谁实行统治的阶级关系中来判断，不是由国家管理社会公共事务职能的大小来决定的。马克思在论述国家对内职能的两个方面时指出的那些“由政府同人民大众相对立而产生的各种特殊职务”，正是体现阶级关系，决定国家阶级属性的本质方面。因此，对现代资产阶级国家的研究不能把马克思揭示的对内职能的两个方面割裂开来，不看由阶级对立产生的特殊职能，片面地根据管理社会公共事务的职能来探讨它的阶级属性，同时，还应该看到，资产阶级国家对内职能的两个方面，从本质上说，都是为了保卫、巩固和扩大剥削过程，不管现代资产阶级国家行使管理社会公共事务的职能怎样扩大，管理得怎样完善，它的“资本家的国家”这个阶级属性却是不会改变的。

当然，对于国家由社会性质产生的管理公共事务的职能，在研究现代资产阶级国家时，是需要认真探讨、具体分析的。但是，不能抽象地看问题，不能把“公共事务”看成是各阶级的“普遍利益”。随着国家垄断资本主义的发展，国家干预经济和社会生活，推行福利政策，实行各种社会保险措施，似乎都是国家为管理公共事务而采取的行动，是为了解决社会问题，但实质上是垄断资产阶级运用国家机器调节经济、解救危机，把阶级冲突限制在“秩序”范围之内，以维护其赖以生存的资本剥削制度，或者说，不过是运用国家的力量把19世纪的野蛮的剥削方式变成具有现代特点的文明剥削罢了。很明显，这是现代国家为垄断资产阶级服务，而不是国家超脱垄断资产阶级为全社会服务。在这一点上，列宁关于资产阶级国家具有刽子手和牧师两种职能的分析是最能说明这个问题的本质的，这是一方面。另一方面，现代发达的资本主义国家还有一些由于高度现代化生产带来的所谓纯社会性的公共事务，如治理污染、保护环境、管理自然资源、保护生态平衡等。这类公共事务尽管是社会上各阶级都希望政府管理的，但是，不能认为是资本家的政府代表各阶级的利益而采取的行动。

这一点，可以从现代资产阶级国家行使社会公共事务职能的实际情况看出来。事实表明，议会和政府可以为治理影响整个社会的环境污染，保护自然环境和生态平衡（包括短期的和长期的计划）成万成亿地拨款，而对下层劳动人民居住的贫民窟的恶劣环境却持冷漠态度，因而长期得不到改善，虽然其所需要的拨款与前者相比是微不足道的。这种材料，只要留心一下西方报刊，都是不难找到的。政府、议会之所以厚此薄彼，原因在于影响整个社会的环境污染和生态失常是关系到这个阶级自身生存的问题，尽管人民大众也从中分享到所谓"普遍利益"。如果人们要联想到发达资本主义国家的政府鼓励把污染严重的工厂迁往第三世界国家的种种措施，那么就更加容易理解以上的道理。资本家的政府为治理作为社会公共事务的环境污染所采取的行动，从本质上说只是为了资本家阶级自身的生存，不影响它的自身生存的环境污染，那就会被置之不顾的。

一九八六

从国家起源看社会职能

如果我们从国家起源来看政府的社会职能，那将会进一步得到有益的启示。恩格斯在《家庭、私有制和国家的起源》一书中说："国家是社会在一定发展阶段上的产物；国家是表示：这个社会陷入了不可解决的自我矛盾，分裂为不可调和的对立面而又无力摆脱这些对立面。而为了使这些对立面，这些经济利益互相冲突的阶级，不致在无谓的斗争中把自己和社会消灭，就需要有一种表面上凌驾于社会之上的力量，这种力量应当缓和冲突，把冲突保持在'秩序'的范围以内，这种从社会中产生但又自居于社会之上并且日益同社会脱离的力量，就是国家。”不难理解，国家正如恩格斯所说，是为了使经济利益相冲突的阶级，不致在无谓的斗争中把自己和社会消灭而产生的，而现代国家作为一种表面上凌驾于社会之上的力量为保护环境和自然资源所采取的行动，只不过是为了不致在人与自然的冲突中无谓地把自己和社会消灭。这是社会发展，特别是作为生产力的现代科学技术的发展，使人与自然的冲突尖锐化了，以致这个表面上凌驾于社会之上的国家不得不采取行动。这既不是现代资产阶级国家阶级属性改变的结果，也不构成阶级属性改变的原因。

因为在社会发展的任何阶段中，都存在着人与自然的冲突，而自从国家出现以后，它就作为表面上凌驾于社会之上的力量，或者直接参与开发自然资源，或为调节人与自然的矛盾而采取行动。中国封建社会，皇帝运用代表国家的皇权兴修水利就是中外皆知的事例。中国封建国家兴修水利的措施，促进了农业的发展，并使被剥削的农民也分享到这种所谓“普遍利益”。但是，皇帝是总地主，国家仍是地主阶级的国家。人们绝不会认为中国皇帝的封建国家既是地主阶级的又是独立于地主、代表“普遍利益”的国家。

当然，历史上的封建地主阶级国家在这方面的职能与现代资产阶级国家是不能同日而语的。但从本质上说，所不同的只不过是在现代国家中人与自然的冲突比过去更尖锐了，更突出了。这一方面是由于人类对大自然的开发，和大自然对人类的报复，另一方面人类在同大自然的斗争中，对大自然以及人同自然之间的矛盾的认识更加深入了。正是这样，现代发达的资本主义国家，不仅因经济危机的加深比过去更需要运用国家机器，行使其对内的两个方面的职能，把经济利益相冲突的阶级保持在“秩序”范围以内，而且为了不致在同自然的冲突中无谓地把自己和社会消灭，所以不得不扩大国家在社会公共事务方面的职能。这绝不是意味着国家阶级性质的改变，而是资产阶级自身生存的要求，也是资本继续剥削的必要条件，总之，是为了维护现存的资本主义社会制度。

同时，必须进一步指明的是，国家的产生、发展和消亡和人与自然的冲突是没有任何直接联系的。以上所论述的，只是在国家产生以后，特别是在现代国家中，它的由社会性质所产生的公共事务的部分职能是同人与自然的冲突有密切的关系的。现代资产阶级学者，以及研究马克思主义国家学说的某些学者，正是在这个问题上把人与人的社会关系，即阶级关系与人同自然的关系混为一谈，以致把国家表示的一些人对另一些人的社会关系即阶级压迫关系歪曲为人同自然的关系，把现代资产阶级国家管理由一切社会的性质产生的公共事务，特别是为解决人同自然的矛盾所采取的行动，看作阶级矛盾的缓和、国家阶级属性的消失，从而对马克思主义国家学说的根本命题发生怀疑，以致要修正这个命题。因此，认真探讨马克思主义国家学说对现代资产阶级国家研究的意义，坚持马克思主义国家学说，研究现代资产阶级国家社会公共事务职能的扩大，及其对国家机构的影响是十分重要的。

一九八六

不可混淆“治事”与“治人”

马克思在分析法国革命拿破仑时期庞大的政府机构时说，“这行政权力有庞大的官僚机构和军事机构，有复杂而巧妙的国家机器”，并在“国家权力的图案”中所“盛行的分工和集中就像工厂里一样”。显然这对进入帝国主义阶段以后，特别是当代资产阶级国家来说，不仅是在军事官僚机构的规模上是小巫见大巫，而且在国家权力的图案中，集中的高度和分工的完善程度，都是无法相比的。并且随着国家干预经济和社会领域的扩大，以及经济和科学技术的发展，在政府职能中出现了专门化、技术化的趋向，政府机构中出现了一些属于专门管理公共事务的职能部门。

政府机构和国家职能是分不开的，也可以说是一个问题的两个方面。正是这样，资产阶级学者在政府职能专业化、技术化的问题上，也混淆和掩盖了国家的阶级实质。他们一方面承认这个日益庞大的国家机器使人们的生活“更受到政府压缩性的专横控制”，另一方面又认为这是经济和技术发展的结果。还有的认为，这种变化已经使现代政府从专门“治人”的机关变成了“治事”的机关，从“分权”政府变成“分职”的政府，从而“凭权力管理的范围”缩小，“凭技术管理的范围”扩大。在这里，人们当然不可能指望资产阶级学者拿出科学的见解，因为他们总是以自己的“国家学说来为社会特权辩护，为剥削的存在辩护，为资本主义的存在辩护”。只有马克思主义国家学说才能用科学的眼光观察现代资产阶级国家机构的这种变化。

马克思主义国家学说认为：“构成国家实质的东西”是军队、警察、法庭等政府机关中的暴力机关。观察和研究现代资产阶级政府机构的发展，不能只看到某些公共事务的管理机关，应该重视它更为庞大的军事官僚机关及其对社会的统治作用。确实，随着政府权力的集中和分工的发展，它既包括“治人”的机关，又包括“治事”的机关，但是国家作为阶级压迫的工具，构成国家的主要是“治人”的机关，即资产阶级用以镇压无产阶级反抗的暴力机关，以“治事”掩盖“治人”，以“分职”掩盖“分权”。事实上，现代资产阶级政府比过去更加需要依靠暴力机关来实现它的统治。今天，拥有200万左右的军队和280万官吏的美国联邦政府，它的存在并不是仅仅为了社会公共事务的管理，而主要是为了“保护法律和秩序”，“保护私人自由和私人财产”。

一九八六

西方国家机器的膨胀

应该看到，在现代资产阶级政府职能的专门化和技术化过程中，发展最快的、最完善的、最现代化的主要是暴力机关。根据英国文官队伍中科学技术类人员增长的资料看，1978年比1968年增加了一倍，但其中60%是受雇于国防部的。列宁早就指出：一切剥削阶级的国家，为了巩固政权，它的强制机关总是把“适合于每个时代的技术水平的武器把持在自己手中”，同时他还认为，国家作为强制机构，“不管这种加之于人的暴力表现为原始时代的棍棒，或是奴隶制时代较为完善的武器，或是中世纪出现的火器，或是完全根据现代最新技术造成的20世纪的奇妙武器，反正都一样”。因此，国家作为强制机关，它的镇压机关和管理机关，不管其专门化和技术化的程度如何，总是一个阶级压迫另一个阶级执行自己意志的工具。政府的统治是权力而不是技术。技术是为权力服务的。权力是为了强制别人的。

这样，现代资产阶级国家机器空前庞大自然不是经济水平和科学技术发展的结果。垄断资产阶级加强国家机器之所以首先加强军事官僚机构，其原因就是由于阶级矛盾的尖锐化，需要强大的暴力机关来行使国家的镇压职能。所以，“特别是帝国主义时代、银行资本时代、大资本主义垄断时代、垄断资本主义转变为国家垄断资本主义的时代表明，无论在君主制的国家或最自由的共和制国家，由于要对无产阶级加强镇压，‘国家机器’就空前地加强起来，它的官吏和军事机构也就骇人听闻地扩大了”。

还有，如果把“国家机器”的庞大说成是为了管理现代复杂的社会和现代化都市的需要，那就割裂了国家发展的“基本的历史联系”。资产阶级从封建阶级手中夺得“国家机器”以后，不仅“把这个庞大国家建筑物的夺得视为自己胜利的主要战利品”，而且为巩固其专政，镇压被压迫阶级的反抗，总是使国家机器更加完善起来。虽然各个资本主义国家的军事官僚机关形成和发展的历史不尽相同，但是进入垄断资本主义时期，所有帝国主义国家的“国家机器”都空前庞大起来了。在这个发展过程中，两次世界大战可以说是现代资产阶级国家的“国家机器”空前庞大和强化的两个转折点。后起的美国是军事官僚机关形成最晚的主要资本主义国家之一，但经过两次世界大战早已成为世界上最快膨胀最大的国家机器。美国在建国初期，中央执行机构只有国务院、财政部和陆军部，常备军只有2万—4万的民团，经过第一次世界大战到1939年，它的中央执行机构增加了6个部，常备军达到30万人，联邦政府的官吏也约有30万人。从第二次世界大战到目前为止，中央执行机构增加的部不少于5个，常备军在平时保持在200万以上(第二次世界大战期间高达1 200万，朝鲜战争、越战期间有360万)，由2 000多个机构组成的联邦政府有280多万官吏。这就是现代资产阶级国家庞大的“国家机器”发展的基本历史。

现代资产阶级的“国家机器”，像现代化的工厂一样，分工也越来越细了，在暴力机关日益强化的同时，行使经济和社会公共事务管理职务的机构确实也庞大起来了。但是，这不能说是现代资产阶级政府凭权力管理的范围缩小了，而凭技术管理的范围扩大了。事实上,资产阶级政府的任何一个职能部门,任何一个管理机构,都是执行资产阶级意志的,是根据资产阶级制定的法律行事的。英国的一位学者也承认:“认为政府的行政机构同政治问题隔绝的观点不过是幻想而已。”换句话说,政府的管理机构总是要执行统治阶级制定的政策的,其中尽管有些是关于“公益”的政策,但归根结底仍然是一个阶级的政策。当前,在国家垄断资本主义发达的国家中,为适应垄断资本运用国家机器干预经济的需要,设置的专门从事经济管理的机构确实为数不少,并且雇用了大批经济学家和各类技术专家,进行着科学计算和管理,但它绝不是为经济而管理经济,更不是为社会“普遍利益”而管理经济,只不过是为刺激或调节经济,预防经济危机或采取反经济危机的措施而已。这正是垄断资产阶级凭权力管理经济为资本继续和扩大剥削创造必要的条件。因此,这种管理制度的设置,不是政府权力的缩小,而是权力的扩大。这类机构不是凌驾于各阶级之上,而是国家与垄断资本更加紧密结合。

总之,现代资产阶级政府权力集中和分工的发展,是国家机器进一步完善和更加巧妙的表现,是资产阶级专政强化的表现。尽管随着政府权力集中和分工的发展,有些机构专门行使由社会性质产生的公共事务的管理职能,但是这部完整的资产阶级国家机器的主要部分仍然是强制性的暴力机关。

一九八六

社会职能的分化与发展

在自由资本主义时期,政府的职能主要是以“法律和秩序”保护资产阶级的私有财产,为维护资本主义的自由竞争创造“外部”的条件。进入垄断资本主义时期以后,由于国家与私人垄断资本的结合，政府的社会职能，特别是其中的经济管理职能明显地扩大，政府的经济管理职能从社会职能中分化出来的趋势更加明显和突出。政府的经济管理职能明显突出的新情况，使经济管理职能具有相对独立的意义，成为政府权力容量扩大的重要标志。

第二次世界大战以后，西方各国的政府已从传统观念上的政府发展成为现代意义上的政府。政府加大了对经济事务的干预力度，政府的经济管理职能大大地加强了，这主要表现在政府直接控制、管理、计划、调节资本主义再生产的过程，政府除了运用立法、行政、司法权力和政策手段之外，还凭借国家占有的垄断资本与私人资本结合起来的力量，推动或抑制资本的社会运动。这样政府不得不作为总资本家直接参加资本的社会运动，在生产方式内部执行新的经济管理职能，进行生产关系的调节，这是因为国家垄断资本主义的发展，导致了资本主义矛盾的进一步尖锐化，资本主义政府再也不能像以往那样仅仅提供外部条件，政府从幕后走上了前台。

随着政府经济职能的扩大与分化，当代西方国家政府的社会职能，也不完全是原来意义上的社会职能，因为原有的社会职能是包含了经济职能的。但是，经分化后的社会职能并不因此而缩小，反而更加扩大了。因为社会现代化的发展，城市的迅速崛起，新科学技术的应用和产业结构的调整等因素，造成了生产和劳动力的相对过剩，其危机日趋尖锐化，当代西方国家中以失业为重心的一系列社会问题日益严重和复杂化。同时，政府的社会职能和政府的经济职能并行不悖，一方面社会职能同经济职能相辅相成，以保证资本主义的扩大再生产和劳动力再生产，另一方面社会职能辅助政治职能为资产阶级创造“安定的社会条件”。社会职能主要体现在社会公共事务，如公共教育、消防、交通管制、医疗、社会保险、贫困救济等。

在资本主义发展的过程中，一种特殊的社会管理职能从原有意义上的社会职能中分化出来。这种特殊的社会管理职能的出现主要是因为资本主义国家在迈向现代化的过程中，出现了诸如环境污染、生态失衡等问题。为解决在现实生活中出现的人与自然的关系问题，不致使人和社会在与自然的冲突中无谓地牺牲，政府相应地采取一些管制政策，并成立了相关机构来专门承担解决这些问题的重任，结果政府的特殊的社会管理职能扩大和强化了。

当代西方国家政府社会职能的扩大和分化，呈现出一种内在的发展逻辑。首先，经济职能的扩大和强化，为政府的政治统治提供了强大的物质基础；其次，社会职能的扩大和分化，一方面体现在社会保障制度的建立和发展，调节了资本主义社会中人与人的关系，为缓和资本主义社会的固有矛盾发挥了巨大的作用，另一方面体现在科学、教育和文化等事业的发展，能有效地提高人本身的素质，从而为资本主义社会的发展提供源源不断的高素质的劳动力，这种政府的社会职能的扩大和分化，能够确保资本主义国家的"长治久安"；再次，政府的特殊的社会管理职能的扩大和强化，是为了解决在发展过程中出现的人与自然的关系问题，其根本目的也是为了确保资产阶级赖以生存的自然环境不至于在人们的短视中彻底地被毁灭。这种政府的经济职能、社会职能和特殊的社会管理职能实质上是三位一体的，共同构成当代资本主义国家政府的政治统治的基础。

二○○○

职能变化与机构扩张

政府职能是政府机构设置的基础和内在根据，政府机构则是履行政府职能的载体，并随着政府职能的变化而变化。政府机构设置是否科学，结构是否合理，直接关系着政府职能的发挥，影响到政府的工作效率。

第二次世界大战以后，随着政治、经济、文化和科学的发展，现代西方各国的政府职能发生了很大的变化，相应地政府机构的设置和数目也发生了变化。由于西方各国的政府职能的发展变化呈现出一些有规律的特点，因此政府机构的设置也有一定的规律可循。首先，政府职能作用的领域从政治、社会领域发展到政治、经济、社会领域，而后发展到政治、经济、社会、科学、教育和文化等领域，相应地政府机构的增加就成为不可避免的事情。如美国1789年建国之初，联邦政府只有国务院、财政部和陆军部，随后于1798年、1849年、1889年、1903年分别设立海军部、内政部、农业部、商务和劳工部(1913年分为商务部和劳工部)，直到19世纪末、20世纪初才出现管理经济和社会事务的部门。到了第二次世界大战以后，美国经济、科技和教育事业飞速发展，联邦政府于1953年将处理有关社会问题的机构合并成卫生、教育和福利部，1965年又设立了住房和城市发展部，1966年设立运输部，1977年设立能源部，1979年又将卫生、教育和福利部改成卫生与公众服务部和教育部两个部，1989年设立退伍军人事务部。

其次，随着政府职能的分化和分工，机构设置不仅越来越庞大，而且趋于分工专业化。许多新设置的政府部门都是专门管理某个方面事务的，诸如科学部、能源部、环境事务部、领土整治部等。它们各自行使某个专业管理的职能，分工既专业又明确。在这里，政府完全是仿效现代化社会大生产的管理。正如马克思指出的，“这里盛行的分工和集中就像工厂里的一样”。显然，分工管理是政府机构设置和变化的原因和依据，这只是问题的一方面;问题的另一方面在于随着政府职能的变化,政府机构也随之改革、合并以致撤销,因此许多国家政府部门的数目常有变动。例如,20 世纪 60 年代至 70 年代,英国曾将 20 个规模较小的部合并成 15 个规模较大的部,80 年代以来,部的数目略有增加,在 18 个左右。其他国家的情况也大致如此。这说明政府职能变化和分工情况直接影响政府机构设置的变化。

二〇〇〇

政府职能扩张的阶段性

市场经济从来就不是在真空中运转的,它从孕育到发展都与政府有若干丝万缕的联系。现代国家是市场经济推动的结果,反过来,国家对市场在广度和深度上的进一步发展也起着相当大的作用。在市场经济孕育阶段,政府的职能就已经涉及市场领域。如在 17 世纪,英国政府禁止外国人与英殖民地通商,规定英国船只对英国殖民地的商品具有专运权,赋予东印度公司垄断殖民地贸易的特权,取消谷物出口税并用公款补贴出口商等。同时期,法国也给予几家公司发展海外贸易的垄断权,开设国有工厂,以及对外国商品收取高额进口税等。美国一独立,政府就采取了如保护关税、操纵货币、设立国家银行、承担公债和征收国产税等一些干预市场的政策。不过总的来说,政府职能范围在这一时期还受到严格限制。

随着市场经济的日渐成熟,人们相信,通过市场机制能够有效地调节资源的分配,同时,通过不同利益主体的努力能够实现理想的社会目标。这时,政府开始改变干预经济的角色,积极充当自由市场经济社会的守夜人。英国于 18 世纪后半期开始收缩政府权力，与外国签订商业协定，降低关税，废除贸易垄断权，并允许英国民众在印度自由贸易，取消航海条例，清算了对殖民地的大部分旧关税优惠制度和废除了《谷物法》等。比较保守的法国政府也在19世纪采取了许多推进竞争的措施，有意识地仿效英国振兴本国经济。美国在南北战争爆发之前，虽说政府对经济有所干预，总体上却对市场采取自由放任的政策。

战争和经济危机改变了政府与市场的关系，政府的职能在危机中获得了扩张的机会。美国在南北战争后政府的职能在几十年里得以进一步扩大，联邦政府支出和联邦政府职工总数在这期间成倍增长，各项政府管制经济的法令频频出台。两次世界大战期间，美国政府同卷入战争的实行市场经济体制的其他国家政府一样，为了集中国内的社会资源以应付战争，对市场采取全面干预的政策，政府的权力辐射到物价、工资、工时、运输管制、食品、人力资源的分配和能源供应等经济生活的方方面面。

每当战争结束，要求政府收敛权力范围的呼声总是很高，政府也往往都向社会许诺将收缩政府的权力与职能。事实上，这些政府也尽量地做到这一点。但是战争时期政府干预的惯性以及接踵而至的经济危机、社会危机等又很快对政府的干预提出了要求。这些危机尽管不是威胁国家安全和领土完整的危机，却也严重影响到国内经济和社会秩序的稳定。美国和其他国家都意识到光靠市场的力量解决不了市场秩序紊乱、资源配置机制失效等问题，于是再次扩张政府的职能，对混乱的经济进行干预。

如果将政府职能的扩张用曲线表示的话，可以描述为随着时间的推移，政府职能不是一根不断向右上方倾斜的直线，而是呈波浪式的起伏。这就说明政府职能的扩张是有阶段性的,在一定的时段呈现扩张趋势,在另一时段则呈现收缩趋势。不过从整体上看,政府职能阶段性的扩张尽管是波浪状态,但可以发现它是围绕一根不断上扬的直线波动的。

一九九五

政府职能扩张的有限性

西方国家政府职能扩张始终存在一个根本的限制,那就是政府职能扩张必须维护市场的基本机制,否则就会遭到猛烈的反对和抵制。这些限制主要表现在:

职能扩张幅度的限制。实行市场经济的国家,无论政府职能向市场方向扩张的模式如何不同,但有一点是相似的,那就是职能扩张的方式都是以市场机制为基础,以间接的方式作用到具体的对象上,市场仍能依照其自身运行的逻辑正常运转。以政府职能最为强大的法国为例。法国对市场经济基本上采取计划管理的形式。单从计划上,法国政府不但要为经济和社会发展制订计划,而且还将计划的范围扩大到文化、科研和国际政治与经济关系各领域。尽管如此,法国政府仍是通过社会对计划的认同,鼓励市场经济有控制地发展,其计划体系仍是围绕发挥市场最佳配置资源这一中心展开,即国家对市场的计划指导始终是建立在坚持市场经济的基础之上的。

职能扩张方式的限制。如兴办国有企业是国家干预市场的途径之一,但国有企业的部门和占整个国民经济的比例都受到严格的限制。法国是国有化经济成分比较多的国家,但一方面,国有企业在国民经济中所占比例仍没有达到足以影响市场体制性质的地步,另一方面,它们具有独立的经营自主权,其经济活动与市场运作程序和原则紧密相连。法国国家与国有企业的关系呈金字塔形。国家直接控制的国有企业并不很多，但这些国有企业大多是企业集团，它们通过参股等形式控制着其他大量的工商业和金融业，从而使得这些子公司和孙公司也带有国有的性质。美国为了维护自由竞争的市场机制，只是在邮政、电力、保险、联邦储备系统和铁路等方面有一些国有成分，这些国有企业几乎不会影响其自由竞争的市场机制。又如财政和货币政策作为政府扩大经济干预职能的又一种方式，其运用也受到制度上的限制。如美国政府调节经济的职能主要体现在制定相应的财政和货币政策上，但财政机构和联邦储备系统分属于不同的国家机关，政府通过赤字财政政策刺激经济发展的同时，联邦储备系统并没有义务通过银行投资或发行货币加以弥补。这种财政与金融的分家，就大大限制了政府利用财政刺激经济发展的范围和作用，避免由于财政手段的滥用造成通货膨胀和金融秩序的紊乱。

政府职能扩张的外部环境的限制。随着市场经济的发展，各国的市场，特别是较早实行市场经济体制国家的市场与整个国际市场紧紧联系在一起，国家对国内经济的干预直接影响到整个国际市场的资源配置。一旦贸易的公平性被极大破坏，国家间的政治和经济协商就会展开，一些国家政府也不得不对原来的政府干预政策做出调整。在市场经济发展的早期，欧美主要国家之间也经常进行持久而艰难的谈判，目的是期望对方政府能够约束自己的经济行为，破除设置的重重壁垒，以便能进入对方的市场，许多战争往往都是由于贸易壁垒引起。这种设置壁垒和斗争的反复博弈最终也限制了政府职能对经济领域的扩张。从计划经济过渡到市场经济的国家政府职能所受到的限制就更不用说了，这些国家要建立市场经济体系就必须同国际市场的运行规则等方面接轨,而完全进入国际市场的前提之一,就是要改变政府全面干涉经济的模式,转向靠市场机制配置资源的经济体制。

一九九五

政府职能扩张的财政性

随着市场经济的发展,市场机制在配置资源方面的局限日益凸显,经济危机和社会不稳定的威胁迫使市场向政府发出寻求帮助的信息,政府职能也相应地不断扩大,以便承担起政府稳定市场乃至稳定社会的经济与政治的责任。政府职能的扩大不只是表现在散发和传播诸如配合政府行动的宣传品之类的东西而已,政府还要调动其他一切可能的手段和资源对经济产生一定程度的影响,这些活动没有足够的费用支持是难以想象的,实际上,政府职能的扩大是与政府费用的增加相伴相随的。主要工业国家政府支出占国民生产总值的比重大多在35%—45%之间,一些国家甚至超过了50%。

从政府本身来看,政府为了应付层出不穷的新情况,必须相应地设立许多机构和雇用许多工作人员,故维持政府日常开支日益成为社会的负担。尽管政府通过各种方法对组织机构进行不断的调整,机构数目较以往有所减少,但是政府雇用的文职人员数量却不断上升。政府开支不是无本之木、无源之水,尽管赤字财政是政府干预经济的一大法宝,但政府不可能总是无节制地开动机器印制钞票,政府支出的增加意味着政府税收的增加。因此,财政既是政府职能扩张的指示器,又是控制政府职能扩张的根本途径。

一九九五

战后西方政府体制改革

第二次世界大战后欧美资本主义国家政府体制的调整和改革,从总体上来看包括两个方面:一种是政府内部权力关系的调整;一种是政府行政职能机构和管理方式的变化。这两个方面的调整和改革,既有相互关系,又有所区别。政府内部权力关系的调整,主要是在第二次世界大战后初期进行的。这是一种重大的体制结构性改革,涉及国家宪法等一系列重要法律的变更。例如第二次世界大战后的联邦德国、意大利、法国等国,都先后通过制定和实施新宪法,在政府内部实行了权力的重新分配。联邦德国第二次世界大战后通过的"基本法"所确定的国家元首的权力和地位,改变了战前魏玛共和国时期二元制的行政权力关系,大大削弱了国家总统的权力,增强了联邦总理的权力。这类以权力关系调整为主要内容的政府体制改革,最后的和最典型的是 1958 年法兰西第五共和国的建立。法国这次重大改革确定了以总统为核心的行政集权体制,使得总理成为从属于总统的政府事务总管。从那以后,欧美主要资本主义国家都没有进行过重大的政府权力关系结构的改革,各国都建立了比较稳定的政府体制。尽管 1981 年法国密特朗上台后,提出开展以"权力下放"为主要内容的体制改革;美国里根上台后,提出进行"新联邦主义"和"还权于州"的体制改革。但是所有这些对中央政府内的权力关系安排,以及对中央和地方的权力划分都没有产生什么重大影响。

政府行政管理机构和管理方式的改革,同政府内的权力关系调整则有所不同。从某种意义上说,这主要是政府行政部门局部性的改革,它并不触及政府基本的权力关系结构。当然,由于政府的行政机构空前庞大，政府的职权范围日趋扩大，相对地削弱了立法机构的职能。但是，欧美国家事实上并不总是通过废除或削弱立法机构来加强行政权力的。而且，欧美国家政府权力关系的调整，特别是在大陆法系统的欧洲国家里，通常要通过宪法的修改才可能得以实现。而政府行政机构和管理方式的改革，只要通过普通立法，或由政府行政首脑发布行政命令就可以做到。因此，这后一种改革已成为欧美资本主义国家行政体制改革的主要内容，并且成为政府经常性的活动。尤其是实行议会内阁制的国家，几乎每届新内阁组成之后，对政府行政机构的设置、权限以及工作程序都要进行不同程度的改革和调整，以适应新政府的需要。

为了有效地调整政府行政机构，欧美国家不仅在政府行政体制内部设立了从事全面或局部改革的临时委员会，而且有的国家还在政府内设立了负责改革工作的常设性机构。如，1947年，美国国会通过决议，授权总统成立了“政府行政部门组织委员会”，即“胡佛委员会”，负责对政府行政存在的问题进行全面调查。1953年，美国政府又成立了“第二胡佛委员会”。法国在1963年成立了专门负责文官制度改革的常设委员会，由一名国防部部长负责。法国德斯坦总统时期的巴尔政府专门设立过“行政改革部”。1981年密特朗总统上台后，成立了以总统为首的计划改革委员会，并专门设立了内政和权力下放部。密特朗总统之下的第二届莫鲁瓦政府还在总理府内设置了负责改革工作的公共事务与行政改革部部长。联邦德国1969年勃兰特总理任职时期，专门成立了内阁的“联邦政府和联邦机构改革委员会”。

可以说，战后欧美国家的行政体制改革，特别是政府行政机构和管理方式的改革，是一个持续不断的过程。与战前相比，改革的速度大大加快了。这一方面是由于资本主义固有矛盾的加深，统治集团内部权力争夺的加剧，必然要使政府最高决策人物根据政治上的需要不断地对权力结构和政府机构进行调整。但从另一方面看，这也是由于社会化大生产和现代科学技术的发展，不仅要求政府在行政管理体制上做出相应的调整，而且也为这种改革提供了必要的物质手段。政府直接干预经济事务，就必然改变传统的政府机构设置。正因为如此，欧美资本主义国家政府原设置的内务部门都经历了最为明显的不断分化和不断调整的过程，出现了许多专门行使管理社会经济事务和科学技术职能的部门。而现代科学技术的高度发展，又反过来为这些行政管理部门提供了必要的现代化管理手段。

战后欧美国家行政机构和行政管理方式改革的共同趋向主要有：政府机构日趋庞大，职能分工专业化；扩大政府的计划管理职能，加强对社会经济的宏观调节和指导作用；加强协调职能，扩大横向联系；加强信息收集和处理能力，实现行政管理手段的现代化；改革政府管理人员的群体结构，重视“专家治理”和“专家咨询”。

一九八六

政府的纵向联系与横向联系

通观政府发展的历史，纵向联系是政府结构的传统模式，而且政府的职能越简单，纵向联系的模式也越典型、越稳定。随着政府职能分工专业化的发展，加强政府内部的协调，扩大横向联系的问题就显得日益重要。因为高效率的行政管理，应当是在整体规划下的明确分工，在分工基础上的有效协调。所以，加强协调职能，扩大横向联系就成为欧美国家战后行政体制改革的重要内容和主要趋势之一。

从战后欧美国家的具体改革实践来看,加强协调和扩大横向联系的做法主要有以下几种方式:

行政机构内部的协调。这种协调一般通过上下级领导关系来实现。例如美国政府各部中,通常有一名部长助理领导若干个业务范围相近的局,其任务就是从上面来协调这些局的活动。然后再由部长领导若干个部长助理,负责这些部长助理之间的工作协调。联邦德国政府各部中的中央管理司以及各司中的对外联系处,也是负责协调的机构,而在联邦总理直接负责的外交关系、发展援助、地区政策和环境保护等领域,则由总理亲自出面协调。

行政机构之间的协调。这大都通过设立跨部门的机构来实现。如联邦德国 1973 年内阁会议决定成立了十多个协调部际关系的内阁专门委员会,它们有时在有关的处和司提出政策之前进行协调(称之为"积极协调"),但更多的是在有关的处和司提出政策建议之后进行协调(称之为"消极协调")。法国政府机构之间的协调是通过部长会议、限制性部长会议(只由有关的部参加)和部际委员会来实现的。英国用以协调部际关系的内阁委员会分常设的和特别的两种。特别委员会可根据需要临时设立,以协调专门的政策问题。英国政府 1968 年规定,凡各部提交内阁讨论的问题,必须事先经内阁委员会同意。

政府行政部门和政府外各种团体的协调。这主要表现在政府同政府外各种利益集团的关系上。各国在这方面的做法不一。例如法国在计划总署下设有二十五个现代化委员会,由政府官员、企业主和雇主组成的代表、工会代表、农业经营者、经济学家、律师、工程技术专家以及社会活动家等三千余人参加。各界人士在这些委员会经过讨论协商,提出各种政策建议。政府以此为制订计划和决策的依据,调整和协调国家与地方和企业之间的关系。联邦德国政府制定的《联合程序手册》规定，凡重大政策问题都须向有关的利益集团咨询。因此，政府各部部长同各利益集团的领导人保持着经常的往来。此外，各部还吸收有关的利益集团代表参加部的咨询委员会，力求在政策上照顾到各主要利益集团的要求，以达到某种平衡。

一九八六

第七章　优化政府体系是理性的呼声

政治体制改革的三条路径

现代化过程中各国政治体制改革先后出现了三条基本的路径，即英国、美国、法国所代表的路径。英国是渐进过程，其政治体制的特点是“叠床架屋”，在旧体制上加上新体制，再慢慢把旧体制的内容扬弃，可以说是“旧瓶装新酒”，体制未变而功能发生了变化。英国由此成为“世界政治体制的博物馆”。如枢密院本身就是政府，后又加上内阁，于是枢密院只能保留颁发政令的作用，权力的重心转移到了内阁，从而形成一种超稳定形态。美国是总体性改革，即杰斐逊所谓“白纸上画最美丽的图画”，体现为一种完美的设计，精雕细刻、整齐美观，形成一种交错重叠的复合式分权制度。法国是动荡式改革，不断把墙推倒，再重砌，处于“复辟反复辟”的运动之中，从大革命到 1958 年宪法总算稳定下来了。但是其间换了 11 部宪法，而英国只有一套宪法，美国只有一个宪法。法国经过戴高乐体制后，政体稳定了，经济发展才上去了。

后来的国家大多走法国路径，很难模仿英、美，主要是不具备英、美的条件。英国在玫瑰战争中贵族的力量消耗殆尽，而资产阶级又很软弱，所以形成了很复杂的妥协体制。美国没有历史负担，而且占据非常有利的地理优势，所以能产生那样完美的制度设计。总之路径选择主要取决于当时的历史条件和阶级力量的对比。选择路径就会形成路径依赖,因此选择很重要。

二〇〇三

中国政治体制改革的三个阶段

从1978年中共十一届三中全会算起,中国政治体制改革至今已经过了风风雨雨24年,这24年大致经历了三个阶段:1978年中共十一届三中全会—1984年中共十二届三中全会是初步探索或准备阶段;20世纪80年代中期—80年代后期是政治改革的全面部署阶段;20世纪80年代末—90年代末是总结经验调整思路、谋求新的发展阶段。从三个阶段可以看出,24年的改革是一个渐进的过程,思路是"解放思想,推进改革,再解放思想,再推进改革"。改革是一步一步地改。从经济体制看,从农村到城市;从城市看,从有计划的商品经济到市场为主、国家为辅,再到国家调节市场、市场引导企业,最后是社会主义市场经济。政治改革走的是一个小小的"之"字形,其原因主要是苏东剧变和国内1989年政治风波的影响。在每一阶段,政治体制改革的提法都有一些区别。改革的启动是针对"文化大革命"暴露的体制性弊端,因此政治体制的"总病根是权力过度集中,特别是领导者个人高度集权";1987年中共十二届七中全会提出《政治体制改革总体设想》;十三大提出"政治体制改革全面启动";苏东剧变后,对于政治体制改革从过去强调必要性和迫切性调整为"积极推进政治体制改革,加强社会主义法制建设",内容上从过去的"权力过于集中""党政分开"等改变为"人大建设""多党合作""民主决策""基层民主"等,这体现了一个"之"字形的调整。

从整体上三个阶段的过程看,中国政治体制改革有三大变化:第一,从对“权力”的改革到“权力运用”的改革。这是革命后国家改革的特征,过去的总病根的条件已经发生变化,“之”字形是坏事变好事。第二,从“理想”的改革到“制度”的改革。过去大多谈发扬民主,现在谈具体的制度。“理想”的改革是法国的路径,法国留下来的是“只有思想,没有制度”,而英国留下来的是人类的制度文明。哈贝马斯就警告过后来的马克思主义者们说,马克思留下的法律和制度是很少的,马克思主义要继续发展就必须进行制度和法律的建设。第三,从“总体设想”到“分步走”的渐进改革。1997 年十五大重新把政治体制改革提上日程,十六大更是明确提出了“社会主义制度的自我完善自我发展式的改革”,把“党的领导”“人民当家作主”“依法治国”结合起来,把改革与社会主义政治文明的建设结合起来。这些变化说明,我们对政治体制改革的目标、路径、阶段已经开始有了越来越清醒的认识。

二〇〇三

政治体制改革的三种模式

当代世界各国都面临改革问题,20 世纪是政治风云激荡突变的时代,资本主义发生病变,出现了殖民主义扩张和法西斯主义,殖民主义瓦解出现了许多发展模式,社会主义阵营的分裂重组也产生了不同的改革模式。不过,在这些模式中只有三种具有典型意义。第一种是西方发达国家的“法治化”改革模式,一切改革都通过立法进行;第二种是苏联的“休克式”改革模式;第三种是中国的“渐进式”改革模式。总的来说,西方的改革具有在体制内、通过法律进行、不波及社会的特点，不存在社会承受力问题，这种模式的前提就是基本制度已经成熟，民众的政治文化是理性的。俄罗斯的改革总体上是失败的，没有离开其传统路径，没有创新，要全面复兴尚待时日。中国改革的模式也有一个从不成熟到成熟、从不自觉到自觉的过程，所谓“模式”的提出就意味着已经走上正轨了。

不过中国模式尚须克服的问题也还很多，择其要者有三点：其一，改革要练内功，不要图轰轰烈烈，不要引导老百姓不切实际的奢望；其二，要逐步从行政化改革到法治化改革，通过法律进行改革，把改革公开化；其三，要从政策改革到制度创新的改革。政策改革是中国传统的方式，历史上的改革都是政策改革，不是制度改革，结果一场空。张居正的“一条鞭”改革与西方的税制改革就不同。创造一个制度可以解决一大片问题，可以巩固改革成果，而一个政策只解决部分问题，而且改革很容易倒退回去。华盛顿非常重视制度，他说“开始是人创造制度，后来是制度创造人”，他给亲属的信中说“凡事按制度进行就顺利”。邓小平是中国高层领导中认识制度重要性的第一人，他有三段话是经典：一是说“制度好可以使坏人无法任意横行，制度不好可以使好人无法充分做好事”；一是说“我们今天再不健全社会主义制度，人们就会说，为什么资本主义制度所能解决的问题，社会主义制度反而不能解决呢？”；在另一处说“如果不坚决改革现行制度中的弊端，过去出现过的一些严重问题就有可能重新出现”。

值得注意的是，虽然制度的直接移植是不可能的，但制度的精神可以引进，这两个层面要分开，我们不能脱离时代精神谈改革。

二〇〇三

政治体制改革的"先行官"

人事制度的改革是中国政治体制改革的"先行官"。人事制度既是政治体制的一部分,又渗透于经济体制之中。因此,人事制度改革总是与经济体制相吻合;它不仅适应经济体制的需要,而且对经济体制起着制约和保证的作用。我国经济体制开始改革前,高度集中的计划体制与其相适应的是高度集中的计划任用、调配、管理的人事制度。并且,从某种意义上说,这种高度集中的人事制度,已经渗透到计划经济体制之中,成为它的一部分。正是这样,开始实行计划经济体制改革以后,人们对高度集中的计划经济体制所产生的弊端最早看到的,也是谈论最多的,恐怕就是"大锅饭""铁饭碗"造成的低效率。而"大锅饭""铁饭碗"除了与分配制度密切相关之外,实际上莫不与高度集中的人事制度造成的劳动力(包括脑力的和体力的)配置的板结状态紧密相关。因此,随着经济体制改革的开始和发展,政治体制中不相适宜部分最先表现出来的是人事制度中的问题。邓小平的改革最先、最重要的就是改革国家的领导人制度。早在 1980 年他就提出,"希望各级党委和组织部门在这个问题上来个大转变,坚决解放思想,克服重重障碍,打破老框框,勇于改革不合时宜的组织制度、人事制度"。

当前,尽管政治体制改革尚未展开,但是,由于人事制度既是政治体制的重要组成部分,又是渗透于经济体制之中不可分割的内容,一定的人事制度必然制约着经济体制运转过程中起决定作用的人的地位和关系,因此,随着经济体制改革的发展,人事制度的改革不得不充当政治体制改革的"先行官"。否则,经济体制改革所有涉及而且又必然涉及的人的问题就无法解决，经济体制改革也就无法进行。这一方面是人事制度在经济体制中的地位和作用决定的，另一方面也是由于政治体制改革是一项艰巨复杂的特大社会工程，必须审慎从事，不可能全面铺开，与经济体制改革同步发展，只能从政治体制亟须改革的局部着手改革。

回顾近年来改革的过程，所有涉及政治体制改革的内容，从废除领导职务终身制、简政放权中的下放干部管理的权限、改革单一的委任制、建立岗位责任制、加强干部教育培训等，直到劳动制度的改革，无不都是人事制度(广义的)改革的内容。显然，人事制度改革在以上各方面所取得的成就，在一定程度上适应了经济体制改革的需要，同时也为以后将要进行的政治体制改革奠定了基础。

人事制度在政治体制和经济体制中的这种双重地位，使人事制度的改革对经济体制和政治体制的配套改革，居于举足轻重的地位。人事制度的改革促进和保障了经济体制改革，也必然启动政治体制的改革，成为政治体制改革的“先行官”。然而，由于人事制度改革直接触动体制既得利益者的根本利益，改革的难度很大，也成为政治体制改革中的一个“硬核”。能否真正实现人事制度的改革，尤其是涉及领导职务的深层改革，是衡量政治体制改革进展的一个重要标尺。

一九八六

人事制度改革的根本是尊重人

社会主义国家人事制度改革的根本是尊重人，因为社会主义的经典作家马克思最尊重人，社会主义的宪法最尊重人。人事制度改革以充分发挥社会主义制度的优越性为出发点，其主要内容就是要调动人们的积极性,要尊重人的权利。它包括宪法上已经规定的劳动权利,以及根据社会主义基本原则应该赋予的自由选择职业的权利,就业和工作中得到公平对待的权利。长期以来,似乎只有资产阶级才举自由平等的旗帜,无产阶级是不讲自由平等的。只有资产阶级才讲"公平就业"和"选择职业的自由",无产阶级只有无个人意志的职业分配。其实,这完全被搞颠倒了。

马克思终生致力于批判资本主义社会对人的异化,认为社会主义与资本主义的根本不同之处就在于恢复了对人的尊重和人的尊严。《共产党宣言》曾庄严地向全世界宣告:"代替那存在着阶级和阶级对立的资产阶级旧社会的,将是这样一个联合体,在那里,每个人的自由发展是一切人的自由发展的条件。"诚然,《共产党宣言》预言的是国家已经"自行消亡"以后的共产主义社会的远景,但是,并不能由此认为社会主义社会就没有个人的自由发展,一定要等到某年某月进入共产主义才能讲个人的自由发展。长期以来,正是由于把社会主义社会与个人的自由发展对立起来,过分强调高度集中的计划和高度集中的权力,在人事任用、调配和管理等方面,只讲服从,不讲个人意志、感情、愿望的表达,只有统一分配,没有个人发展的选择。历史经验证明,这种高度集中的人事管理制度,虽然在社会主义建设过程中曾起过一定的作用,但是,它所造成的板结的不流通的状态,压抑了人的积极性,浪费了不少人才,不利于社会主义事业的全面发展。绝大多数人终其一生,只能在一个地方、做一种工作,为了服从组织安排,许多人不得不放弃自己的爱情、婚姻、家庭,以及一切个人的特殊爱好,甚至酿成个人悲剧。因此,总结历史经验,人事制度改革把尊重人,尊重个人的自由发展,尊重人的自由平等的劳动权作为出发点是十分重要的。

在执行劳动合同制暂行规定时，如果不是从保障劳动权和选择权出发，而是企图作为“饥饿的纪律”和制造失业威胁感的办法来刺激劳动者的积极性，或者在执行规定时，人为规定一个待业的比例，企图利用劳动者的相互竞争，来刺激劳动者的积极性，都是十分有害的消极的出发点。宪法明确规定每一个公民都有劳动的权利，人民政府自然应该为劳动者创造充分的平等就业的机会，使劳动者得到免受无故失业的保障。在西方国家，市场造成了失业，政府总是千方百计解决失业问题，政府“利用”失业来刺激经济发展是不可想象的。

人事管理不是“管人”，而是管关系人的事务。“管人”是封建主义的神秘化的落后的人事管理观念。不仅造成管理者与被管理者的疏远和对立，而且使封建人事关系的残余在社会主义政治体制中得以继续存在下去，严重阻碍现代化的发展。现代人事制度从非公开的、神秘化的“人治”的管理方式改变为公开的法治的管理方式，体现了现代社会对人的尊重。现代西方国家文官制度最基本的经验是实现公平的录用和科学化、民主化的管理，这也是他们直到今天仍然在不断进行改革的内容。西方文官制度的全面确立，既是现代社会市场经济发展和科学管理的需要，也是与现代社会人的价值和尊严得以提升分不开的。

一九八六

辩证看待机构改革的“循环怪圈”

新中国成立以后我国多次政府机构改革都没有走出“膨胀—精简—再膨胀—再精简”的循环怪圈，有的人因此而对改革气馁，有的人又盲目乐观地宣称“这次”改革不会再陷入这种怪圈。其实这两种观点都是不全面的，按照马克思主义的历史唯物主义观点,事物都是波浪式前进的,是螺旋式上升的,我们必须历史地看待我国机构改革的循环怪圈。

在高度集中的计划经济体制条件下,只能由政府部门来配置社会资源。并且,愈是实行高度集中的计划管理,政府部门的必要性和合理性就显得愈加充分。这一点在过去的历史中显示得很清楚:每当强调集中统一管理时,政府计划部门和其他有关部门就忙了起来,机构人员的扩充也就有了相应的“依据”。

如果没有企业主管部门等有关政府机构,那么企业的行为由谁来约束呢?因为不论在哪一种经济体制下,企业经营者的行为都是需要有所约束的;如果没有必要的约束,或者这种约束力不足,势必会产生一些扭曲的经济行为。在市场经济条件下,对企业经营行为者的约束最终来自企业内部的所有者:如果所有权与经营权合一(独资企业、合伙企业的情况),是经营者自己在约束自己;如果两权分立,是所有者——股东——出于自身利益的考虑在最终约束着经营者,当然这种约束往往并不是采取直接约束的方式,而是更多地通过投资行为,即“用脚投票”来实现的。在这里,所有者的责、权、利关系明确,所有者关心自己的财产是关键的因素。相反,如果没有真正关心自己财产的所有者,“败家子”经理是很容易出现的。而我国目前的公有制实现形式尚存在许多问题,国有企业的产权不清,责任不明,在这样的情况下,究竟由谁来约束企业的经营者呢?如何对其加以约束呢?说实在,只能是由政府的企业主管部门和其他有关部门来约束,约束的方法主要是靠直接管理和监督检查企业的经营、财务、分配以及投资等活动。从这个角度看,企业主管部门和其他有关部门当然有存在的必要。如果在新的真正能够承担起“所有者职能的机构”(即国有资产管理机构)建立和充分发挥作用之前,就匆忙地取消现有的有关政府机构和职能,势必会导致国有资产的流失。

通过对前几次改革的反思，我们不得不承认，只有随着社会主义市场经济体制的发育和健全，政府才能真正地从经济资源配置的困境中解脱出来，让市场去充分发挥主要角色的作用。唯有这样，政府职能才能转变，机构才能精简。当然，转变职能不是削弱政府的能力，精简机构不是越小越好，而是要使政府更加有效地履行其现阶段历史所赋予的任务，强化历史规定的政治职能和社会职能。政府转变职能只是在经济资源配置方面放掉那些不应该管也管不好的事务，而政治的和社会的公共事务则是政府非管不可的，并且，在这些方面也正是市场管不了的。诸如国家安定、义务教育、社会公共设施和治安消防等，都是政府现阶段当然的职能任务。在这里，应该特别一提的是，所有这类社会公共品的生产随着社会化大生产的发展，随着现代化社会的前进，将会要求政府在这方面承担起更多的职能任务，除非社会已经健全到自身足以能够承担起这些职能任务。政府是不可能从大量的社会公共事务中摆脱出来的。

当然，强调政府职能转变与机构改革成功的关键在于市场经济的建立和发展，并不意味着在现行经济体制彻底转变之前不能着手政府职能的转变和政府机构的改革。恰恰相反，应该而且必须积极大胆地去探索政府职能的转变和政府机构的改革，因为政府目前的机构和职能，“烘托”和“强化”着现行经济体制，并影响到现行的经济运行机制。政府的机构和职能不适应经济体制走向社会主义市场经济的需要，整个经济运行机制就难以有根本性的转变；而经济运行缺少健全的市场机制，反过来又影响政府机构和职能转变。机构职能、经济体制和经济运行机制，可以说是一个“连环套”，要想解开它，各方面既要协同动作，又要在适当时机突出重点；就目前的情况而言，政府职能转变与机构改革应成为打开这一“连环套”的突破口。

就市场主体而言，改革开放以来，政府一方面在扩大企业自主权，致力于改变企业对政府的依附关系。另一方面又在强化这种关系。目前政府对企业经营的微观干预还是太多，企业仍缺少作为一个独立的商品生产者和经营者所应有的权力。比如，企业内部机构的设置仍受到上级有关行政部门的制约，企业人事制度在很大程度上还受政府人事部门、劳动部门的行政限制，而不是只受人事部门和劳动部门所制定的法律法规的限制和管理，对一些技术改造项目不能自主确定等。这样，企业难以进行独立自主的生产经营，仍然摆脱不了“政府机构附属物”的地位。

就市场体系而言，尽管商品市场发展较快，但生产要素市场尚未得到健全和发展。目前我国包括资金、劳动力、技术等生产要素价格仍然属于行政信号而非市场信号，政府还不熟悉、也不习惯于运用公开市场进行宏观调控，对供求均衡的调节功能极其微弱，从而对市场体系的深化和完善无力发挥推动作用。比如说，在资金市场上，行政性控制的利率变动无法引导资金的流向和流通，不仅难以调节市场需求的波动性，如抢购、挤兑或需求疲软等，而且在刺激市场增加有效供给、压缩库存方面也是难以奏效的。

总之，由于我国的行政体制改革因经济体制改革的迅速发展已相对滞后，致使我国的政府机构仍在很大程度上遵循着以往的计划经济体制旧的轨迹运行，从而不能发挥促进市场经济体制发育健全的作用，反而成为一种羁绊。所以从一定意义上说，社会主义国家在改革计划经济体制、建立市场经济体制的过程中，政府职能转变和机构改革是社会主义市场经济体制建立和发展的第一推动力。我国政府机构改革在经过市场经济发展与政府职能转变的辩证运动过程后也必然会最终从循环怪圈中走出来。

一九九五

不要误解体制改革的目标

在今日的机构改革和行政改革中，有一些认识上的偏差，如将行政体制改革等同于权力下放，将机构改革等同于精简机构，认为机构改革必然要求削减政府消费，等等。在我们看来，这些较为流行的看法是缺乏分析的。

行政体制改革并不等同于权力下放。一位西方学者说过，中央与地方的关系是始终处在矛盾之中的。中央过分集权，就会对地方一统就死；地方分散主义一抬头，就会破坏中央的统一领导。因此，在改革中央与地方关系时必须注意防止在变动过程中出现一种倾向掩盖另一种倾向。毋庸讳言，目前我国在中央与地方的关系中，虽然经过10年来的权力下放，调动了中央和地方的两方面的积极性，但是随着权力下放又带来了某些新问题，其中最复杂的莫过于两种现象的并存，一方面为了深化改革中央仍然需要放权，另一方面中央放权又导致对地方某些领域的失控，某些下放的权力，被地方利用发展狭隘的地方利益。虽然这是发展中的问题，但是这些问题的存在，不仅直接影响下一步的改革，而且诸如利用下放的权力搞地区封锁必然会阻碍统一市场的发展，对社会主义市场经济的发展是极其不利的。由此，在当前行政体制改革的过程中，中央与地方关系有中央下放权力的一面，但是，随着中央权力的下放，地方使用权力应该有受中央监督控制的一面，以保证中央的统一领导。所以说，对某些权力的上收，以加强中央权威，也是行政体制改革的内容之一。

机构改革并不等同于精简机构。就我国目前政府职能的转变而言，包括两方面含义：一是政府要放弃其经营职能，将其转移给企业。通过建立现代企业制度，实现政企分开，使企业真正成为独立的商品生产者和经营者。二是强化政府的社会经济管理职能，特别是对微观经济的消极规制职能和对宏观经济的积极调控职能以及社会保障职能。与此相对应，机构改革既包括精简和削弱某些机构，也包括增设和强化某些机构。

机构改革并不必然要求削减政府消费。政府消费可分为直接消费和间接消费两种。直接的政府消费，是指维持政府自身存在与活动所需要的消费，这是需要节制的，所谓政府的浪费现象正是就政府的直接消费而言的；而政府的间接消费，则是指政府用于社会福利和公共设施等方面的消费，这些消费不是为政府自身而是为社会为人民的，因而只存在合理使用的问题，而无所谓节制消费的问题。并且从社会再生产的角度来看，政府的间接消费是为保证国民经济正常运转所必需的。从社会发展趋势来说，政府的间接消费将日趋扩大。

一九九五

行政高效化

行政高效化就是行政高效益。效益等于效率乘以方向，如果方向正确，那么效率越高，效益就越大；如果方向错误，那么效率越高，则负效益越大。所以行政高效化的第一步就是要保证方向的正确，而这就需要做到决策的民主化与科学化。决策的民主化就是要遵循“人民的利益高于一切”的原则，根据民意决策；决策的科学化就是要做到决策的程序化，即根据一定的程序决策。

在方向正确的前提下，就要尽可能地提高效率。所谓效率，就是产出与投入之比。在物质生产部门，一般地讲，产出与投入成正比例关系；而在政府行政领域，当政府机构的设置超越政府职能所需而呈现膨胀的情况下，产出与投入往往成反比例关系。英国著名历史学家帕金森曾提出，随着行政机构的扩大，本来只需一个官员就能解决的问题，现在需要七个官员来共同解决，从而使得问题拖延不决，其行政效率比机构扩大前要低得多。从公民的角度来说，用他们所缴纳的赋税去养活一个"高价"的政府，而这一政府的效率又十分低下，那实际上是他们的双重损失。这类西方行政管理的经验之谈，对我们在思考和设想如何提高行政效率时不能说是没有启迪作用的。

目前有人认为，我国人口众多，就业不易，应该"两个人的饭三个人吃"，政府机构改革精简人员也造成了失业问题，因而意义不大。这种认识危害极大。须知政府公职人员不同于一般的职业，由政府公职人员从事社会公共事务的管理，因而冗员充塞不仅会降低行政效率，而更为严重的是，它会去管许多不应该管的事，束缚企业等社会组织的手脚，阻碍经济和社会的发展。

一九九五

评"行政三分"

最近深圳提出了"行政三分"，舆论媒体炒得很热，我认为这种提法欠科学。"行政三分"是想绕过分权问题，希望在回避国家权力结构的情况下找到政治体制改革的出路，用心良苦但没有前途。"行政三分"只是行政内部的分权，根据功能把行政分为决策、执行、监督，这种功能的分立在前现代社会政府功能很简单的情况下是可行的，但在现代化或后现代化条件下，政府职能复杂，不可能按照功能分开，而只能按照行业、专业划分，如环保部门与人事部门的立法功能就不可能合并在一起。行政部门内部的监督很难实现，因为行政部门需要追求效率，为此就需要集权，这是议会民主制发展到行政集权民主制的根本原因。在行政集权民主制下，对政府的监督主要不在内部，而在外部，包括议会的监督、政党的监督、社会团体以及舆论媒体的监督等。分权制衡是现代政治制度的基本原则之一，这个问题我们社会主义国家也绕不过。不过，我们没有必要照搬西方的三权分立，三权分立本身并不是规律，而且西方的三权分立也有很多变化。中国应该探索自己有特色的分权制衡制度，比如党内的权力结构、政党之间的关系、政党与国家和社会的关系等，总之政党恐怕还是核心。

二〇〇三

从“希望工程”反思政府责任

如何看待“希望工程”？从不同的角度可以有不同的结论，“希望工程”能够使许多经济极端困难的小孩上学，能够使一些失学儿童重返校园，应该是一件好事，但是如果换一个角度看就会得出不同的结论。文化教育属于特殊的政府社会职能，从国际惯例看，在义务教育阶段国家应该承担全部责任。现代社会的政府社会职能随着社会化大生产的发展产生了分化，在原有的经济职能基础上又产生了处理人与自然的社会职能以及致力于提高人本身的素质的特殊社会职能。这些社会职能在历史上都存在过，如封山育林、开仓救济等，大多通过教会、寺庙、家族力量等社会机构解决。但是，在两次世界大战和1929—1932年的世界经济危机以后，这些社会职能逐步由政府承担。因为现代社会的复杂性产生的风险使社会自身不能解决，需要一个凌驾于社会之上的机构来管理，这个机构就是国家。就是现代西方的教会和民间救济机构，它们的资金也要靠政府拨款，并不是完全由社会承担的。在这种情况下，义务教育作为提高国民素质和国家综合国力的基础性措施是政府义不容辞的责任，国民教育不可能再依靠私塾解决。在美国，基层政府中机构最庞大的就是国民教育机构学区政府，政府优先考虑义务教育的经费。而我们长期以来拖欠小学教师工资问题无法解决，把负担留给基层政府，实际上就是国家忽视了应该承担的责任。

义务教育依靠“希望工程”没有出路，只要看看两个最简单的事实就可以了：其一，“希望工程”虽然解决了一些儿童的入学问题，但是却有更多的适龄儿童因为无法纳入“希望工程”视野而没有入学或失学；其二，“希望工程”产生了不少腐败现象，实际上浪费了更多的社会资源。所以，义务教育的“希望工程”的真正希望在于超越“希望工程”，由政府真正承担起全部责任。

二〇〇三

对“以德治国”的误解

应该说，“以德治国”方针是基于对行政集权民主制局限性的认识以及对国情的深刻把握提出来的。对于这一远见卓识，一些人仍然深有疑虑。其中之一是，担心德治的提法为变相的传统人治打开闸门。应该说，这种疑虑有令人难忘的道理，在历史上也有令人难忘的事实基础。然而这不能成为质疑这一战略正确性的理由。这种疑虑的存在，更多的是因对“以德治国”认识上的问题，是把它看成与法律一样的工具性手段而产生的，而没有从确立现代政治的道德基础来看，没有从道德上的公正是国家公共领域所承担的基本职能来看。“以德治国”实际上包含两个层面，一个层面是真正确立国家公共领域的“公共性”，确立道德职能是国家存在的根本职能。在这里，德治高于法治，德治更为根本。这也是对道德无法制度化说法的最好回答。另一个层面是确立道德修养对公职人员的意义，培养他们的道德自主性。在这个层面，德治与法治处于同一层面，都是工具性的。如果“以德治国”仅仅停留在第二个层面上，肯定德治不如法治，而且可能根本违反现代民主的文明成果。

另一个比较突出的疑问是，有人说，法治也有其道德关怀，在法治之外又提德治，岂不是多此一举？这种疑问混淆了法治作为一种制度与西方国家法治的具体实践的区别。我们显然不能说西方人就没有道德关怀，但是，其一，西方人的道德关怀主要通过其宗教精神体现出来，宗教的内在约束是对其法治不可或缺的补充，然而，这对相对缺乏宗教传统的中国来说，就必须在宗教之外确立法治的道德补充；其二，任何一种制度都不可能是自足的，法治也如此。法治的不能自足就体现在它对“人性恶”的假设从根本上排斥了道德，因为任何道德要成为可能，都必须基于对“人性善”的信念。

应该承认，现代化以来，资本主义政治文明占据了话语霸权，“富国强兵”成为民族国家的政治发展逻辑，市场经济所形成的经济理性思维又深入人们生活的每一个领域，人的物化现象泛滥，在这种情况下推行“以德治国”的确困难重重，阻力很大。在某种意义上也可以说，只有人类文明的发展真正放弃了资本主义社会形态，“以德治国”的民主制度才能完满实现。不过，“以德治国”原则的提出，对于推进中国民主政治，使公共权力获得道德认同，形成人心所向的有凝聚力的中心，从而实现政治发展很有现实意义。

二〇〇四

政府改革也要“以人为本”

“以德治国”的提出也引出了政府改革的新思路。过去政府改革的一个重要不足在于,改革的思路是单向的,而不是双向的,是以政府为本的,而不是以人为本的。因此,政府改革也就成了机构精简的同义语;改革的动力主要是财政压力,而不是民主;改革更多的是追求政府行政的效率,而不是社会的需要。其结果就是,成为财政负担的,不管是否社会需要,大多就改掉了;而能想法儿挣钱的,也不管社会是否需要,照样日益膨胀。这样的思路是走不出膨胀、精简、再膨胀、再精简的循环逻辑的,因为这实际上是行政集权民主制的制度万能论的逻辑。过去对于转变政府职能,争论很多,很难达成共识,关键在于转变的标准是什么。如果是单向的、以政府为本的转变,那么,被精简掉的机构由于政府管理的不便,会变相地恢复,而新增加的社会问题又对增加新的机构产生压力。同时,由于财政是制约政府职能的真正逻辑,这就导致了政府职能转变的悖论:政府应有的道德职能,由于不能增加财政收入,不能得到有效实现;能够带来财政创收的职能,并不是政府的应有职能,但由于具有财力支撑却又不可能转变掉。摆脱这一悖论的出路在于摆脱以政府为本的单向思维,以人为本,以恢复和实现公权力的公共性为目标,“以德治国”,发挥政府的道德职能。就道德职能作为政府的基本职能而言,政府职能是不能转变的,是客观的。政府是公权力的行使者,它必须维护其公共性,“以德治国”,把道德职能作为基本职能之一。尽管政府的经济职能很重要,但是我们绝不能从纯经济的视角，把政府当成“经济人”。

二〇〇四

人类文明离不开政治治理

历史唯物主义认为，社会的物质生产活动是社会发展的决定性力量，制约着社会政治上层建筑。历史唯物主义也历来认为，国家和政府的活动对社会发展有着重要意义。从历史上看，物质生产的决定性力量总是要强烈地显示出来，这是不容抗拒的规律。但是，在这个过程中，政治上层建筑往往起着这样那样的作用，有时是决定性的作用。恩格斯对此有过深刻的总结，他指出：“国家权力对于经济发展的反作用可以有三种：它可以沿着同一方向起作用，在这种情况下就会发展得比较快；它可以沿着相反方向起作用，在这种情况下，像现在每个大民族的情况那样，它经过一定的时期都要崩溃；或者是它可以阻止经济发展沿着既定的方向走，而给它规定另外的方向——这种情况归根到底还是归结为前两种情况中的一种。但是很明显，在第二和第三种情况下，政治权力会给经济发展带来巨大的损害，并造成人力和物力的大量浪费。”这一段话的意蕴十分深刻，是历史唯物主义理论对社会发展史的一个深刻的反思，对指导我们正确认识政府体系在社会发展中的作用，有着极其重要的价值。

纵观历史，横察现世，人类社会的发展都不能超越历史唯物主义的定理。古代希腊文明的繁盛，同其城邦政治形式及其政治治理方式密切相关；中国古代汉唐时期的文景之治和贞观之治，同当时的政治治理分不开。同样，西欧中世纪的黑暗和愚昧，同宗教神学对政治的控制和奴役息息相关；中国社会近代以后的沉落苦难，又同封建王朝腐朽昏庸的政治统治直接相关。

当今世界,政府体系所起的作用就更加突出了。不论是西方发达工业国家,还是发展中国家,或者是新兴工业国家和地区,在它们多样化的发展历程中,政府总是起着至关重要的作用,尽管发生作用的方式迥异,力度不同。西方发达工业国家一般实行资本主义市场经济,政府不直接控制企业的经济活动,但是在宏观上政府体系发挥的作用却越来越大,其职能和权限呈扩大趋势,越来越要承担起挽救宏观经济学所说的市场失效的责任。而在广大发展中国家,政府体系有效运作,政府稳定有效,社会就能繁荣昌盛;政府摇曳孱弱,社会就必然动荡不安,甚至战火纷飞。

一九九九

优化政府体系是理性的呼声

政府体系优化,是我国改革开放和现代化建设的一项重要任务。今天我们提出政府体系的优化问题,不是对历史的否定,而是对历史的扬弃,是为了更好地推动社会前进。可以说,没有政府体系与经济发展的同步完善,改革开放和现代化建设就会失去一项基本保障条件。几十年建设社会主义的经验和改革开放的历史性变革都昭示我们,推进政府体系的优化,关系到社会主义民主政治能否发展,关系到经济体制及其他体制的改革能否顺利进行,关系到社会生产力能否得到解放和发展,最后关系到实现社会安定,政府廉洁高效,形成全国各族人民团结和睦、生动活泼的政治局面。

这样的认识基于我国革命和建设的历史经验及其总结。1949 年社会主义制度确立后,社会性质发生了根本变化,人民民主制度得以确立,政治权力掌握在全体人民手中,人民广泛参与社会政治生活，实现了社会民主的飞跃，为社会和经济发展提供了强大的政治保障。然而，我们在实践中也有曲折和失误，尤其是60年代中叶至70年代中叶发生的“文化大革命”，使社会主义民主原则和一些具体制度受到严重破坏，社会政治生活极不正常。在社会走上现代化进程之后，巩固和完善社会主义政治制度，巩固和发展民主政治，使政府体系能够按照民主的原则运转，是十分重要的任务。

政府体系优化也是保证现代化顺利进行的客观需要。现代化启动之后，社会和经济发展不断要求政府体系能够适应社会日新月异的变革，有力驱动社会向前运动。而我国政府长期以来积存了一些必须加以解决的弊端，主要是官僚主义，权力过分集中现象，机构膨胀，人浮于事，制度不健全，效率不高，缺乏适应现代经济增长和社会发展的规范和手段，功能不健全。这些问题严重降低了政府体系的效能，成了经济体制改革继续向纵深发展的障碍，妨碍甚至严重妨碍了社会主义制度优越性的发挥。解决这些问题，除了发挥人的主观能动性之外，更为重要的还是要通过职能转变、制度建设、法制健全、机构改革和依法治国来优化政府体系。

我们进行的政治体制改革，实际上就是为了促进政府体系的优化。改革伊始，人们就提出，在推进经济体制改革的同时，要进行政治体制的改革，并且要把这项任务放在关系所有改革能否最终成功的极为重要的位置。早在十一届三中全会前夕，邓小平同志就提出，为了实现现代化建设的需要，必须“改变上层建筑”，“正确地改革同生产力迅速发展不相适应的生产关系和上层建筑”。十一届三中全会明确提出，实现四个现代化“必然要求多方面地改变同生产力发展不相适应的生产关系和上层建筑”，因而是一场广泛深刻的革命。1980年，邓小平同志在《党和国家领导制度的改革》的著名讲话中，对政治体制改革的目的、意义、内容和指导方针做了全面系统阐述，提出为了适应现代化建设的需要，为了适应党和国家政治生活民主化的需要，为了兴利除弊，党和国家领导制度以及其他制度，需要改革的很多。1986 年，邓小平同志提出："现在经济体制改革每前进一步，都深深感到政治体制改革的必要性。"1987 年，十三大政治报告正式把政治体制改革确定为重要任务，确立长远目标是建立高度民主、法制完备、富有效率、充满活力的社会主义政治体制，近期目标是建立有利于提高效率、增强活力和调动各方面积极性的领导体制。1991 年，江泽民同志提出建立中国特色社会主义政治的构想。1992 年，十四大政治报告确定，同经济体制改革和经济发展相适应，必须按照民主化和法制化紧密结合的要求，积极推进政治体制改革。1997 年，十五大报告进一步明确，当前和今后一段时间，政治体制改革的主要任务是发展民主，加强法制，实行政企分开，精简机构，完善民主监督制度，维护安定团结。多年来，我国在继续改革与完善党和国家领导体制，完善人民代表大会制度和共产党领导的多党合作制度，健全民主与法制，转变政府职能，改革干部制度，深入持久地开展反腐败斗争，不断加强廉政建设等方面都取得了新的进展。这些均是我们在现代化过程中不断根据现实生活的要求，推进政府体系优化的重要步骤。从以上分析可以看出，推进政府体系的优化，不仅是一种理论认知，而且已经成为一项坚定的政策。

一九九九

政府体系优化的两大目标

推动政府体系的优化，总的目的是要有利于巩固社会基本制度和基本秩序，有利于解放和发展社会生产力，有利于人民安居乐业。具体目标包括党和行政机构以及整个国家要增强活力，提高效率，克服官僚主义，充分调动人民和各行各业基层的积极性。概言之，一是进一步巩固和完善社会主义民主，促进党和国家政治生活的民主化和法制化，实行民主选举，民主决策，民主管理和民主监督，保证人民依法享有广泛的权利和自由，尊重和保障人权，从而充分调动广大人民的积极性，保证社会长治久安；二是进一步提高政府机构为人民服务的水平。通过机构改革，建立起一个办事高效、运转协调、行为规范的行政管理体系，使之适应经济和社会蓬勃发展的步伐。

一九九九

政府体系优化的十个领域

政府体系优化是一项复杂而艰巨的系统工程，从实际推进和理论研究来看，基本的领域包括以下十个方面：

加强和完善执政党的领导体制和领导方式，建立健全执政党的领导制度和工作体制，保证执政党对整个社会的有效领导，理顺党政关系，使政务和党务的职能有所区别，分别得到加强。

更好地发挥人民代表大会的作用，不断巩固和完善这一根本政治制度，使各级人民代表能够切实有效地工作，扩大人民参与，最大限度地把民众的意愿汇集起来，最大限度地体现人民民主。

加强法制建设，完善法律体系，尤其要用法律来促进各项改革开放事业的深化，推进社会主义市场经济体制的建设，实现依法治国。

健全和完善选举制度，保证选出人民相信和胜任的人来行使国家权力,保证当选者与选民有某种经常性联系,选民对当选者实施监督。

加强基层群众自治,要充分发挥他们的作用,在各个领域中建立起配套的基层群众自治组织,为社会主义民主构筑厚实的基础。

根据经济体制改革提出的新要求,适应建立社会主义市场经济体制的需要,不断调整政府职能、权力范围和行政关系。

建立一支现代化的干部队伍,健全干部体制,包括培养、录用、考核、晋升、监督、退休等各个方面的体制,提高干部素质,使干部的新老交替具有规范的制度和程序。

适应变化了的经济运行方式和社会发展的要求,相应调整政府机构的设置,将权力重叠、职责不清的机构精简理顺,建立起富有活力的政府机构。

完善政府运作的动态过程,全面加强行政立法、行政手段、行政措施、行政机制等诸多方面的建设,构建中央与地方、地方与地方动态过程的新体制。

推进决策的科学化和民主化,建立科学的决策系统、咨询系统、评价系统、监督系统和反馈系统等,使政府决策最大限度地符合社会发展的实际,加强决策的可靠性和可行性。

一九九九

政府体系优化不能毕其功于一役

在人类历史发展的目前阶段,任何国家的治理,都需要有政府权力的存在和运作,这是人们不能超越的设定。我们目前还远远没有达到恩格斯所说的把国家与青铜器、纺车一起陈列于博物馆的时候。中国是一个超大社会,12 亿人口,芸芸众生,文化水平和社会生产力相对不发达。这样一种国情,对政府体系必然设下自己的规定。治理大国同治理小国有相同之处,但是更重要的是不同之处。治理好一个大国,必然要求政府体系更富有效率,更富有政治的艺术性。先秦思想家荀况在论及治国时说:“兴农桑以养其生,审好恶以正其俗,宣文教以章其化,立武备以秉其威,明赏罚以统其法。”这是对政府职能最简明的概括。今天政府体系承担的社会责任和职能已为古时的政府所不能比拟,也为古人们所不能想象。尽管政府的基本责任和职能有相同的地方,但是表现形态和执行方式大为不同。因此我们进入了一种需要解开的逻辑结构:社会越是发展,社会事务越是繁多,民众越是被动员起来,政府体系就越是要优化。反之,政府体系越是优化,社会就越是发展,社会事务就越是繁多,民众就越是被动员起来。这个逻辑结构主要不是向理论研究提出了任务,而是向实际推进政府体系优化提出了命令。

政府体系的优化,是一个不断提高的过程,不可能毕其功于一役,甚至需要几代人的努力。远的不说,从改革开放以来,政府体系就始终面临来自现实社会不断进步提出的新要求。当前,我国进入了快速发展的时期,社会生产力日益活跃,人们的精神世界日益迸发出新的能量,成为进一步推动政治上层建筑完善的重要动力。正是这样,我们应该紧随经济和社会发展的步伐,不断研究,不断思考,不断推进政府体系优化。

一九九九

政府体系优化要避免西方中心论

我们在研究政府体系优化的时候特别要注意,世界上并无放之四海而皆准的优化政府体系的坐标。从政治生态学的角度观之，搞一种普遍化的政府体系模式这样的逻辑难以成立，在现实生活中最终总是要碰壁的。成功的优化政府体系往往依据一定历史—社会—文化条件而产生，往往在一定社会历史演变和现实运动水乳交融中逐步生长起来。马克思在《不列颠在印度的统治》一文中对这个问题有过深刻的洞察。马克思举例说，公共工程部门在古代亚洲各国政府中具有重要地位，这是因为气候和土地条件，使利用水渠和水利工程的人工灌溉设施成了东方农业的基础，东方国家幅员太大，文明程度太低，人们不能依靠自己的力量来完成这一任务，需要中央政府进行干预。同时，由于民众聚居在各个很小的中心地点，形成了村社这样一种特殊的社会制度，而这些田园风味的农村始终是那种政治体系的牢固基础。这里我们不是要具体讨论被讨论过千百遍的“亚细亚生产方式”，而是要从中领悟马克思所用的方法论。政府体系在一定的历史条件中产生，必须适应一定的历史条件，不能作超越时空的政治遐想。马克思在这里是剖析历史，同时提出了分析一般政治的方法论，揭示了政治之精神。根据这种精神，不同社会的政府体系模式不能简单通约，即使是通过主观努力来设计和建立一种政治体系，也必须植根于一定社会的历史—社会—文化条件。不同国度的条件综合必然要求各自的政府体系能在其特定的环境中有效运转，而不仅是一种政治形式上的美学创造。

当代发展中国家往往面临着来自西方的文化挑战。我们这里说的文化是大文化的概念，包括了经济体制、价值观念和制度模式等方面。这个态势大约是在两百年前形成的，那时资本主义生产方式确立，商品经济扩展开来，资本开始奔走于全世界，寻找着原料产地和市场。随着资本驱使的经济、政治扩张，西方文化力图同化世界的各个国家和民族。一开始，这个意图往往通过血与火来实现,表现为对落后国家的殖民奴役和血腥战争。“它使未开化和半开化的国家从属于文明的国家,使农民的民族从属于资产阶级的民族,使东方从属于西方。”马克思在分析鸦片战争对中国封建王朝的冲击时说,英国的大炮破坏了皇帝的权威,迫使天朝帝国与地上的世界接触。与外界完全隔绝是保存旧中国的首要条件,而当这种隔绝状态通过英国而为暴力所打破的时候,接踵而来的必然是解体的过程。西方国家之所以能够做到这一点,关键是借助了强大的生产力和丰富的商品,即经济的力量。资本的逻辑往往是残酷的,为了获取更大的利润,资本会不惜一切方式破坏一切其他形态的经济、政治、文化和道德。这个过程赤裸裸地进行了几百年,直到第二次世界大战以后,才在广大第三世界人民的斗争压力下逐步改变表现形态。带血的暴力虽然减弱了,但这个过程没有终结。资本依然以各种方式继续这个过程,不带血的暴力继续进行着。以经济为主要手段的新殖民主义就是一种明显的表现。今天人们所说的“文化帝国主义”是否是这个过程的第三种形态呢?

客观地说,今天西方一些人的逻辑依然如此,因为凡有与之不同的文明展现了生命力,他们就会觉得匪夷所思。亨廷顿所渲染的“文明的冲突”不正是西方中心论逻辑的再现吗?在这一点上,资本的逻辑还是马克思所揭示的那种逻辑,只是表现形态略有改变罢了。这种逻辑借助了发达的物质生产的力量,在输出相对强大的物质文明的同时输出其制度文明。广大发展中国家的物质文明相对贫弱,其制度文明也难以呈现强势。这一切,从历史和现实来看都给发展中国家选择政府体系造成一种无形的压力。因为人们往往难以克服认识上的一个误区,似乎西方式的政府体系模式是唯一能够带来繁荣的模式,而其他的模式均不能与之相提并论。人们凭直观和感性,不容易跳出这样的逻辑。但是，历史地看，无论西方式的政府体系模式带来了什么样的物质繁荣，都只能是一种特定的历史现象，而不是永久的现象。因为古埃及和古巴比伦，古希腊和古罗马，古代中国的汉唐之时，都曾涌现了领世界之风骚的文明。但那时的政府体系模式并没有成为往日和今朝的统一模式，而是被历史无情地淘汰。

理论研究要对历史作深远的透视，对未来作长期的展望，不要被历史长河的一朵浪花所迷惑而看不到整条大河波澜壮阔的运动，不要被树枝上飘零的一片叶子所遮挡而看不到郁郁葱葱的森林。现代西方式的政府体系萌芽也不过就是几百年，发展到比较成熟的形态不过一百年，这在人类历史的漫长岁月里就像是夜空里流星闪过一般短暂。如果不能从这样的跨度来看问题，就会过于执着它。世界上存在的任何东西，总是要被超越的。历史证明了这一点，将来也会证明这一点。

一九九九

政治发展的经济路径

谈政治发展，不能离开经济发展。这是由社会政治与经济的特定关系所决定的。自从人类开始有了国家与政治生活后，人类的两只眼睛就开始注视政治与经济这两个关系社会发展的基本问题。在现代化进程中，经济发展与政治发展更是紧密地结合在一起，忽视政治发展的经济发展与忽视经济发展的政治发展都是不可取的，也是不可思议的。我们谈经济发展时，把生产、消费、流通、交换等作为研究领域，用人均国民生产总值，人们的购买力与消费能力等可统计的数据作为衡量的标准——这是在既定的政治条件下来谈经济发展的；我们谈到政治发展时，通常把从传统社会向现代社会的过渡作为我们的研究领域，用政治制度化、政治参与程度、政治结构分化及社会变革的有序性等指标作为衡量的标准，这是在一定的经济环境下来谈论政治发展。实际上，经济发展与政治发展是一个过程的互动关系，从我们研究政治学的角度来看，研究重点放在政治发展上，研究一个社会的政治系统应如何面对现代化和经济发展的挑战，以便能更好地作出应对推动社会的现代化。

传统的政治发展理论以发展中国家为研究对象，这种取向是由已产生的客观背景所决定了的。但现在是，全世界任何类型的政治体系都面临着发展的问题。任何一种政治形式都有它赖以产生的土壤。如果把西方国家并非完美、需要发展的政治形式移植到不发达国家，这种政治建设能成功者还鲜有其例。发展中国家有其特殊的国情，应该有自己的发展道路，找到自己的政治发展模式。20 世纪的世界政治史已经证实了这一点。对中国来说，我们正处于社会总体转型的大变革时代，必须把经济改革的建设作为最大的政治来抓，政治发展应该有“经济政治学”的内容。我们应该看到，由经济发展推动政治发展已取得了很大进步，对于那种认为我国政治发展“滞后”的观点，要作深入的思考。对改革以来的政治发展，要有客观的评价。

要看到，经济改革同时也是政治改革。经济体制改革虽然是经济领域的变革，但它的起因是重建政府与人民的关系的需要，动力则是政府政策推动和推广。比方说，在农村实行的家庭联产承包责任制，是农民自发创造而由政府认可和推广的。它改变了原来人民公社时期的政治结构，改变了国家与农民的旧有关系。这就需要重建乡村基层政权。城市经济体制改革的一个重要内容是政企分开，政府的职能，机构改革在这一过程中同时进行着不断的探索、调整，虽然我们至今未能解决这个问题，但对政治发展无疑是一个重要的经验。经济改革在不断调整权力的横向分配，如政府与企业、政府与社会等，也在不断变革权力的纵向分配，现实的中央与地方关系的变革都是由经济改革推动的结果。

我国的政治发展是经济驱动型的政治发展，改革是从体制外改革到体制内改革渐进式地推进。这种改革战略被实践证明卓有成效。如果我们当初先大刀阔斧地搞政治改革，以此来推进经济发展，就有可能增加改革的难度，造成社会更大的震荡。这是改革的时序问题，也符合中国的实际以及政治、经济发展的客观规律。我们不能简单地把这种选择归结为政治发展滞后于经济发展。

所谓"滞后"观实际上暗含着这样一种倾向，即希望政治发展能超前于经济发展，或至少应同时进行。这在发展之初已有相当的争论。这是一种政治浪漫主义的主张，实际上是很难做到的。从中国改革实践看，经济体制改革和政治体制改革存在一定的互动关系。通常是经济发展驱动政治改革，但经济改革如没有政治改革，那就推不动、推不开。所以我们说是"伴随"的关系。但是若从改革的结果看，政治体制改革确实有"滞后"的一面。其表现是，农村迫切需要重建和加强基层政权组织、城市根据市场经济需要实行现代化都市管理体制，规范政府行为。总之，公正地讲，改革后由经济发展推动的政治发展，无论从政治发展的哪个指标来衡量，我们都取得了很大的进步。

一九九六

从政府转变到政府发展

我们的政治发展，总的来说，是要建立一个符合中国实际的民主政治模式。民主政治，应该是全人类的共同价值追求，而不是西方国家的专利。但民主有不同的模式,而不只是西方国家的一种模式。我们要建构的民主模式,最终是要达到这样一种境况,使广大人民能真正成为国家的主人,能在政治生活中当家作主,这是民主的实质。民主模式(形式)必须尽量完美地体现民主的这一属性。这需要一个漫长的过程,需要在经济、政治、社会各个领域持续地推进改革,创造条件。政治发展从某种意义上讲,也是政府发展。政府是推动现代化,包括政治现代化的第一推动力。从当前的实际情况来看,我国政治发展的关键是“政府发展”,即塑造一个具有合法权威的、高效廉洁的、为人民谋福利的强有力的政府,它必须有能力承担起现代化的重任。

之所以要抓住政府这个关键,是由于政治规制是政府行为的规定性,规则的总和,是政府行为的表达方式和边界范围,因此政治规制与政府行为是一种直接的对应关系。我们必须从理论上对政治规制、政治发展和政府行为加以研究。事实上,政府是政治科学自亚里士多德时代诞生以来的研究对象。此其一也。其二,任何国家的现代化都是与该国政府的角色、地位分不开的,尤其是发展中国家,政府的政治推动已被证明是国家实现现代化的重要条件。政府是当今庞大人类社会前进和发展的最为重要的推动力量。可以这样说,从计划到市场,政府是新体制建立和旧体制改造的第一推动力。这对政府能力提出了挑战。

一九九六

政府要注意保养自己的权威

政府必须要有并注意“保养”自己的权威。“强有力的政府”是政府能力的范畴。一个政府的能力包括权能、职能、行能这三个层次或方面。所谓政府权能，指的是政府的权威，即合法性问题。政府职能是指一个合法性政府应该做哪些事情。政府的行能则是指政府如何去做它应做之事。权能是职能和行能的前提和基础，职能和行能是权能的本质展现和强化手段，这三者互为一体，不可分割，任何一方面的或缺都会使另两个方面的存在徒有虚名，从而使政府、政府能力解体。

专制的、集权的政府也是有权威的，但它们不符合社会主义政治的要求。我们对"权威政府"应有一个正确的认识。一个新的政府建立了之后有两条可供选择的发展道路：一条是僵硬的发展道路，即政府以暴力统治为后盾，以专制体系为保障，反复使用建立之初一次性获得的合法性权威。久而久之，其合法性权威总会消失殆尽。另一条是调适性的发展道路，即新政府建立后不断从社会中吸取合法性的经济力量、统治方式，以维持政府存在，增强政府的能力。毫无疑问，我们需要的当然是调适性的权威政府。

但是，在当前的社会转型中，中国政府还面临着"重建具有权威的强有力的政府"的重任，因为改革所依赖的政府的权威正在大量地流失。这既有体制的、人为的原因，也有现实的因素和历史的原因。历史的原因可以随着时间的推移而消失，但现实的原因要着重在体制上逐步加以解决。政府必须要有权威，这是一个政府存在的根本条件；政府要有权威就必须特别注意"保养"自己的权威。

一九九六

转变职能不是减轻任务

我国政府职能转变之后，任务不是减轻了，而是加重了。我们面临的挑战既来自政府权威的流失上，也来自政府职能的转变。从政府体制的角度来说，简政放权、增减机构主要是调整政府与外部的权力关系。深化改革必须调整内部的权力关系，实现职能转变，促使新的机制生长，建立起一个强有力的高效、廉洁的政府。根据我国的实情，首先是要实现从微观管理为主的职能方式向宏观管理为主的职能方式的转变。政府职能的转变目的是要使市场尽快能对资源配置起基础性的作用。但必须注意，政府职能转变不是让政府什么也不管。政府放弃的只是在资源配置上不该管也管不好的事，而在政治和社会公共事务方面则是政府非管不可的，诸如国家安全、义务教育、社会公共设施、治安消防、社会公正等，都是市场力所不能及的，政府必须承担起这些方面的职责。应该特别强调，所有这类公共品生产随着社会化大生产的发展，将会要求政府承担更多的责任，除非社会已经进步健全到自身足以能够承担这些职能任务，否则政府是不可能从大量的社会公共事务中摆脱出来的。因此，政府职能在转变之后，任务不是减轻了，而是加重了。

一九九六

机构改革不等于精简机构

要认识到机构改革不是简单的精简与撤并。政府调控能力的加大拓展了政府的作用领域，这给转变政府职能可能会带来某种困难。这表现在政府自身很难把握它到底应该在什么领域上起作用。从理论上来讲，政府、市场、社会的作用领域是可以划清的。但我们的现实是，社会处于转型过程中，市场很不完善，社会又很瘦弱。在这种情况下，本来应该转由市场、社会来运作的事情，现在依然需要政府，以致使政府处于欲罢不能、欲作也不能的尴尬困境。但困境不是不能摆脱的,这是一个过渡。既然政府的责任如此重大,政府规模的膨胀就有了客观的可能。这方面的政府增长会带来政府自身的问题,如资源消耗,降低行政效能等。因此,我们要限制这种增长。从人们理想的目标来说,人们要求的是一个经济的政府、高效的政府,而不要巨型政府。我们可以不让客观情势的压力成为政府增长的客观理由,分清政府职能范围,限制机构膨胀。但对政府来说,我们不能让这种限制成为自身低效、低能、低质的借口。政府不能以要求它转变职能、控制规模作为它自身无能的主观理由。现在必须明确这些观念,转变职能不是放手不管,机构改革不是简单的精简与撤并。

一九九六

中国需要一个强有力的政府

当前"中国需要一个具有权威的强有力的政府"。这是一个非常有现实意义的命题,是很值得研究的。已有一些学者从政治发展的角度对政府权威的历史、现状和未来作了历史唯物主义的分析,研究了权威流失的原因和重建权威的途径。事实表明,权威的流失既有历史的原因,但也有现实的原因。历史的原因,有的学者已经做过比较详细的分析,我这里主要谈谈现实的原因:一是在改革过程中,政府对政策难于把握,造成政策多变,因此权威难免流失;二是政府职能正处在转变的过程之中,政府宏观调控难免举措失当,这当然也会削弱政府的权威。用一句老话来说,这是前进中的问题。不过,这是非常重要的。历史的原因随着时间的推移将会消失,但是现实的原因,在前进中仍会起作用。虽然解决这个问题相当困难,但是必须逐步从体制上加以解决。当然,影响和削弱政府权威的还有其他非体制的原因,这也是不容忽视的。

总的说,改革是中国政治发展,社会主义政治制度走向完善化的必由之路。当今的改革正像过去的革命一样,通过为广大人民谋利益自会建立起政府的合法性权威。在过去的十多年里,政治体制的改革虽然是波浪式前进的,但其成就是伟大的,令人瞩目的。因此,当前所要进行的深化改革,既包括巩固已有的成就,但更重要的是多上几个台阶。从政府体制的角度说,简政放权主要是调整与外部的权力关系,深化改革就必须调整内部的权力关系,转变政府职能,促使新的机制生长,以适应社会主义市场经济发展的需要,建立起一个强有力的高效廉洁的政府。其中转变职能是关键。根据我国的实情,转变政府的职能,首先是从以政治职能为主转变为以经济建设为中心的社会职能为主,这一转变已经基本完成。因此,在深化改革中,政府职能转变的主要内容是从适应计划经济的需要转变为适应发展社会主义市场经济的需要,从微观管理为主的行使职能的方式转变为宏观管理为主的行使职能方式。当然,实现现代化的基本职能任务是不变的。

一九九三

关键是转变政府的"无形"职能

当前转变政府职能的任务是非常困难的,因为这种转变有的是有形的,如精简职能机构;有的却是无形的,如政府的某些适应社会主义市场经济发展需要的新的体制。如果说有形的转变是"治标"的改革,那么无形的转变则是"治本"的改革。马克思曾经说过,资产阶级政府的分工管理是来源于工厂的分工管理。按此推理,政府要产生新的机制,从活跃于市场上的企业中引进高效廉洁的机制不能说不是一个好的思路。

政府职能的转变,从以微观管理为主到以宏观管理为主,不是政府的职能任务减轻了,而是加重了;因此,特别是中央政府的权威和权力不应该削弱,而应该强化。从职能任务来说,所谓加重了,在很大程度上是由于过去熟悉的今天都不需要了,而新的任务都是不熟悉的,可能花几倍的力气才会做好。最简单的事例,是近年来广东、上海等地的“盲流”问题,每年都要折腾一次,似乎难以解决。其实细细想来,这与政府职能转变和缺少某种新的机制有密切的关系。过去政府“按计划”调配劳动力的职能和方法不顶用了,而究竟如何宏观控制和管理既无手段又无办法。大家知道在发达国家中,大城市以至全国都有比较完善的统计数据,有各种职业就业和失业情况统计,有定期公布的生活指数。显然,这都在一定程度上对资本和劳动力流向起着引导的作用。在这里,对劳动力来说,政府不直接调配,但通过公布就业情况和生活费用指数指导劳动力的流向。其他,政府还可以通过政策倾斜,诸如减税鼓励向失业严重地区投资以增加就业岗位,进行培训,为劳动者创造择业的新机会等。这样的职能任务当然是更重了、更难了。我们不能说西方发达国家能够消除失业危机,但是他们有宏观控制的手段,可以缓和危机。在社会主义市场经济条件下,政府转变职能,从微观管理到宏观管理,毫无疑问,这要求政府更有权威,更强而有力,更加廉洁高效。一个以宏观管理为主的政府如果“令行不止”,那就会影响全局,造成严重后果。例如,某些城市的“礼券风”,如果中央政府的权威不足以禁止,那么作为宏观控制的金融手段就将失去作用,因为“礼券”这种特殊的消费形式,必然会使货币在市场上的流量和速度失控。

我们还应该看到,政府的这种权威和行使宏观管理职能的强而有力是和新的机制结合在一起的。首先,它必须建立在科学决策的基础上。政府从微观管理摆脱出来后,它的职能任务主要是制定和执行大政策,例如金融政策要决定是放松银根还是收缩银根,这一举措是牵一发而动全身,直接影响经济发展的,自然要作科学决策。其次,政府强有力的权力应该是以法制为基础的,简单地说,政府行使宏观管理职能,运用强有力的权力,主要是根据法律制定和执行规则。因此,从某种意义上说,政府强有力的权力是有限的。例如,管理证券市场,政府的管理必须是有权威的,强而有力的,但主要是制定和执行规则,政府是绝对没有直接经营权的。最后,政府强有力的权力应该始终在民主和社会舆论的监督之下,这是防止权力腐败的保证,也是取信于民,获得和维护合法性权威的保证。为了适应社会主义市场经济发展的需要,政府如何实现转变职能,加强自身建设,促使某些新机制的生长,使自身成为具有权威,强而有力的廉洁高效的政府,这是当代中国政府和政治制度紧迫需要进一步深入研究的问题。

一九九三

中央与地方关系的动态平衡

自从现代民族统一国家出现后,除了极个别的“微型”国家之外,都有一个如何处理中央与地方关系的问题。我国是实行单一制结构的国家,宪法明确规定“中央和地方的国家机构职权的划分,遵循在中央的统一领导下充分发挥地方主动性、积极性的原则”。这就是说,既要保证中央的统一领导,也要充分发挥地方的主动性、积极性,从而确定处理中央与地方关系的基本原则。但是在实践中这两方面如何都能达到最佳程度，这是必须进行动态平衡的，也就是说，必须在不断调整关系的过程中才能实现。因此，我们对如何处理中央与地方关系，应该从动态的观点出发，切忌运用一劳永逸的办法确定下来。正如一位西方学者所说，中央与地方的关系始终是处在矛盾之中的。必须看到，影响中央和地方关系的因素是复杂的，不仅国家的政治和经济的发展会导致关系的变化，而且本身就是矛盾的统一体，中央过分集权，就会对地方一统到死；地方分散主义一抬头，就会破坏中央的统一领导。因此，研究中央与地方的关系必须注意防止在变动过程中出现一种倾向掩盖另一种倾向。毋庸讳言，目前我国在中央与地方的关系中，虽然经过近十年来的权力下放，调动了中央和地方的积极性，但是随着权力下放又带来了某些新问题，其中最复杂的莫过于两种现象的并存，一方面深化改革中央仍然需要放权，另一方面中央放权又导致对地方某些领域的失控，某些下放的权力，被地方利用发展狭隘的地方利益。虽然这是发展中的问题，但是这些问题的存在，不仅直接影响下一步的改革，而且诸如利用下放的权力搞地区封锁必然会阻碍统一市场的发展，对社会主义市场经济的发展是极不利的。

在当前政治体制改革的过程中，中央与地方关系有中央下放权力的一面，但是，随着中央权力的下放，地方使用权力应该有受中央监督控制的一面，以保证中央的统一领导。特别是由于中央政府职能的转变，中央本来依靠指令性计划控制和高度集权的行政监督机制已经逐渐弱化以致失效了。从而在一定程度上出现了控制权的“真空”状态。因此，这就要求建立新的机制，尤其是在新的条件下如何运用法律、行政、财政、司法、地方政府公务员的管理和培训，以及政府的指导性计划等等进行监督和控制都是非常值得研究的问题。

一九九三

对"转变"政府职能的困惑

马克思主义经典作家没有区分政府职能与国家职能,总的来说马克思、恩格斯强调政府职能,列宁强调国家职能。马克思、恩格斯提出过政府职能分为政治职能与社会职能,并指出政治职能以履行社会职能为基础,社会职能具有历史继承性,不受具体统治者兴衰的影响。列宁提出国家具有刽子手和牧师两种职能,斯大林提出国家的对内对外两种职能,基本上都把社会职能丢掉了。

政府职能是静态的,还是动态的?应该是动态的,表现为政府职能的扩大、分化、消失三种变化。政府职能是客观的,还是主观的?应该是客观的,它的变化有一定的历史依据和规律性,因此"转变"政府职能是很困难的,只能创造一定条件使它发生变化,不可能主观地使之发生"转变"。长期以来我们对职能、权力、功能之间没有认真区别,政府职能指的是政府在一定时期应该完成的一定的历史任务,职能的转变应该是历史任务的转变。《光明日报》最近讲了政府职能的八大转变,包括全能向有限、神秘向透明、权力向责任、无序向有序、有倾向向公正、人治向法治的转变等,其中许多问题都不是政府职能问题,而是作风问题,这反映学术界对这一命题的使用很不严谨。很多人把政府职能转变理解成政府主观设定的工作目标,结果努力"转变"了很多年,还是没有"转"过来。

我们必须在政府职能是客观存在的历史任务这一基础上来研究政府职能转变的规律,而不是人为地设定转变的目标。政府职能转变这一问题的提出源于苏联体制的失败,它是一个中国特色的问题,因此要研究中国的实际。从客观的角度说,我国政府职能转变可分成两个层次:一是政治职能与社会职能关系的转变,从政治职能为中心转变为社会职能为中心,这在十一届三中全会已经完成;二是从与计划经济相适应的职能转变为适应社会主义市场经济的职能,这是现在所谓“转变政府职能”的内容。政府职能存在转变问题,也存在发展、重建问题。转变的途径主要有转变工作中心,精简机构与人员,制度改革创新与作风的转变等。职能转变有三个不同的层次:一是操作层次,通过法律法规解决;二是观念层次,即政府理念的转变,如不能总是“关起门来为民作主”;三是深层次地调整国家与社会的关系问题,政府的职能不仅是为了统治社会,而且要不断自觉调整自身与社会的关系。但是总的来说,政府职能的总趋势是在扩大,包括管理权力容量的扩大,机构的扩大,以及财政吸收能力的扩大等方面,因此转变政府职能绝不是减轻了政府的任务,也不等于单纯的精简机构和权力下放等。

二〇〇一

第八章　经济扩张的政治后果

重温两百年前的那场争论

美国著名经济学家艾伯特·奥·赫希曼在其《欲望与利益——资本主义走向胜利前的政治争论》一书中，通过系统回顾200年前西方资本主义走向胜利前夕的政治争论，深刻地揭示了资本主义经济扩张的政治后果，提出从实现欲望到追求利益的人类行为动机的转变对于现代社会具有极其重要的意义。这一问题无疑具有十分重大的理论和现实价值，很值得我们进一步探讨。

对于经济扩张的政治后果的复杂性，自资本主义产生起就伴随着理论上的争论。人们对资本主义可能产生的政治后果并不完全是乐观的，且不说持传统观点的道德家和宗教人士对资本主义的批评，就是那些极力赞扬商业发展的知识分子也普遍具有某种矛盾心态。亚当·斯密一方面大力赞扬分工对人类发展的意义，另一方面也对分工发展对尚武勇敢等政治美德的侵蚀感到惋惜，他针对一般大众提出了《国富论》方略，而对于上层人物则授以《道德情操论》的秘笈。孟德斯鸠尽管对经济扩张产生的良好政治后果作了充分的评价，但是他更希望复兴罗马共和国的公民美德传统。托克维尔一方面赞扬美国商业社会的发展促进了伟大的民主制度，但另一方面他内心深处对贵族传统的留恋不时流露出来，对美国商业社会产生的平等可能为新的专制政治提供契机担忧不已。的确,事情都是有两面性的。现代经济的复杂性既约束了专制政治的暴虐,也为压制和限制民众政治参与提供了借口;对物质利益的追求取代了对荣誉和权力的争夺,但同时也扼杀了关心公共事务的公民精神。马克思及其后继者更是对资本主义所产生的异化、对无产阶级的压制和剥削以及先发资本主义国家对其他国家的侵略造成的罄竹难书的罪恶作了极为彻底的批判。赫希曼承认,就是在对经济扩张的政治后果抱着流行的乐观态度的资本主义早期,在商业贸易"温和""文明"等观念的支配下,奴隶贸易、鸦片贸易也在迅速发展,海外和国内的贸易也时时充满了风险和暴力。

那么,赫希曼《欲望与利益》这一著作的"伟大"贡献何在呢?在赫希曼看来,上述对资本主义经济扩张的政治后果的批评有些多少是不公正的,因为这些批评的绝大部分都发生在经济扩张和政治改良的19世纪,或者如匈牙利思想家卡尔·波兰尼所说的发生在1815—1914年的"百年和平"的资本主义黄金时代。赫希曼认为,正是经济扩张带来的长期和平产生的空虚无聊、安宁平庸激起了知识分子对资本主义的反感,加上很多知识分子把两次世界大战的灾难全部算在资本主义的头上,结果200年前关于欲望与利益的这场极其重要的争论差不多从人们的集体意识中消失了,直到社会主义的实践使人们重新认识了市民社会对于政治领域的重要意义,西方福利国家的发展产生了官僚主义膨胀对自由民主的威胁,知识分子才又重新拾起这场争论的某些结论,论证了利益追求对维护社会秩序和促进社会发展的重要意义。

在20世纪40年代末50年代初,熊彼特重新提出,扩张领土的野心、殖民扩张的欲望和好战精神并非资本主义制度不可避免的结果,相反,它们产生于残存的前资本主义精神。他说:

"资本主义文明是理性主义的和'反英雄主义的',……现代和平主义与现代国际道德仍然是资本主义的产物。"20世纪50年代初卢卡奇在其《理性的毁灭》中也系统分析了非理性思潮的泛滥对产生两次世界大战的深刻影响。而米瑟斯、哈耶克、布坎南、弗里德曼等人,甚至包括前社会主义者普鲁东和托洛茨基等人,则重新论证了自由的经济竞争对于自由民主制度不可或缺的意义。

赫希曼认为,欲望固然是人类生命的本质和某种潜在的创造力,追求利益的经济扩张固然会带来各种各样的个人美德的丧失,产生所谓政治异化和压制的现象,但是,"避免社会崩溃"的心理应该占有更主要的地位,而总的来看,只有立足于追求利益的经济扩张才可能保证这一点。换句话说,经济扩张在个人美德方面的损失将为其在政治后果方面产生的良好影响所弥补,而后者在防止基于各种政治权力欲望所产生的巨大灾难方面是不可或缺的基础。他认为,通过全面回顾和再现200年前这场知识史上的争论,我们必将对资本主义传播的必然性有一个更加深刻的认识。与斯密、门格以及哈耶克等人感兴趣于"非预期的而实现了的结果"(即社会利益)不同,赫希曼证明了"预期的而未实现结果的决策行为"(即个人的自利动机)的力量和影响。

从知识史看,虽然赫希曼也提到了资本主义经济扩张的复杂性问题,但是他的本意是希望人们放弃马克思主义的思路回到资本主义的开端,这从诺贝尔经济学奖得主阿马蒂亚·森为他写的序也可以看出。阿马蒂亚·森说:"赫希曼使人们以一种新的方式去理解资本主义的思想基础,……资本主义总是以牺牲人类某些邪恶倾向为代价而激活人类某些善良倾向。"因此,赫希曼的"发现"不外乎是在马克思主义的立场上后退,他认为知识分子们实际上走了一个圆圈，又不得不回到200年前的那场争论中去。

二〇〇四

制约欲望的三种方式

人类具有与生俱来的各种欲望，包括骄傲、贪婪、嫉妒、虚荣、好色、残暴、攻击欲、权力欲、占有欲等。这些欲望是漫无边际的，满足了一个欲望又会产生新的欲望，有的欲望本身甚至就具有无法满足的性质。这些欲望也是没有边界的，放纵欲望必然会导致社会无穷无尽的争执、混乱以致毁灭。因此，尽管满足欲望是每一个人生存和发展的基本动力，也是社会创造力的重要来源，但是，为了社会本身的存续和发展，对欲望的某种约束和限制是必须的，遏制欲望，成为人类历史上各种风俗、习惯、礼仪，以及道德、宗教等各种人为建制的重要内容之一。

赫希曼的讨论正是从这一事实出发的。在赫希曼看来，人类最初遏制欲望的基本努力都可以归结为某种道德劝谕和说教，它的基本特点是对欲望的谴责以及道德行为神圣性的无可置疑，这集中体现在基督教对人类各种欲望毫不留情的谴责以及对各种人类美德的赞扬中，如奥古斯丁所反复批判的追求金钱、权力和美色的罪恶欲望通常被认为是令人类堕落的主要原因。然而，随着中世纪的结束和现代社会的开启，人类几千年来卓有成效的遏制欲望的各种手段相继式微和失灵：各种风俗习惯被日渐淡忘；礼仪因长期得不到人们的遵守而失传；宗教的神圣性因教会腐败遭到侵蚀并在启蒙思想家的猛烈批判中失去了其往常的权威；道德说教似乎一夜之间不再生效等。欲望这只长期关在笼子里的"猛虎"一旦逃出来，就会恣意妄为危害社会。

出于对社会即将陷入崩溃的焦灼心理，人们积极寻求约束欲望的新的有效手段。

赫希曼把这些寻求约束欲望的努力归结为三个基本思路：压制欲望；驯化和利用欲望；寻求欲望的制衡。第一个思路是奥古斯丁、加尔文以及霍布斯等人提出的，它基于人类欲望的不可避免性和不可改变性，对人性之恶持一种悲观的设想，寄望政治家能够采取合适的强制措施压制欲望的泛滥。显然，这一思路具有明显的逻辑缺陷，那就是如果统治者太仁慈或者自身欲望泛滥将无计可施。第二个思路首先被归结为 17 世纪心理学的发现，它对改变人性持相对乐观态度，希望通过对欲望的驯化和利用将各种破坏性欲望转化为建设性欲望，使个人欲望的满足能够有利于社会，而驯化和利用欲望的任务仍然得由统治者和社会精英承担，欲望转化的中介条件是政治家的良好管理。这一思路在维科利用立法转化欲望的思想中——将人类的残暴、贪婪和权势欲转化为军人、商人和统治者有利于社会的行为，在曼德维尔"私人恶德即公共利益"思想中，在黑格尔的"理性的狡黠"、弗洛伊德的升华概念，以及斯密"看不见的手"等思想中一再得到论述。第三个思路则在前两种思路之间寻求一种综合的解决办法，它承认人类欲望的不可避免性和不可改变性，但是对人性之恶的社会后果并不持悲观态度，认为通过合理区分危害较小的欲望与危害较大的欲望，可以借助欲望之间的相互残杀来弱化和驯服欲望，通过欲望之间的相互制约达到某种平衡，这种平衡能够产生某种本质上不同于个体欲望的后果，即社会利益的实现。这一思路在弗兰西斯·培根、斯宾诺莎、休谟、霍尔巴赫、爱尔维修、孟德斯鸠以及麦迪逊等大批思想家那里得到了详尽论述。培根提出，要"用野兽来猎取野兽"；斯宾诺莎提出，"借助相反的更为强烈的欲望克制和消灭另一种欲望"；休谟认为,“只有相反的欲望冲动才能够抵抗或阻止欲望冲动”;霍尔巴赫说,“欲望是欲望的真正平衡物”;爱尔维修提出,“只有欲望才能战胜欲望”;孟德斯鸠提出,“必须用权力约束权力”;麦迪逊提出,“野心必须用野心来对抗”等。

二〇〇四

利益制约欲望

正是在两百年前这场区分欲望以及欲望制衡的思想讨论中,一个对现代社会非常关键的核心概念脱颖而出,这个概念就是“利益”。利益(interest)原来的意义包含着各种各样的欲望和兴趣,但是其含义在约束欲望的讨论中逐步演变为“追求物质财富”这一单一含义。有意思的是,利益含义的这个演变过程在英文、德文、法文中几乎同时发生了。赫希曼认为,利益这个概念的凸显和发现“使知识分子欣喜若狂”,因为经过长期的困惑和探索,一个支配人类行为世界的“万有引力定律”终于被发现了!一个有秩序的新社会的基石终于被发现了!

在当时的知识分子看来,利益彻底解决了欲望与理性长期以来的二元对立,利益由于综合了欲望与理性而成为一种相对无害的欲望;只要每个人都去追求利益,社会就能得到有序的发展。赫希曼多次引用了孟德斯鸠的一句话:“幸运的是,人们处于这样的情境中:虽然其欲望可能会促使他们作坏人,然而其利益却阻止他们这样做。”传统道德所谴责的恶或者成为无害的,或者道德自身的含义已根本不同。斯密的《国富论》的划时代意义就在于,它在曼德维尔的《蜜蜂的寓言》的基础上,为追求个人利益的行为做了系统有力的经济辩护。

随着利益概念的凸显,道德的含义也悄悄地发生了变化。

道德规范不再来源于传统礼仪、宗教神灵等外在的权威，新道德的最高规范就是“意志自律”；道德教育的实质不是提供一个提升人格的更高标准，而是使接受者明其理，知其利，以一种欲望克服另一种欲望。新道德谴责的不再是欲望本身，而是人们实现欲望的方式的不尽合理以及人类大多数行为的目光短浅。换句话说，人类的罪恶不在于拼命追求欲望的满足，而在于根本没有了解自己真正的欲望所在和不懂得怎样实现自己的欲望！不懂得自己真正利益的人就像跟风车作战的堂吉诃德一样成为自己激情的奴隶，不可避免地遭遇失败。这样，自利的贪欲一旦贴上“利益”的标签迅即受到称赞，通过合理的自利，人类的欲望不仅得到了可靠的约束，而且也得到了前所未有的发展空间。

利益的这种神奇功能是如何发生作用的呢？赫希曼认为，关键就在于与欲望比较，利益具有某种持久性、可预见性、可计算性、透明性、边界性等，这种特点使得每个人的行为都具有了某种透明性和可控性，从而为社会秩序的形成提供了坚实的基础。利益的持久性在于，追求物质财富的赚钱活动目标明确而稳定，不像其他欲望一样稍纵即逝，同时赚钱的目标也是没有止境的，钱能生钱，而且正是钱能生钱使得赚钱的欲望不会产生一般欲望因即时满足而产生的空虚和无聊；只要一个人把赚钱本身作为自己的目标，他就获得了一个持久而稳定的动力。更重要的是，追求利益的活动本身是存在边界的，它必须时时计算活动的成本和比较收益的多少，它不像其他欲望一样盲目冲动和不计成本，这就使赚钱的活动成为一种可预见的活动，从事赚钱的人成为一个理性的、透明的人。正如詹姆斯·斯图尔特所说，只要每个人都追求利益，政治家就有了施展才能的广阔空间，而对于一个由不关心自己利益的人组成的社会，政治家将会不知所措。因为，每个人自己的利益都是明确的，而公共利益却会因为各种分歧无法达成共识，更重要的是，一个人不关心自己的利益就必然会追求其他欲望，而这些欲望不仅数量众多，而且像“潜水员”(霍布斯语)一样多变和晦暗不明。由于发现了利益的这一神奇功能，当时大多数人都相信，随着人们逐渐把追求利益作为自身行为的基本动力，社会将在一种和谐、安宁的秩序中发展下去，“利益不会撒谎”“利益主宰世界”也先后成为被人们信奉的社会格言。上帝创造了世界，然而为了管理这个长期以来乱哄哄的世界他并不安宁，现在他把利益植入了人类的心灵，终于可以休息了！

二〇〇四

制约欲望的两种政治企图

西方走向资本主义前夕关于欲望与利益的讨论始终是与某种国家管理有关的，它一方面与统治者对社会控制的关注分不开，另一方面更与社会试图控制统治者的权力联系在一起。马基雅维里的《君主论》关注的是前者，孟德斯鸠的《论法的精神》关注的是后者。赫希曼认为，利益概念以及欲望制衡的思想都可以追溯到马基雅维里。马基雅维里的功绩在于为即将来临的新社会确立了新的政治基础，在他看来，传统政治的道德基础是虚假的，共和制与君主制的区别也是虚构的，政治的真正基础是利益，因而一切政治活动都应该建立在现实的、权力的、利益的基础上才能获得成功。由此，马基雅维里实现了政治学研究基本设定的转向，现实的利益原则成为新的政治的根本原则。自马基雅维里以后，现代政治学的任何内容都必须建立在人性研究的基础上。

以孟德斯鸠为代表的思想家则更关心约束统治者的欲望，

因为君主的欲望多,民众的欲望少而单一,民众的欲望基本上限于对利益的追求。然而,民众对利益的追求却时时处处与统治者多变的欲望发生着冲突,因此,约束欲望的实质就是要限制君主的政治权力。为此,新的政治学对利益的关注主要是与制约权力的考虑联系在一起的。赫希曼认为:"整个社会契约论学说是制衡欲望策略的一个分支。"休谟也提出,政治正义不外乎就是稳定财产占有、保护财产增值以及为财产的和平转移提供秩序。

二〇〇四

经济扩张改进政治的两条路线

人们在资本主义初期对经济扩张的政治后果是持乐观态度的,经济扩张不仅能够限制君主的政治权力,而且可以促进人类政治的实质性改良,使政治活动纳入"文明的"轨道。正如孟德斯鸠所说:"哪里有善良的风俗,哪里就有商业。哪里有商业,哪里就有善良的风俗。"在17、18世纪知识分子的话语体系里,发端于英、法等国的"市民社会"(civil society)一词带有很强的价值判断意味,市民社会是与黑暗的中世纪有着本质区别的,它直接承继了古希腊关于"文明社会"的传统,市民社会就意味着"文明","城市的空气充满了自由"。其实,与古希腊比较,市民社会的实际内容已经发生了根本性的变化,在古希腊市民社会即政治社会,在17、18世纪市民社会即商业社会,二者主要通过价值判断联结在一起。这样,市民社会的经济扩张不仅有可能彻底终结17、18世纪西方世界频繁的战争和内乱,也将有可能彻底改变长期以来黑暗的人类政治历史。

当时的知识分子发现了通过经济扩张改进政治的两条路

线，一是专制君主崇尚贸易追求利润所带来的商业发展反过来成了约束君主政治权力的内在力量，另一条路线是城市商业相对独立的发展壮大构成了新社会政治发展的外在推动力量。这两条路线根据政治斗争的需要时合时分，但其共同的逻辑都是追求利益的经济扩张改变了人类的政治形态。

追求权力的荣耀是政治家的本性，当时分散在欧洲各地的成百上千个大大小小的君主，无不想方设法削弱对方壮大自己，为此各种内乱和战争层出不穷。但是，这种斗争逐步显示出了与传统社会有些不同的趋势，其中最重要的是，导致战争的原因逐步从君主个人各种怪诞的念头以及王室家族之间的私怨转变为纯粹经济利益的争夺，斗争的手段随着民族国家的相对稳定逐步从军事战争发展为贸易战或者二者相互并重。总之，在过去长期被谴责为罪恶贪欲的利益开始成为君主们公开追求的目标，贸易活动开始洗去传统道德和宗教加在自己身上的污泥，成为政治活动名正言顺的行为动机。不过，君主们万万没有想到的是，经济扩张有着自己的逻辑，一旦让它展开它就必然会遏制君主的贪权和恣意勒索，当时很多知识分子都发现了这一意义深远的秘密。

詹姆斯·斯图尔特把经济活动比喻为“一块设计复杂的精妙钟表”，君主要使用它就只能以最轻柔的手触摸它并且对它善加维护。一方面，君主要通过经济贸易的发展壮大自己就必须遵循经济活动自身复杂的规则，因而就必须要约束自己的各种欲望冲动对经济活动的干扰，由此，现代经济的复杂系统成为“反对专制主义愚行的最为有效的缰绳”。比如，随着动产取代不动产成为财富的主要形式，财产的主人大多处于匿名状态，财产的转移也更加容易，君主要想通过传统的没收财产手段来满足自己的私欲就非常困难了；随着汇票和外汇交易的发展，君主通过货币贬值的传统手段聚敛财富也非常困难了。另一方面，随着现代社会化大生产的发展，上帝不得不由“陶匠”变成熟练的“表匠”，由于经济活动这只“钟表”常常会出现各种障碍，因此对它善加维护就非常重要。无疑，经济活动的复杂性需要管理者拥有系统的知识，也需要细致的分工，君主的无能、独裁和挥霍政策会阻碍经济发展。按照孟德斯鸠的说法，与主要拥有动产的公民打交道的政府，必须采取完全不同于面对拥有地产的封建主的政府的运作方式，为了适应商业和贸易的发展，就必须为政治活动制定精心设计的宪法和制度。弗格森则指出，“渴望获得利润的贸易精神开启了政治智慧之门”。

为了壮大自己的实力，打击国内的贵族以及在国际上占据优势，君主常常不得不和市民社会的资产阶级联合起来，争取他们的帮助。然而，这种联合的另一种后果显然也是君主不愿意它出现的，这就是市民社会在君主的保护下获得了发展的契机，市民社会的日渐壮大竟成了专制君主制度的掘墓人！在君主垄断政治权力的情况下，获得财富几乎是市民社会改善自身处境的唯一途径，但是一旦财富的增长达到一定程度，市民社会必然要提出自己的政治要求。

为什么市民社会的发展能够成为对抗君主势力的强大力量，而封建地主在君主势力面前却显得异常软弱呢？这里的逻辑是，现代经济活动是建立在交换和分工基础上的，交换和分工相互促进，有了分工就必须交换，交换的发展促进着分工。现代社会交换和分工的发展带来的政治后果就是社会交往的发展和集中，集中起来的资产阶级有着显而易见的共同利益，这个共同利益就是保护自由交换的生产条件。分散的地主们主要以自然条件为生，联合起来的资产阶级需要建立各种各样人为的制度来维护他们的利益；分散的地主很难形成集中力量对抗王权，而本质上就趋于联合和集中的资产阶级是限制王权的天然力量；交往稀少的地主们缺乏共同利益，很难达成共识，然而资产阶级单单为了生存下去就必须达成某种共识，贸易替代暴力的前提是人们具有公认的交易规则。在资产阶级取得国家政权后，这些规则就上升成政治制度，成为约束统治者欲望和规范政治权力的制度。正如美国制宪者麦迪逊所说，为了制约权力，就必须以恶制恶。以恶制恶的实质就是把统治者的欲望转变成透明的制度化的利益，用利益约束统治者的欲望。

这样，人才、法律、制度就成了新社会政治活动的基础，一切政治问题都可以转化为科学问题，政治自身已经没有事情可做了！正如当今美国政治学家弗朗西斯·福山所再次发现的，早在19世纪黑格尔就提出，随着资产阶级自由民主制度的确立，历史已经终结了！因为能够促进社会秩序和社会发展的人类行为动机已经被发现了，如果历史出现反复，也是因为我们没有发现真正的利益所在，没有制定出科学的制度来促进和实现我们的利益。

二〇〇四

走出利益制约欲望的循环怪圈

我们不能否认200年前这场争论的重要性，也不能否认经济扩张对塑造现代民主制度的基础性作用，但是问题在于，我们真的走不出这个历史循环的怪圈吗？或者真如福山所说“历史已经终结了”？也许作为一个经济学家，赫希曼没有必要回答这个问题，也没有必要进行经济逻辑以外的分析，但是如果跳出单纯经济分析的思路，这个问题就必须得到进一步探讨。我们认为，赫希曼的《欲望与利益》的深刻局限也恰恰只能在经济逻辑之外才能发现。

第一，赫希曼没有分析欲望和利益是怎么产生的，而是直接把人类欲望的存在及其泛滥看成一个事实前提，这样，关于欲望与利益的争论的真实社会条件就被忽略了。实际上，欲望一方面固然是与生俱来的，因为人即使作为一个动物也必须要满足最基本的生存和繁殖的欲望，但是另一方面，欲望的膨胀放大以及很多欲望的产生又是与一定社会条件分不开的，满足欲望的方式更直接受到社会条件的限制。欲望泛滥对社会的危害性是人类历史上的普遍现象，但是在资本主义社会之前，人们并没有社会即将陷于崩溃的焦灼心理，当然也就不会产生“欲望与利益”这样的大讨论。对此的解释只能是，传统社会相对于现代社会而言人们的欲望是简单的和稀少的，因此遏制欲望危害性的手段也相对简单，道德性劝谕的效果也就十分明显。然而，资本主义经济扩张使利益获得了合法性，由此人类追求物质财富的贪欲才极度膨胀，人类欲望的内容及其满足方式才迅速发展，从而才产生了欲望泛滥危害社会基本秩序的现象。实际上，利益获得了合法性不仅因为利益具有理性特征，更由于追求利益的主体主宰了新的社会，由于财富的主要形式发生了变化，满足欲望的主要手段也发生了变化。因此，如果欲望的膨胀是由利益的追求引发的，那么利益约束欲望的逻辑有效性就要大打折扣。

第二，利益与欲望的区分固然是很有价值的发现，但是这种区分的价值也是很有限的。通过把各种非理性的欲望转化成利益的理性追求，固然可以约束欲望对社会的危害性，但是相反的转化同样是可能的。利益固然可以约束欲望，但是欲望也经常战胜利益；利益尽管是一种相对无害的欲望，但毕竟也是一种欲望，既然是欲望就不可能彻底摆脱欲望的非理性特征。如，资本化的私有财产以至今日之拥有巨大能量的跨国公司，就很难受到有效的政治控制，它往往借助自己的实力在国内和国际政治舞台上恣意妄为危害社会。这说明即使利益制约欲望的问题解决了，利益自身的制约问题还是没有解决，“黑金政治”作为西方民主国家的一个世界性难题就是典型的例证。每个人对自身利益的理性追求不一定产生整个社会的理性化，恰恰相反，对利益的追求如果没有适度有效的控制，还必然会产生整个社会的非理性化，这一点西方马克思主义作了非常有说服力的分析。因此，要把两次世界大战这样的巨大社会灾难完全与资本主义的逻辑分割开是很难令人信服的，马克思主义关于资本主义导致战争的思想之所以能够得到普遍认同，并不是因为其理论上的雄辩力量，而是资本主义的历史实践不断强化了人们的这一信念。在资本主义的发展过程中，总是交叉使用武力和贸易两种手段，自由贸易虽然可以解决部分战争问题，成为阻止战争的某种道德等价物，但是在贸易受阻的情况下资本主义强国总是毫不犹豫地诉诸武力。在西方发达国家几乎完全掌握战争主动权的今天，要把战争的责任完全归结为非资本主义国家的“野蛮”“专制”或者“恐怖”，恐怕就完全是自欺欺人地制造荒谬了。

第三，赫希曼没有质疑资本主义人性观的合理性问题，因此他对道德约束欲望的努力可能具有的更大意义不置一词。对于人性善恶以及人在本质上是不是一个经济人的问题也许永远都会争论下去，我们且不论人性本身的丰富性以及人性向善发展的可能前景问题，就从经济人的设定出发，经济扩张的政治后果也是问题重重的，现代理性选择理论的发展所揭示出来的若干悖论就说明了这一点。理性选择理论试图把整个现代自由民主制度完全建立在经济人的逻辑上，通过“每个人都追求自己的利益”以及“每个人都是理性的”两个假设——这两个假设正好构成赫希曼提到的利益概念——推导出整个自由民主制度的合理性及其必然性。但是,关于“投票人悖论”“理性悖论”“国家发展悖论”“多数悖论”“制度变迁悖论”“投票交易悖论”等系列悖论说明,现代民主制度是不能完全用经济的逻辑解释的。正如公共选择理论思想家缪勒所指出的,对于为什么大多数个人会去投票的问题,能够得到广泛认同的最佳解释仍然是因为某种道德责任感或公民义务。对于经济人假设的局限性以及非经济的文化道德因素对现代民主制度的意义——赫希曼明确批判了这一点,并可以列出卢梭、休谟、柏克、斯密、托克维尔、韦伯、涂尔干、熊彼特、马克思等包含许多著名思想家的冗长清单。而马克思主义与其他人的显著不同在于,它指出整个资本主义制度的非道德性是欲望泛滥的根本原因,它从根本上颠覆了利益制约欲望这一逻辑的可行性。它认为利益正是一种资本化的欲望,这种欲望更加没有边界,它不仅会突破传统道德为它设置的界限,而且它的本性就是摧毁一切价值的彻底的虚无主义,因为它试图把人类的一切价值都转化为抽象的交换价值,这样,用利益制约欲望就永远不会走出欲望泛滥的怪圈。因而,它认为只有根本的政治制度回归道德立场,政治活动以主持正义、维护公共利益和提升人的道德性为己任,对欲望的制约才能产生有效的作用。当然,马克思主义经典作家没有充分估计到后资本主义社会的复杂性,没有对利益制约欲望的制度建设给予足够的重视,这个缺陷常常被资产阶级思想家抓住大做文章。但是,在经过了两次世界大战的残酷灾难,现代民主制度又日益陷入困境的今天,难道我们真的只能回到利益制约欲望的单行道上去吗?

二〇〇四

第九章　政治文明的基本要素

社会资本是一种新的解释框架

一般认为，最早提出社会资本概念的人是法国社会学家皮埃尔·布迪厄。1980年，皮埃尔·布迪厄为《社会科学研究》杂志所写的文章中，将社会资本定义为“实际或潜在资源的集合，这些资源与由相互默认或承认的关系所组成的持久网络有关，而且这些关系或多或少是制度化的”。也就是说，社会资本是一种在制度化的社会关系中自然形成的资源。

而美国社会学家詹姆斯·科尔曼则认为：“社会资本是根据它们的功能定义的。它不是一个单一体，而是许多种，彼此间有两个共同之处：它们都包括社会结构的某些方面，而且有利于处于同一结构中的个人的某些行动。和其他形式的资本一样，社会资本也是生产性的，使某些目的的实现成为可能。而在缺少它的时候，这些目的不会实现。”在这里，詹姆斯·科尔曼教授从社会结构的角度阐释了社会资本的概念。

真正使社会资本概念引起广泛关注的是美国哈佛大学政治学教授罗伯特·普特南。他在1993年出版的《使民主运转起来——现代意大利的公民传统》一书中，通过对意大利不同地区政府在推进制度变革的过程中所取得的民主制度绩效的对比研究，验证了公民生活与制度绩效具有决定性的正相关性。罗伯特·普特南发现，在那些制度绩效高的地区（主要是意大利北方地区），存在着许多社团组织，如合唱团、足球队、扶轮社，甚至是鸟类观察俱乐部，那里的人民关心公共事务，遵纪守法，相互信任，社会的组织和参与方式是横向的、水平的。相反，在制度绩效差的地区（主要是意大利的南方地区），人民极少参与社会生活，在他们眼里，公共事务就是别人的事务，他们互不信任，社会生活是按照垂直的等级制组织起来的，腐败和违法乱纪是家常便饭。造成意大利南北方民主制度绩效出现如此巨大反差的一个主要原因，在于源自12世纪前后南北方各自形成的截然不同的政治制度的巨大历史惯性（一个是南方的君主制的诺曼王国，一个是北方的城市共和制），以及由此而孕育出的社会历史文化传统和公共精神之不同。在北方，由于公共精神发达，公民参与社会生活的深度和广度非常强，自然在民众的交往过程中产生社会资本，如较高的信任感、规范和合作网络，其结果会推动社会生活朝着良性循环的方向发展，进而达到一种社会均衡状态，这种社会均衡状态又推动更高水准的合作、信任、互惠、公民参与和集体福利的不断产生；而在南方，由于缺乏具有较高公共精神的社会团体的存在，背叛、猜疑、逃避、利用、孤立、混乱和停滞的状况彼此相互强化着，进而造成了社会生活呈现出另一种取向的恶性循环的均衡状态。这两种不同取向的社会均衡状态具有自我增强的特性，因而南北方在民主制度绩效上所出现的天壤之别也就不难理解了。因此，罗伯特·普特南在为《使民主运转起来——现代意大利的公民传统》所写的“中译本序”中，将社会资本概念高度概括为“普通公民的民间参与网络，以及体现在这种约定中的互惠和信任的规范”。而且，他还认为“社会资本是民主进步的一种重要的决定因素”。

世界银行的研究报告则从推进社会繁荣和可持续发展的条件角度对社会资本进行了界定，社会资本是“体现一个社会的社会互动质量和数量的制度、关系和规范的总和”。社会资本犹如黏合剂，将社会群体维系起来，并产生强大的社会内聚力，它对于一个社会的经济繁荣和可持续发展具有决定性作用。从狭义的角度观之，社会资本产生于民众的水平交往中(horizontal associations)，其构成形式主要有两种，即对社会生产力与福利产生影响的社会网络和交往规范，其中社会网络可以通过减少交易成本的方式增加社会生产力。社会资本可以促进协作与合作的产生。当然，分隔的、狭隘的共同体、集团与网络对于社会集体利益的负面影响也是很大的，这种社会资本可能在实际中对经济与社会发展起到阻碍作用。从广义的角度观之，社会资本产生于民众的垂直与水平的交往中(vertical and horizontal associations)，以及机构彼此之间的行为规范中。

弗朗西斯·福山在其新著《大分裂：人类本性与社会秩序的重建》中，将社会资本定义为“一个群体之成员共有的一套非正式的、允许他们之间进行合作的价值观或准则。如果说群体的成员开始期望其他成员的举止行为将会是正当可靠的，那么他们就会相互信任。信任恰如润滑剂，它能使任何一个群体或组织的运转变得更加有效”。构成社会资本的规范包括诚实、信任、责任和互惠。家庭、教育机构、宗教机构、政府的政策导向、企业文化等与这些规范的形成有密切关系。社会资本的重要性不仅体现在经济领域，而且还存在于社会领域，它使得在家庭和国家之外另存有广大的领域，这就是市民社会。

无论是社会学家、政治学家，还是世界银行，对社会资本概念的讨论，都集中体现在一个核心问题上，即社会资本的本质特征是一种社会关系，这种社会关系体现出一种累积性特点，体现在人与人的交往过程中所产生的社会信任、社会规范、互惠和社会网络之上。社会资本的社会关系本质特征以及累积性特点，不仅受到一个社会的悠久历史文化传统的影响，而且受到该社会的政治制度、经济发展水平、市民社会的发育程度的影响。对于个人而言，社会资本意味着帮助获取成功而建立互惠、信任关系的途径；对于社会而言，社会资本反映社会成员参与、合作、组织与互动的能力。从根本上说，社会资本反映的是一个社会人与人之间的信任、互惠与合作关系的程度高低，它对于社会发展与变迁有着巨大的作用。

二〇〇三

资本主义发展视野中的社会资本理论

社会资本作为一种研究新范式和解释社会的理论工具，它与物质资本、人力资本一样都是研究人与人的关系。只不过物质资本反映的是资本对劳动的剥削关系，谁拥有了资本，谁就有可能攫取更多的剩余价值；人力资本在物质资本的基础上进一步突出了拥有一定技术能力的人对生产力的发展具有巨大的促进作用；而社会资本除了以上两点外，更加强调了改善以信任、互惠、合作为核心的人与人的关系对于生产力发展的重要性，它为人们重新认识当今资本主义的发展提供了一把锐利武器。

首先，在资本主义条件下，由于"资本决定"原则，使得资本所有者成为经济权力的执掌和行使者，他们能够通过自己从事的经济活动获得利益，积累财富。资本主义正是通过经济制度、政治制度以及意识形态等一系列制度的确立，取代以土地依附关系为基础的封建剥削关系而登上历史舞台的。在资本主义生产资料私人占有制条件下，资本家通过占有生产资料的方式来占有工人的劳动，这种占有方式通过资本的运作，不仅获得了巨额的剩余价值，而且可以起到掩盖资本所蕴含的剥削关系之实质。因为就资本主义的商品关系而言，资本和劳动在市场上进行“公平”交易的时候，买者和卖者在形式上和人格上完全是平等的，他们之间没有封建的人身依附关系。正像马克思所说，商品是天然的平等派，货币是比商品更进一步的平等派。但是，这种关系的背后却掩藏着事实上的不平等。因为资本家拥有资本的所有权，而雇佣工人除了自身劳动力这个“天赋人权”之外一无所有，他除了出卖自己的劳动力就无以为生。因此，资本主义条件下的劳资关系的本质是资本剥削雇佣劳动，建构于资本基础上的社会关系即人与人的关系实质是一种剥削关系，它是维持资本主义有效运转的基础。在资本主义条件下，资本与劳动的对立是资本运动的固有矛盾，劳动在资本绝对统治下必然出现异化，劳动者成为机器的附属物，因而丧失了自我。由此而产生的不可调和的阶级对抗和斗争，必然使资本主义陷入生存和发展的危机之中。

其次，随着资本主义的发展，资本主义社会出现了一系列的社会矛盾，这些矛盾的积累和发展，有可能将资本主义所创造的一切文明成果予以彻底毁灭。为了挽救资本主义的命运，推动社会经济的不断增长，20 世纪 60 年代，西奥多 · W.舒尔茨和加里 · 贝克尔等人提出了人力资本的理论体系，将人力资本概念引入经济分析之中，对资本主义经济发展的动力做出了全新的解释。他们认为，研究经济增长问题，有必要在传统的资本概念中引入人力资本概念，而不应仅仅考虑有形的物质资本。人力资本和物质资本都具有资本的属性，同时又有异质性。西方经济发展的实践已经证明，人力资本投资的收益要高于物质资本的收益率。社会拥有的受过教育和技能培训的健康工人对于生产力的发展具有巨大的促进作用。因此，重视和加强人力资本投资，提高人口质量，便成了经济发展的关键。人力资本概念的提出实现了把“资本”从最初的物质资本向广义的资本概念的扩张,使资本成为了可以带来价值增值的所有资源的代名词。这样,人力资本就为资本主义社会人与人的关系附加上了一种技术因素,即从最初的资本与雇佣劳动的关系演变成了资本家与具有技术能力的工人的关系。人力资本概念的提出,不仅有效地揭示了物质资本运作过程中科学技术和人的技能对经济发展和社会生产力的巨大贡献力,而且资本主义国家通过大力发展科学、教育、文化和社会保障事业来提高劳动者自身素质的方式,在一定程度上调节了资本主义社会人与人的关系,从而进一步缓和了资本主义日益尖锐化的社会矛盾。

第三,20 世纪 80 年代后,资本主义发达国家先后进入了后工业社会。然而,伴此而生的是社会出现了如普特南所言的“独自打保龄球”现象和弗朗西斯·福山所言的“大分裂”现象,这其中最为典型的问题是社会资本的流失问题。这种社会资本流失问题主要表现在政府的权威不断流失、公民参与社团的积极性大为降低、公民花费在志愿事情上的时间不断减少、关心公共事务的责任心不断下降、公民彼此之间的信任度严重下降、公司财务丑闻不断涌现、机构与团体之间的协商与合作精神缺乏、社会交易成本不断上升,等等。相比较托克维尔在 19 世纪 30 年代考察美国民主历程时广泛存在的协会精神、公共精神而言,当今发达资本主义国家普遍存在着严重的信任、参与、互惠、合作精神缺失危机。这种社会资本流失的状况,直接导致了资本主义发达国家出现了社会价值失范、社会秩序失控、经济发展后继乏力、社会矛盾不断增多等问题。为此,西方国家的众多社会学者和政治学者提出了各种解决方案,其中最为根本的一条就是重建社会信任的基础,即试图通过社会资本这一理论架构,重新强调社会信任、社会规范、互惠、社会网络、协商与合作的价值及其基础性意义，以期通过此种方式来全面改善资本主义社会人与人的关系。也就是说，为了推进资本主义的发展，改善资本主义的社会关系，不仅需要有物质资本与人力资本的良性运作，而且还需要有立基于社会信任、社会规范、互惠、社会网络之上的社会资本的良性运作。否则的话，一切东西都免谈。

应该指出的是，社会资本概念及其理论架构的提出，是资本主义国家学者对当今资本主义社会能否走出泥潭、再次振兴的一种理论关切，也是对资本主义社会中人与人的关系日趋恶化的一种事后补救措施。它并不是包治资本主义百病的灵丹妙药。就连一些西方学者也认为，社会资本不可能取代政府的公共政策。社会资本流失了，其重建过程更是一个长期艰难的过程。因此，社会资本作为一种解释社会的理论工具，不可能从根本上改变资本主义必然灭亡、社会主义必然胜利的历史规律。这是我们在借鉴社会资本这一研究范式时必须注意的问题。

二〇〇三

治理与社会资本

“治理”概念在我国的提出，说明我们在公共管理上的观念有变化。治理与社会资本有着密切关系，但是无论东方还是西方，实现“治理”都存在不少困难。首先，治理的实现要求我们对政府的概念认知有所变化，前提是从“治人”向“治事”的转变，这个问题 20 世纪 20 年代英国的费边派就提出来了。其次，治理要求形成治理的多元化的主体，治理是与社会的多中心分不开的。美国人把监狱都可以交给私人管，这与其社会的自理能力有关，即社会资本比较多。

社会资本的引入，可能会产生悲观主义，因为在当今社会，社会治理根本不可能离开政府这个中心，在这个意义上可以说，“治理”是个乌托邦。但是这个概念也带来一种新的理念，即在市场失败和政府失败的情况下，必须发展社会的自我治理能力，发展社会资本，由此我们知道了问题在什么地方，可以朝什么方向努力。社会资本的关键是诚信，这个概念的提出说明资本主义已经重新关注社会关系的重要性，希望通过恢复人文价值为资本主义的发展输入活力。从马克思的资本概念，到舒尔茨的人力资本概念，再到普特南等人的社会资本概念，反映的是资本主义不断重视人本身的价值，重视社会关系的协调对于资本主义发展的意义，这是资本主义的进步。但是，社会资本不可能代替政府的公共政策，它仅仅对政府的主导作用具有补充和辅助的意义，这一点很多研究者都已经指出来了，所以社会资本也不是解救资本主义包治百病的灵丹妙药。我们的很多学者提到中国儒家学说有很丰富的社会资本，希望通过复兴传统文化来振兴中国经济，这实际上重复了文化决定论的错误。

二〇〇二

人民的权利是法治的精髓

所谓以法治国，其核心内容就是法治。而法治的内涵既包括宪治民主的精神和原则，也包括实施宪治的民主制度。法治国家充分体现了现代宪治“一切权力属于人民”和“人民当家作主”的精神。从根本意义上说，依法治国的法治在价值取向上首先是维护人民管理国家的权利，是人民管理国家需要宪法和法律，而不是国家需要宪法和法律管理人民，尽管人民也要受法律的约束。毋庸讳言，长期以来，我国因受封建传统文化的影响，常常采取工具主义的态度对待法制建设,法制不是为了“人民管理”国家,而是为了国家管理人民。从十一届三中全会提出“健全社会主义民主与法制”到十五大提出“建设社会主义法治国家”,将进一步体现民主与法制的结合,进一步凸显人民依法治理国家的民主宪治精神。

在法治上,人民的权利要用宪法和法律来保护。人民用权利制定了宪法和法律,宪法和法律又赋予了人民各种权利。依法治国,法治国家的前提是“国家的一切权力属于人民”,因此,国家政府的权力是人民授予的,是有限的,不能超越人民授予的权力范围,政府必须依法行政,对于越权的行为同样应该受到宪法和法律的监督和制裁,从根本上改变全能政府的观念,政府行政与不行政都应该受到宪法和法律的约束。在传统的法制观念下,似乎法律主要是用来惩治人的违法行为,而政府行为却总是置于法律之外,甚至是法律之上的。依法治国,建设社会主义法治国家必须改变这种观念,任何国家权力部门都必须置于宪法和法律之下,行政部门必须依法行政。司法部门必须依法办案,作为国家最高权力机关的人民代表大会和它的常委会都必须依法行使权力。当然,在我国的现实情况下,最根本的是要使“全能政府”转变为“有限政府”,以实现法治国家的目标。多年来,我国的政府体制改革的注意力主要集中于简政放权、精简机构、转换职能,当然,这些都是很重要的,并且取得了一定的成效。但是,依法治国与法治国家都要求通过宪法和法律限制政府权力,制止其膨胀和异化。

显然,在社会主义市场经济条件下,依法治国,建立权力有限的法治政府具有特别重要的意义。市场经济不同于计划经济,是一种权利经济,在市场运作过程中各个分散决策的主体的权利,如果得不到承认和保护,那就不可能发育成健全的市场经济,权利经济的主体就根本活跃不起来。因此,限制政府的权力,才能保护权利经济主体的权利。正是这样,十五大报告明确指出:“依法治国,是党领导人民治理国家的基本方略,是发展社会主义市场经济的客观需要。”但是,事情的另一方面,也是不可否认的。时至今日,利用市场经济实现社会经济现代化的国家,却不得不依靠加强政府的政治起推动作用。在我国,由于市场经济是从高度中央集权的计划经济转型过来,对政府具有更大的依赖性,因此,既要有一个高效的强政府,又要限制政府的权力,这就必然陷入矛盾之中。要解决这个矛盾只能走法治政府的必由之路。依照法律,政府只管它该管的,在这时,它将是一个强政府,但是绝对禁止政府行使宪法和法律没有赋予的权力。为了真正做到这一点,那就不得不把政府的行政裁量权威降低到最低限度,尽管行政裁量权对一个高效率、强有力的政府来说是不可或缺的。

从根本上来说,人民当家作主是社会主义国家人权的核心,即使修改宪法也是改变不了的。而每个人的权利,根据人民当家作主的逻辑和民主宪治的精神,只要不违反法律,就是不可剥夺的,不违法的行为就是不受惩戒的。否则就谈不上什么人民当家作主,人民对自己个人的权利都不能保护,还能当什么家,做什么主呢?从历史经验来看,依法治国,法治国家的实现必须要有稳定的、健全的宪法和法律体系,还必须要有公正合理的法律程序。值得注意的是,一般而言,实行民主制的国家,必须依法治国,但依法治国的未必是民主制国家。道理和原因很简单。从经验实证分析看,世界上不乏其例。从理性分析看,缘由主要在于法律和法治的价值内容和取向。因此,社会主义民主制度不仅能保证人民当家作主,而且作为法律和法治的价值取向,只有通过加强社会主义民主制度的建设,才能实现依法治国,把我国建设成为社会主义法治国家。

一九九八

政治文明的基本要素

自中共十五大提出"政治文明"这一重要概念后，关于政治文明的著述在短短的时间内可谓汗牛充栋。但是究竟什么是"政治文明"？说法很多，没有一个权威的说法能够让大家接受。这里恐怕还不仅是一个缺乏学术交流的问题，人文社会科学本身的特点就是依靠对基本概念和范畴的提炼和争论得以发展的，政治学就更是如此。在政治领域，各种政治力量都会根据自己的政治要求和利益来理解(还要尽可能影响其余的人)一些基本的政治学范畴，并且把这种理解说成是具有普遍意义的真理。我们这里不涉及价值问题，仅仅从一般"文明"得以成立的基本条件谈谈这个问题。

构成一种文明体系的要素可能是很复杂的，但是有三个最基本的要素是不可少的，这就是稳定的制度体系、知识体系，以及沉淀在一定群体或社会中的文化心理结构，政治文明也是如此。具体而言，一种政治文明得以成立的条件应该同时具备包括制度、知识、政治文化三个层面的统一，如果仅仅存在一个或两个要素，或这三个要素是分离矛盾的，就不能说是一种不同的政治文明，最多只是已经存在的政治文明的某种混合物而已。

二〇〇三

政治文明与政治知识化

在政治文明的三个部分中，政治的知识化是一个非常关键的环节，它对制度和公民文化能够产生推进作用，也是我们可以更好地发挥主观能动性的领域。通过政治知识化促进政治文明的发展既是政治发展的一般规律，也是西方政治文明成长的重要经验。所谓政治知识化，不仅包括借知识“识”政治的一面，更含有将政治本体建构成知识、转化为知识的一面。也就是说，政治知识化是把政治本体建构成“见而知之”“闻而知之”的寻常现象和借助其他知识来把握这一寻常现象的统一。成功的政治知识化需要有漫长的积累，一般包括政治理念提炼（哲学化）、政治制度与方法验证（科学化）和政治知识与技能传播（社会化）三个基本环节。通过这一过程，人们得以获得认识政治的共同平台，使政治告别神秘化、臆断化，走向科学化、规范化和平民化，而成为大众可知、可与、可议之物。政治知识化是制度构建的基础，也是引导公民文化形成的力量，因此政治知识化是政治发展的重要途径。

政治知识化是促进政治发展的关键环节，是社会主义政治文明建设的关键要素。马克思主义理论转化为一种成熟的政治文明，关键是在马克思主义的指导下建构政治知识体系，产生成熟的政治学，由此形成社会主义独特的政治制度，塑造和培育成熟的社会主义民主政治的公民文化。这都要在政治实践中进行积累和创造。

我们经常讲，现代中国政治学有三个理论来源，即中国传统的政治思想、西方政治思想、马克思主义的科学社会主义，每一种来源都有相应的制度安排。不过非常遗憾的是，这“三种”来源长期以来仍然是分离的“三个”部分，并没有实现有效整合，在制度、知识、文化三个方面也往往存在脱节现象，社会主义政治文明只有成功地实现了三个来源和三个部分的有效整合才能有政治文明的发展。

二〇〇三

政治知识化促进制度成长

从制度与知识的关系来看，政治知识是制度建构的基础。在制度的创建过程中，政治知识提供了制度选择的空间；没有政治知识的储备和制度的比较研究，就谈不上“构建”制度，而只是既有制度的被动承受者。从过去的历史看，政治知识的繁荣发展是每一个民主国家成功建立民主制度的关键。对于每一个国家来说都有一些最关键的制度设计需要靠创新来解决，这些创新是不能靠移植的。如英国的立宪君主制、美国的总统制、法国的半总统制等都是从那些国家实践中探索出来的、符合本国特点的制度创新。美国思想家杜威说：“每一代人必须为自己再造一遍民主，民主的本质与精髓乃是某种不能从一个人或一代人传给另一个人或另一代人的东西，而必须根据社会生活的需要、问题与条件进行构建。”这是说的政治知识对于制度创建的重要性。

从制度的运作过程来说，政治知识的繁荣是必不可少的基础。任何制度都存在着自己的知识要求，制度本身在运作过程中随着环境的变化其功能也会发生改变，从而产生制度的磨损、短缺、失灵现象，这就需要知识的发展来为之提供发展动力和新的运作基础。如美国一部宪法管了200多年，真的就是它高明得不得了？不是的，除了宪法本身的简约外，还要靠司法解释来改变和推动的，而司法解释又直接受美国政治学发展的影响。当然我们不否认美国宪法所确定的基本原则比较好，因此至今管用。但是如果细加比较就会发现，美国宪法的变化是非常巨大的，这一点只要看一看总统地位的演变就知道了。在原来的宪法中，总统的权力受到严格约束，是很小的，但是今天美国总统的地位已经变成“帝王般的总统”了。相比较，我们过去的很多制度就没有发挥它的应有作用，如人大、政协等。现在讲制度的功能开发，靠什么开发？可能很重要的一点是要靠学者们的研究来推动，没有政治学的发展，制度的功能开发还是一句空话。

另外，任何制度都会产生制度异化现象，即制度的真实作用背离其制度精神的现象。制度异化是制度本身的常见现象，它的根源在于任何制度都只是一种规范形式，制度的作用取决于制度与制度之间的相互联系和补充，还取决于执行制度的人的精神状况。因此，制度都有两面性。防止制度异化的措施也有许多，如完善制度、提高人的道德水平、增加人们的政治知识等，其中政治知识的作用是很关键的。因为制度自身的完善是有信息成本的，不可能完全依靠制度自身解决制度问题，人的道德水平的提高也需要教育的促进。19世纪的英国政治学家约翰·密尔在《代议制政府》中就已经提出了这个问题，他认为只有通过提高人民的知识和道德水平才能解决民主制度自身可能存在的各种弊端。

二〇〇三

政治知识化培育现代公民文化

从公民文化与政治知识的关系来看，政治知识是引导政治文化的重要力量。19世纪法国政治思想家托克维尔在《论美国的民主》一书的绪论中指出：“一个全新的社会，要有一门新的政治科学。”他针对当时欧洲流行的哲学激进主义和保守主义两种不利于现代民主政治公民文化的思潮，提出立足于事实的、客观的、冷静的，同时又是为民主服务的政治学知识来克服哲学家们的激进倾向，批判柏克等人的维护贵族利益的不合时代潮流的保守主义倾向。现代公民文化有其民主的价值关怀，更具有立足事实的理性品格，它的基础既不是单纯激情的煽动，更不是来自自发的本能欲望。最先提出“公民文化”概念的阿尔蒙德认为，现代的公民文化既不同于传统的依附性臣民文化，也不同于前政治社会的地域文化，它具有参与性、复合性、平衡性的特点，它需要理性知识的培育，不能自发地成长。美国思想家杜威更是认为：“民主社会比其他各种社会更加关心审慎的和有系统的教育。”因为民主的社会既然否定了外部权威的原则，就必须用自愿的倾向和兴趣来替代它；而自愿的倾向和兴趣只有通过教育才能形成。更重要的是，民主社会意味着自由，自由也就意味着公民责任，这些责任必须要通过教育才能转化为公民心中的道德义务。

政治知识不同于一般政治思想的地方在于它结合了规范性与经验性，既不脱离价值关怀，又是一种以客观事实为基础的理性化知识；这种知识可以还原为制度，为人们所感知和把握。

二〇〇三

政治知识化的思维机制

现代主权观念是政治知识化的思维机制，这一点我国著名的新儒家牟宗三先生做过比较系统的研究。他在比较中西政治文化的差异时发现，中国政治传统中有“政统”“道统”，而无“学统”，他认为关键就在于中国人没有主权观念。在古代中国，政权是皇帝的私物，是靠“打江山”从别人那儿夺过来的，既然“夺”得来就可以“夺”得去。由此政权本身的一般形态和规律就无从得到探讨，跟着政权走的“治道”也无法实现客观化，“权力从何而来?”“财产从何而来?”等问题是不能追问的,只能停留于靠个人揣摩的主观状态,因此圣君贤相就成为老百姓无可奈何的期待。不过牟宗三先生并没有全面分析主权观念产生政治知识化的机制。西方的主权观念经过布丹、霍布斯的君主主权,洛克的议会主权,最后发展为以卢梭为代表的人民主权论。现在一般讲的主权论就是人民主权论。那么为什么只有产生了现代的人民主权观念,政治知识化才成为可能呢? 我们认为其原因主要在于:第一,人民主权观念破除了政治权力的神秘性,为政治现象的客观研究和政治知识的大众化提供了认识前提;第二,人民主权观念开辟了现代公共批评的文化空间,成为政治知识繁荣发展的重要条件;第三,人民主权观念一劳永逸地确立了权力的归属,从而把权力的运作过程和使用提上了议事日程,为现代政治的制度化提供了契机;第四,人民主权观念分离主权与治权的思想,使得现代公共管理独立出来,并且促进了公共政策研究的繁荣。

二〇〇三

政治知识化的动力机制

利益原则是政治知识化的动力机制。利益原则就是承认个人利益的合法性,把政治与中世纪道德分离开来,用现实主义的眼光打量政治生活。这一点在西方是马基雅维里完成的,因此西方学者大多把他看成是现代政治学的开创者。人性恶是资本主义政治文明的基本理论假设,也是促进西方政治学繁荣的基本思想观念。我国现代政治思想家罗隆基先生曾经提出,西方近代政治上之最大贡献在于把政治与道德分开,即把现代政治与神权政治下那些牵扯在一起的道德、宗教之烟幕意识分开。政治与中世纪道德的这一分离对于政治知识化是十分重要的。

具体而言:第一,政治与道德分离使政治摆脱了道德的主观内在性,成为客观的认识对象;第二,政治与道德的分离使政治知识摆脱了道德观念的多元性,使政治知识获得了普遍性,成为政治知识社会化的重要基础;第三,政治与道德的分离在一定程度上把人类从传统道德的严格约束下解放出来,提升了人类的主观能动性,使政治知识化成为改造世界的必须;第四,政治与道德分离也是现代政治制度得以成立和发展的一个前提条件,制度化既是政治知识化的表现形式,又是政治知识化的必然结果和动力。

马基雅维里的思想可能是有缺陷的,但是他所揭示的政治领域对人性的特殊假设的合理性已是现代政治学理论的共识之一,这一假设的必要性也不断得到数百年来政治实践正反两方面的证实。正如麦迪逊所说:"如果人都是天使,就不需要任何政府了。如果是天使统治人,就不需要对政府有任何外来的或内在的控制了。"如果相信道德能够解决一切问题,那么一切制度都会是多余的。这样,政治与道德的分离成为人性恶假定的前提,人性恶是制度化的动力,制度的不断供给又成为政治知识发展的强大动力。反过来看,中国传统政治知识化不足的一个原因也是中国传统文化关于人性善的假定,是中国文化中道德理想主义太浓厚,以致限制了利益原则生长的任何空间所致。显然,制度对于圣君贤相是多余的。当然,这里讲的政治与道德的分离,针对的是中世纪的道德,它与现代政治生活中的公共性道德并非一回事。

二〇〇三

政治知识化的社会条件

政治与经济的分离是政治知识化的社会条件。政治与经济分离的主要内容在西方也就是国家与社会分离，这一分离是市民社会得以生长的关键。资本主义政治显然是维护资本家利益的政治，但是现代资本主义国家却有着很强的相对独立性，国家不仅与部分资产阶级的利益不一致，有时甚至可能与整个资产阶级的经济利益产生冲突。这一点在马克思恩格斯关于资本主义国家是“资产阶级管理委员会”“总资本家”，希腊政治思想家波朗查斯关于资产阶级的“政治利益”与“经济利益”相区别的思想中得到了有力的说明。

资本主义国家的相对独立性产生的一个后果就是政治的“代理人”观念，亦即权力的使用者并不是权力的拥有者。资本主义国家是资产阶级的国家，但是从事经济活动的资产阶级缺乏政治领域所必需的“空闲”，而且作为一个“阶级”它也不可能亲自执掌权力，它必须要寻找自己的“政治代理人”。由于代理始终存在风险，因此监督和控制就是必不可少的。这种监督和控制的观念就使得政治在资本主义社会必然成为一种对象化的存在，因而成为可认识的领域。政治与经济分离产生的另一个重要后果就是为生产知识的主体——知识分子提供了相对独立的生存空间，也就为政治知识的繁荣提供了可能。一个社会的资源大致可以分为政治资源、经济资源和文化资源，无论从历史还是从现实来看，只有三种资源形成相对独立的、相互制约的形势，知识分子的地位才是有保障的，而其中政治资源与经济资源的分离又是关键。无论是政治资源独占经济资源，还是经济资源僭越政治领域，文化资源的生产机制都可能被扭曲、受阻。这一点哈贝马斯在关于晚期资本主义的合法性思想中做了比较深刻的揭示。

二〇〇三

政治知识化的制度机制

代议民主制是政治知识化的制度机制。显然,知识与制度是相互作用的,没有一定的制度前提,知识也得不到发展的空间。代议民主制通过议会活动的公开性、政党与普选制度、地方自治制度为政治知识化提供了重要的制度保障和基础。18世纪美国资产阶级启蒙思想家潘恩曾指出:“代议制把大量关于政府问题的知识普及全国,从而扫除了愚昧、杜绝了欺骗。在此基础上无法施展宫廷的鬼蜮伎俩。这里没有秘密,也无法产生秘密。”议会在西方不仅是政治公开化的重要渠道,而且也是政治家社会化的主要渠道。据统计,西方大部分政治家都有过做议员的经历。现代政党的竞选机制,对选民所做的广泛宣传、组织、动员,对反对党的批评,对党纲的解释和调整等,都极大地促进了民众的政治社会化,即政治知识的大众化。这与前现代社会政治社会化的机制是根本不同的,前现代社会可以通过宗教、社会权威、礼仪等的潜移默化影响,实现民众的政治社会化,而现代社会的政治社会化则必须通过政治知识的大众化得以实现。两种政治形态社会化的另外一个不同还在于,传统社会的政治教育主要是自上而下的规范教育而想方设法杜绝民众的政治参与,而现代政治则通过各种自治活动使民众获得实践教育。

二〇〇三

让制度运转起来的政治知识化

政治发展离不开政治知识化,政治知识化又离不开政治社会化,而制度建设特别是政治制度化的过程又是政治社会化的基本方式。制度治理对于政治发展来说具有非常重要的意义，对于革命后国家来说更是如此。这其中包含着两层意思：一是要有制度，二是还要让制度运转起来。制度与制度运转二者是辩证统一的关系，也可以说是相辅相成的同一政治过程。没有制度就谈不上制度运转，但没有制度的运转，也就等于没有制度。无论是制度建设，还是制度运转都是产生和创新政治知识的重要路径。但归根到底，政治知识化的每一步进展都要通过制度过程才能真正完成。正是由于这样的逻辑关系，我们应该让制度运转起来。

在政治社会生活中，制度的重要性既是理论问题，也是实践问题。从20世纪后期以来，制度的重要性普遍受到关注。西方学界跳出行为主义，从理性上强调制度不全是“游戏的规则”，它关系一个社会建立什么价值的问题，并认为经过“政治制度的忘却与重新发现”后，“制度研究已经处于当代政治科学理论的中心地位”。在我国，促使人们高度关注制度问题的原因，毋庸讳言，是经历了十年“文化大革命”动乱的切肤之痛。正是经历了这场浩劫，人们才从“人治”的传统中醒悟过来。因此，在改革开放之初，邓小平作为总设计师就深刻地指出：“制度好可以使坏人无法任意横行，制度不好可以使好人无法充分做好事，甚至会走向反面。”因此，我们总是把政治体制改革与制度建设联系起来同步进行。

制度建设和制度运转是相辅相成的同一政治过程。只有让制度运转起来，才能发挥制度的作用，才能使制度完善、优化和创新。历史的教训说明，我国1954年制定的第一部新宪法所确定的中国共产党领导的、人民当家作主的民主制度，尽管在今天看来还不够完善，但是，我们不能不认为这是一部中国人民经过百年斗争而得来的好制度。

可是,我们并没有让它真正地运转起来,以致几乎成为被遗忘的角落。直到今天,有这段记忆的人们的心中还有一个很朴素的想法。如果让这部宪法规定的民主制度真的运转起来,我们的民主政治的发展历程也许就不会这个样子了,尽管历史是没有“如果”和“也许”的。另外,我们党早在革命年代建立的民主集中制也是一个好制度,可是在革命胜利以后,它的运转却慢慢地停下来了。不仅没有进一步完善和严格制度化,而且由于不运转而逐步发生异化,在“民主集中制”的名义下搞“一言堂”。邓小平在《党和国家领导制度的改革》这篇重要的讲话中深刻地总结了这个历史的教训。时至今日,这个总结仍有警示作用,我们一定要完善和创新,使它严格地制度化。否则,如邓小平所说,“过去出现过的一些严重问题,今后就有可能重新出现”。这是我们用没有很好地将这样的制度运转起来的教训换来的政治知识——政治需要制度化。

二〇〇八

在制度运转中推进政治知识化

政治制度建设是渐进的过程,任何制度都是在运转过程中逐步完善的。西方经济学家认为制度是“生长”的。在当今现实政治中,我们通过解放思想、改革开放,让人民代表大会这个新中国成立之初就立下的制度真的运转起来了。我们的民主政治发展大为改观,被讽喻为“橡皮图章”的形象正在逐步隐退。民主选举制度,特别是基层直选制度、质询制度、听证制度、巡访制度以及各种监督制度等,它们在制度创新的道路上一个一个地悄然生长出来。每一个制度的生长都是民族政治知识和政治技能进步的结晶。

毋庸置疑，这些新生长出来的制度是不够完善、甚至是很不完善的。但是，只要让它继续运转，总结经验，改革创新，就会完善起来。从这些年基层民主选举来看，由于让制度运转起来，各地方的选举就有许多创造。这些创造既是民主政治制度治理的实践，也是经验和知识的积累，对选民更是民主政治的训练和教育。只要我们在总的方面坚持党的领导、人民当家作主与依法治国有机结合起来的原则，让人民在民主政治运转过程中学会过民主政治生活，制度会自我完善，人民也会自我扬弃不合原则、不科学的东西。

在一定意义上，制度只有运转起来才会逐步完善，而绝不会在人的头脑里完善起来。近年来，立法和行政部门常用听证制度来解决立法和决策难题，这就是让听证制度运转起来，是一大进步。但是，就严格的制度要求来说，在法律、规则、程序等方面是不完善的。特别是有的部门在运用这一制度时却从根本上违反了民主立法和民主决策的理念，从主观需要出发进行设计。规定陈述人和陈述内容，假借听证形式，制造民意，欺人欺己，以致借此作秀，为政绩造势。尽管如此，听证制度仍是个好制度，只要真的运转起来，它会通过法律化、制度化、程序化、科学化逐步完善起来。2007 年，某市人大常委会为召开某一事项的立法听证会，在媒体公开发布预备立法的名称、主题和基本内容，并告知市民凡愿到会作陈述者，可拨打电话或登录网上报名。这虽是一条不起眼的、不太会引人注意的信息，但它却告诉人们这个制度在运转过程中，在朝着民主化、公开化方面做改进。同时，在制度运转中人们也会逐步认识它，发挥和开发它的功能。听证制度不仅可以让当局了解民意和不同阶层的利益诉求，而且可以集中民间的智慧、知识和经验，为立法和决策提供科学基础。并且，这也是一种公民有序的民主政治参与，是对公民的民主政治训练和教育，可以培养公民对公共事务的负责精神。让制度运转起来，不仅可以改进和完善制度本身，更重要的是可以为民众提供接触政治、认识政治、发现政治魅力的机会。

同时，随着制度运转起来，制度间会产生结构性作用，相互支持、互为补充，政治制度建设的规律也会显露出来。《人民检察院信访工作规定》中就有这样一条，对重大、复杂、疑难的信访事项的答复可以举行公开听证，通过答询、辩论、评议、合议等方式，辨明事实，解决问题。显然，这就发挥了制度的结构性作用，把制度配套起来，加倍地发挥制度效应。以此类推，信访制度也可以与巡访制度结合起来，可以进行针对性的巡访。信访事项中如有重大的贪污腐败、以权谋私问题，可以通过巡访制度进行调查问责。如果事实确凿，就应进入制度运转程序；若事出有因，查无实据，也应该还当事人以清白。这样，信访制度也可以发挥积极保护正当权益的功能。

在这里，我们可以清楚地看到，制度功能要在运转中才能逐步显示出来，这要靠人去认识它、挖掘它，这也是人与制度的一种关系。西方有位学者曾经说过，“制度是活的东西，是不轻易将它的秘密透露给刻板的文字的”。只有让制度运转起来，人们才能由表及里、去伪存真地触及政治运动的规律，在促进政治知识增长的过程中使政治发展的道路变得豁然开朗。

钱穆先生在研究中国政治制度史的《中国历代政治得失》一书中探讨了“制度生长”“现实环境”与“理论”的关系，他认为：“制度须不断生长，又定须在现实环境、现实要求下生长，制度决非凭空从某一种理论而产生，而系从现实中产生者。唯此种现实中所产生之此项制度，则亦必然有其一套理论与精神。理论是此种制度之精神生命，现实是此制度之血液营养，二者缺一不可。”这一见解，颇有启发。制度背后还有制度精神，还有政治知识的累积，因此，让制度运转起来需要有政治知识化为支撑。同时，让制度运转起来又是推进政治知识化的现实路径。

二〇〇八

政府与民间组织的关系问题

民间组织是一个复杂的社会现象，我国政府将它分为三大类，即社会团体、基金会和民办非企业单位。概念很明确，但其内涵却是非常丰富复杂的。从国内外学术界的研究情况来看，由于研究的视角不同，民间组织常常被给予不同名称，诸如："非政府组织""非营利组织""第三部门""独立部门""志愿部门""利它部门"等。不过总的是把它定位于政府与市场之间，与政府相对而言，是"非政府组织"，与市场体系中谋求利润最大化的企业相对而言，是非营利组织；而从它在政府与市场之间的地位来看，那当然就是作为"第三只手"的"第三部门"。对于如此复杂的社会现象，政府怎样处理与民间组织的关系，恐怕很难用"管"还是"不管"来做简单的回答。特别是在今天的条件下，随着社会主义市场经济的发育和健全，社会利益的多元化，以及社会阶层和利益的分化，在政府与市场之间的很大空间里，民间组织必然会应运而生，而且政府为实现和谐社会建设目标，迫切希望发挥作为社会自身力量的民间组织的作用；同时，毋庸讳言，由于历史的原因和现实中认识上的误区，政府对民间组织既有疑虑，又有很多的期望，因此，在政府与民间组织的关系中，存在着一些值得探讨的问题。

民间组织是随着社会主义市场经济的形成和发展而逐步发展起来的。新中国成立以后，中国共产党对旧中国的社会结构进行全面改造，建立新的社会结构，通过取缔、取消、整合，清除了所有旧中国遗留下来的状况复杂的民间组织，最终形成了单位化的社会结构。事实上，相当长时间内民间组织已不存在，而所有以民间名义新建的组织，诸如对外友好协会、外交学会无不都被纳入政府行政系统或者是中国共产党的外围组织。在社会主义市场经济体制基本确立以后，民间组织骤然增加，特别是进入 21 世纪以来，据统计 2001 年社会团体达到 12.9 万个，2002 年为 13.3 万个，2003 年为 14.2 万个，2004 年为 15.3 万个；民办非企业单位 2001 年达到 8.2 万个，2002 年为 11.1 万个，2003 年为 12.4 万个，2004 年为 13.5 万个。民间组织的迅速发展不仅反映了社会主义市场发展和成熟度的提高，而且也反映出政府降低了门槛和加大了政策上的扶持力度。

近年来，民间组织发展很快，但是由于转型期的社会发展还不健全，它也是不成熟的；加上历史的原因，政府在管理上心存疑虑、政策谨慎、管理严格。1989 年以后，政府出台了一系列的条例、规定、办法，形成了对民间组织双重负责的管理体制。在具体管理层面上，登记机关负责登记审批、指导检查监督，并依法查处违法违纪行为；挂靠的业务主管部门则要负责组织申请登记、思想政治工作、党的建设、财务和人事管理以及对外交流和活动。显然，这样严格的管理在特定的条件下是必要的，或者说对有些组织是必要的。但是，这样不加区别的严格管理，不利于民间组织的发育健全，也不可能达到我们所期望的目标。其后果一种是可能又回到新中国成立初的状况，民间组织被整合成为政治化的和行政化的组织；另一种可能是看上去管理很严格，但事实上由于民间组织繁多，主管单位鞭长莫及，加上组织资源和经费的短缺，有条例、规定、办法，却没有落实的组织保证，加上管理的二元结构，利益的冲突致使严格管理大打折扣。从现实情况看，后一种可能不仅存在，而且还比较严重。有些非政府性质的组织就异变为“半行政组织”,或称之为“二政府”。无疑,这样的“管”,是“管”得太多了,政府必须摆脱出来,还民间组织的“民间性”。民办非企业性质的组织,从非营利异变为营利的,状况也比较严重。当然,这些状况是必须管的,但由于情况复杂,管理资源有限,管理常常陷入两难的困境,加上它们与挂靠单位常常存在密切的利益关系,因此,要管、想管,却很难管起来。总之,随着民间组织的增加,政府对它们的“管”与“不管”存在许多应该深思的问题。

二〇〇六

对待民间组织的“管”与“不管”

从深层次角度说,在目前条件下,推动和扶持民间组织发展,是社会建设的需要,是政府行使社会职能的重要方面。政府对民间组织的“管”与“不管”都是为了民间组织的健全发展,政府必须从这个理念出发,而不能认为扶持和放手让民间组织从事社会公共事务,还不如由政府自己直接来做。且不说这是不可能的,更重要的是政府不仅行使政治的和社会的职能,管理社会公共事务,而且还着力于培养社会成员的品质,就连资产阶级思想家约翰·密尔也认为“对任何政治制度来说,首要问题就是在任何程度上他们有助于培养社会成员的各种可想望的品质——道德的和智力的,或者可以说,道德的、智力的和积极的品质”。民间组织是公民自我教育的组织形式,组织起来管理他们之间的公共事务或全社会的某些方面的公共事务,并在管理各种各样的公共事务中,培养道德的、智力的和积极的品质。人作为社会动物应该是有这样的本能的。所以,马克思认为“自由人的联合体”是人类社会历史发展的方向。人会自觉地把每个人自己的劳动力组织起来，当作社会的劳动力来使用。在这里，当然不是说民间组织就是“自由人的联合体”，而是说明人作为社会动物会本能地组织起来管理他们自己共同的、公共的事务，并可以从现实做起以达到未来的理想社会目标。我认为，不管怎样，这是政府对民间组织把握“管”与“不管”的基本出发点，也是一个基本的理念。

如果讲得现实一点，政府管好民间组织，推动和扶持民间组织的发展，也不仅是减轻政府社会管理的某些职能任务，而且更重要的是培养公民的参与精神，在民间组织以及各种组织间的网络中，使公民养成协商、诚信、互利的精神，积累社会资本。由此可见，政府“管”好民间组织，要“换一个方面”来设想，不是政府管不好的、管不了的，让民间组织去管、去做，而是民间组织能管、能做的，政府尽量不要管、不要做。当然，这是从民间组织的历史发展方向而言的，也是政府在与民间组织关系中把握“管”与“不管”的更具积极意义的理念。

现实中的民间组织是非常复杂的，因此，在把握“管”与“不管”之间，应有区别。没有区别，就没有真正有效的管理。如果从建设和谐社会的角度来区别，那就可分为正相关性的、不相关性的和反相关性的，以此我们可对“管”与“不管”进行区别对待。例如，曾经引起人们关注的伤害小动物的事件，假若有些人组织起来成立一个爱护小动物协会，在法律范围内进行志愿性活动，宣传人类的爱心美德，政府就可以“不管”，让它自愿地、自由地活动。这是一个比喻式的举例，不可能是很精确切实的。区别对待地把握“管”与“不管”，还有一层意思，也许也是更重要的，即由于民间组织处于政府与市场之间的一块很大的空间之中，加上数量日益增多的各种各样的民间组织各自的属性很复杂，边界也很难厘清，因此，对民间组织不宜不加区别地给予理想化的价值判断。即使与建设和谐社会呈正相关性的民间组织，在当今中国转型期的过程中，其自身也有一个成熟化的过程，政府不宜寄予过高的期望。

同时，由于民间组织的复杂，政府对民间组织的“管”与“不管”的把握，不是一成不变的，应该是动态的。因为在现实社会中，民间组织作为政府与市场间的存在，权力欲望和利益欲望都会产生非理性的诱惑，致使一些民间组织行为失范，甚至异化变质，成为另类。显然，在这里，就不是政府“管”与“不管”的问题，而是政府非管不可了。不过，我们最终的理念是“管”是为了“不管”。因为民间组织隐含着人类社会历史发展的方向。

二〇〇六

社会转型中的政治信任问题

社会转型过程中政治信任与政治不信任是并存的。政治信任直接关系到政治发展、政治稳定、社会成长以及和谐社会的建设。如果说社会信任是维系社会秩序的底线，那么政治信任则是政治权力和政治制度合法性的基础，因此，政治信任是政治学研究社会转型理论中的一个特别关注的命题。但是，在政治实践中，政治信任与政治不信任是密切相关的。政治信任是因为存在着政治不信任的危机而显露它的重要性，而且政治信任和政治不信任在一定的条件下是会相互转化的。社会转型中的政治信任和政治不信任对政治发展和政治稳定的作用同样重要，实际上是一个问题的两个方面。

政治信任和政治不信任作为政治学研究的问题，与伦理学研究的社会信任和社会不信任是不完全相同的。从理性上说，政治不信任并不一定都意味着社会道德和个人人格上有问题。

政治信任并不一定都是积极的,政治不信任也未必都是消极的。特别是在社会转型期,政治不信任并不一定是坏事,不应该看作消极的,更不应该不作分析地看作负面的以至反面的东西。

在政治学领域里,政治不信任作为一个政治概念对政治制度的设计、建设和运作有着积极的作用。一般地说,政治制度的构建所作的政治规范,诸如什么可为,什么不可为都是以政治不信任的设定为逻辑起点的。改革开放以来,在政治制度建设中问责制、质询制的制度设计都是根据政治不信任的预设而制定的,如果不作这样的预设或作相反的预设,即政治信任,那就根本不需要问责制和质询制。这里的政治逻辑是很辩证的。问责制度和质询制度是以政治不信任的预设而制定的,但这个制度设计预期目的是要达到政治信任的社会效果;在政治过程中,通过问责和质询的制度运作取信于民,积极提高公权力的公信力。其他还有审计制、双规制度等,无不都是这个道理。

转型期的政治过程中,政治不信任从某种意义上说其积极作用还表现在对政治体制改革的起动结构作用。30 年前,没有对人民公社这种政社合一制度的政治不信任,就不会出现安徽省滁州市凤阳县小岗村这个农村改革的突破口。事实告诉我们,在政治体制改革中,许多重大改革都起始于对传统政治体制的政治不信任。道理很简单,任何改革,任何革命,都是不破不立,政治不信任是破的启蒙,是起了千里之行始于足下的作用。正是在这个意义上,当年马克思向一切旧制度宣战时,提出了"怀疑一切"。

当然,这样说,不能由此简单地认为政治不信任是政治体制改革的根本动力,否定一切,陷入政治虚无主义。在政治学理论上,政治信任和政治不信任都是认识和分析工具。所以,前文中我们只是谈许多重大的政治体制改革都是起始于政治不信任。

在这方面，政治体制改革中的事例还是很多的。其中意味深长值得一提的是贵州省苗族侗族自治州锦屏县平秋镇圭叶村2005年以“五瓣公章”为标志的权力运用体制改革。这可以说是一次朴实村民的非常朴实的权力运用体制改革，改革者们，试图通过“分权”形式，即将象征权力的图章一分为五，由五人各掌其一，使用时得五人一致，在选举学上叫作一票否决权，由此来保证公权力使用的公正性、公平性和公开性。显然，这一改革的起始点完全出于对原有的权力运用体制的政治不信任，而且是试图以“五人分权”来承诺取信于民，承认村民对村自治组织的公权力保留政治不信任的权利。当然，这是不是一种有效的改革，应该做怎样的价值判断，暂且不论。在这里，只是要说明，政治不信任具有双重的积极意义。它可以作为认识问题和分析问题的工具，并可能在解决问题的过程中，不受束缚，勇于创新。

同时，应该承认，政治不信任在民主制度中是公民的一项政治权利，而且作为公民权利表现形态的政治不信任是有法律和制度保障的。显然，通常人们不是这样看的。例如，政治选举和政治投票表决时，投弃权票和反对票，以及实施知情权等，其中都暗含着政治不信任的权利。现实中人们都把这些权利看作公民的政治权利。这是正确的，但其中有同样合理的逻辑，选举权、表决权、知情权从根本上说都是承认了公民有保留政治不信任的权利。公民为什么要知情，可以是为某种需要，也可以说是不信任，所以要知情，或进一步知情。

最近，《东方早报》根据它的OPO调查，在报端公布了一条上海“七成市民不相信楼市数据”的信息，这是保障公民知情权的一次实践，也表明公民有不信任的民主权利。应该说，这是改革开放得来的进步。在改革开放前，这样的信息在报上是不可能出现的。具有喉舌作用的报纸，只能讲政治信任、不能讲政治不信任，公民只有政治信任的权利，没有政治不信任的权利，这是很不全面的，在政治学上是与“人民主权”理论相悖的。

选举权、表决权、知情权等都包含了公民保有政治不信任的权利。在这里，通过比较，事情就更清楚了，改革开放前的那些特殊年代里，阶级斗争为纲，舆论要一律，选举要全票，表决要一致通过，如有出轨，轻则是不团结，重则是阶级斗争新动向。选举权、表决权、知情权中保留公民政治不信任权利的设定，在政治体制改革中似乎是不起眼的。但在比较的视角下，不得不承认，这样的进步是很巨大的。

以上从政治学理论上分析了当前社会转型中的政治信任和政治不信任，而且着重探讨了政治不信任的作用，认为政治不信任在政治过程中有积极作用的一面。这是一种学术探讨，而且是比较粗浅的。如果要使其成为学界取得共识的概念和术语，还需要进一步研究。作为术语的内涵、边界、作用都要深化，总结实践经验。不过，有一点是必须指出的，在政治思想上，无论是政治信任，还是政治不信任，都必须坚持基本的政治原则，作为认识和分析工具，都需要坚持克服政治盲目性、增强政治自觉性。

二〇〇九

学术体制与智库功能的发挥

中国的学术体制，大致上分成了社会科学院、高校、党校行政学院、党政部门等不同的方面或系统。实际上，现在还应该再增加一个方面，就是私人的研究机构。它们的具体情况我并不完全清楚，但我的看法是，这些不同的方面要有所分工，大家不要重复劳动。

在这个体制之下，对于研究什么问题，国家可以做规划，有总的协调机构；但另一方面，学者们最终研究什么问题，也可以自己提出。这两者可以实行“双轨制”，应当搞“双行道”，不要搞“单行道”。很多国家大体上都是这样做的。美国政府需要研究什么问题，就会给兰德公司、布鲁金斯学会等智库去做项目，还有一些基金会之类的机构也可以自己去搞。我们这些不同方面或系统的研究，也可以搞“双行道”。比如学校系统就应当如此，学者可以自己选择问题，也可以做国家规划提出的课题，我认为应该同等待遇。这样做，才会真正做到百花齐放，百家争鸣。

当然，现在也强调学术研究发挥智库的作用，以及建设专门的智库来支持政府决策，这可能也是改革的一个新的发展动向。智库肯定是相对政府而言的，其功能的发挥是面向政府的。中国的智库，当然也就是针对党和国家的智库。我认为，智库的第一个功能，一般是为国家的大政方针和政策对策，提供一些咨询报告和政策建议，这是智库最基本的功能。第二个功能，在某种意义上，智库起到了一种风向标的作用。也就是说，智库研究的变化，会在社会上起到风向标的作用。智库的第三个功能，是指国家运用智库，还可以发挥一种“试探气球”的作用。对于某些问题，政府可以通过智库来了解社会的反应，问题不是由政府自己提出来，而是由智库来提出，如果反对声很大，那就需要重新考虑了。第四个功能，智库本身也是人才培养的机构，是出人才的地方。有很多智库出来的人，可以去政府部门工作，可以到学术机构工作，也可以到高等院校中工作，形成人才的流动。大致而言，智库应当发挥这样四大功能。具体而言，对于智库研究，我有这样一些看法：

首先，我历来认为，智库的意见不是决策，政府也不要把智库的东西当成自己的决策。因为决策的关键还是政府自己的事情。智库只能提出对策建议,不可能提供决策。基本原因就在于,智库不一定要了解国家的全面情况,全国情况要由国家来充分掌握,而智库需要在具体的专业领域提供有针对性的意见。

其次,智库应当是多元的,政府不应只依靠一个或少数智库。多元的智库可能为决策提供多元的意见,这样才有比较。同时,也不要让智库仅仅去解释政府的东西,这就失去了智库的作用了,解释应当是政府的事情。而向政府提供政策建议的人,也不要以为自己就是正确的,特别是专家,不能搞学术霸道。中国的知识分子确实需要有民主精神,但自己的意见不一定非要政府接受,因为决策是要政府来做的,要考虑全国人民的利益,而不只是考虑一个智库的设想。

特别是在外交政策领域,美国常常针对某个问题有很多对策报告,并不只是一种意见。我看到过一个材料,美国与中国关系"破冰"的时候,最开始关于这个问题的报告有七百多个,以后基辛格将其汇总到三十多个,最后汇总到三个。所以执行的时候是按照三条路线来走的,一是通过巴基斯坦,二是通过波兰,三是通过罗马尼亚。最后的决策权在尼克松等人,智库只是提建议。

二〇一四

第十章　改革开放与国家治理的进步

透过经济看政治

"中国政治发展之再认识"是一个有现实意义的问题。时下,社会上对经济改革有不同看法,这正反映了经济体制改革的成功,从计划经济到市场经济完成了转型,自然出现经济利益多元化,这正是成功的一面。同时,这些不同利益需求能充分发展,正是人们长期以来对民主政治的诉求,也正反映了改革开放以来的政治发展和政治现代化有了长足进步。

透过经济发展看政治发展。尽管有人对改革开放以来经济发展中凸显出来的种种问题和矛盾深感忧虑,但是中国的改革所带来的经济发展是世界上最成功的、成本最低的、代价最小的。在过去几年里,我们应对并顺利地摆脱了亚洲金融危机的冲击,有效地抑制了经济运行中的不稳定不健康因素,克服了各种灾害的困难,提高了应对加入世界贸易组织以后国际贸易新情况的能力,使我国经济社会保持良好的发展势头,所有这一切充分表明,中国政府不仅有能力领导经济体制改革,而且有能力运用宏观经济管理驾驭市场经济。这种卓越的政府管理能力,从政治学上来说,就是政治体系的能力,是政治发展最核心的内容之一。因此。在以经济建设为中心的方针指导下, 一心一意谋发展的同时,我们的政治发展是与之并行不悖的。

透过经济体制改革看政治体制改革。毋庸置疑，随着改革继续深入和市场化加快，社会经济发展不平衡的矛盾越来越显露出来，诸如当前社会所热谈的医保问题、教育问题和房价问题等，其实这只是表象性的，而深层的是社会分化、利益多元化以及如何在现代化中科学解决城乡二元结构问题。这本是改革中可以预见、可以解决的问题，但不是单靠经济体制改革就能解决的。市场和政府是推动人类文明发展的两个轮子，在继续深入经济体制改革的同时也要积极地推行政治体制改革。其中特别重要的是政府管理体制的改革，在政治学上这叫作权力运用的改革。它是整个改革的中心，一头连着经济体制改革，一头连着政治体制改革。从当前煤矿非法经营、事故频发的事实中可以得到充分的证明。

透过经济建设看政治建设。经济体制改革为经济建设创造了条件，经济建设不仅是物质的，还包括经济制度、秩序以及文化和环境等。经济建设与政治建设的关系和经济改革与政治改革的关系一样，经济制度、秩序以及文化和环境在一定程度上是要通过政治建设来完成和实现的。因此，我们不能不看到，政治发展和政治建设正面临着艰巨的任务。没有政治建设，特别是政权制度和政治文明建设，就不可能有良好的经济制度、经济秩序以及有利于经济建设的文化和环境。

二〇〇六

处理好国权、政权与人权的关系

中国改革开放已经 30 年，这 30 年的政治体制改革和经济体制改革一样，也是在 1978 年随着十一届三中全会启动的，经过探索、部署、调整、推进这样一个艰辛的历程，一直到今天取得这样举世瞩目的成就。我们对这样的成就应当进行历史的理性回顾，北京有位经济学家讲过一句名言，他说，中国改革开放的成功得益于中国的政治优势。

当然，从理论上说，政治的制度安排对经济发展的作用肯定是很大的。有效的政治和有效的制度安排，可以有效地解决国权、政权、人权的关系问题。但是，在实践中是否所有的制度安排都能做到这一点呢？恐怕不是。从中国古代的大历史环境来看，没有哪个时期能够违背这三者关系而取得多大的成就。从政治、经济、文化、社会综合发展的角度来看，在相当的发展水平上，国权、政权和人权这三者才能有效地发挥作用，而且是相互之间的推动作用。

改革开放以来，我们历次的宪法修正基本上都要涉及权利分配问题，需要在许多具体制度和政策上进行相应的改革。例如在农村改革领域，就要涉及土地经营权、使用权的流转等具体政策问题。如果只解决这个具体问题，而不考虑由政府来提供一整套的社会公共政策，这就麻烦了。因为如果没有相应的政策保障，农民的利益很可能会受到损害。因此，我们不光是要处理某个具体问题，同时要有一套有保障的公共政策。由政府来解决问题，就可以避免拉美的教训。

由此，政府制定公共政策时，也必须充分考虑到国权、政权和人权这三者的关系。从根本上讲，无论是从国家的角度，还是从宏观发展的角度，改革的发展必须要处理好这个问题，即通过相应的政策供给来促进国家发展、提高政府效率以及保障人民权益。一位瑞士政治学家曾经讲过一句名言，他说改造世界要靠公共政策。而公共政策则需要根据不同的国情与发展状况来制定和实施，从而系统性地解决一个又一个具体的问题。

当然，在这个问题上，各个国家的成功经验值得相互参考和借鉴。中国的问题是中国的,而改革开放则为中国问题的解决提供了相当丰富的成功经验。从这个角度来说,中国改革开放的经验是中国的,同时也是世界的。

二〇〇八

改革开放成就的制度评估

对于改革开放,应该是官方自评或者专业研究机构来评估的。从学术的角度来讲,用学术概念来科学地分析,我的看法是这样的:浅水区的改革已经取得了比较完满的成功,深水区的改革刚刚开始。再深入分析一下,我们可以看到,就算是浅水区的改革,仍然遗留了两个问题:

第一个问题是制度化不够,取得了很大的成就,但是没有充分的制度化。我有一个说法,制度是文明的载体,也是政治体制改革成果的载体。一个改革的事业到最后,没有制度的结果,就不算完成。尽管我们取得了很多成就,但在制度化方面,还有很多工作要做。

第二个问题,浅水区的改革,实际上也有很多负面的问题。我们不光有很多成就,而且还带来了很多负面的结果。比如贫富差距、公平正义问题,以及更严重的腐败问题等,这些都需要解决。另外,改革进程中各种立场和趋向鱼龙混杂,也亟待辨识和清理。这些都是改革发展过程中带来的问题,比如很多贪污腐化的问题,就是钻了改革的空子。我认为,这些问题需要花更大的力气和勇气,同深水区的改革一同解决。

这是一种从学术角度所做的比较客观冷静的估计。有的人说,我们的成就很伟大,也有人说这些成就根本没有什么。我的观点不同于这两种取向,就是实事求是地讲,我们取得了很大成就,也带来很多问题和矛盾,上述两方面的问题不解决,深水区改革也难以进行。

二〇一四

全面深化改革的制度解读

关于全面深化改革,从发展的角度来看,实际上可以从三个方面来理解:第一,深化改革是要解决过去改革中没有触动的问题。过去解决的都是好解决的问题,而难的问题还没有太多触动。第二,所谓深化改革,要看到未来发展的过程中仍然需要解决的问题。过去某个阶段碰到的问题,现在向前发展了,出现了新的问题,这就需要深化改革。第三,要解决由过去的改革所积累的负面问题。改革的结果并不都是正面的,也有负面的,如贫富差距问题,就是改革不可避免要带来的问题,这些都要在深化改革的过程中解决。

如果从改革的深浅角度来看,应该说过去的改革也碰到一些深层问题,有些问题也解决了,如终身制就是深层的问题,已经得到了有效解决。再比如,如何从革命党转化为执政党,这个曾经的深层问题现在也比较明确了。

总体来看,中国在改革中没有碰到问题的领域很少,政治、经济、社会、文化、环境等领域,都面临很多挑战,而且也都存在深化的问题。现在,这些方面的改革都启动了,也都取得了一定的成就。但是,我们还面临着如何制度化的问题。改革不能人亡政息,而只有制度化之后,我们才能巩固改革成果,才能让改革稳定、持续、健康地发展下去。所以,深化改革一方面要解决过去积累的问题,另一方面还要进行制度建设。有了制度之后也要完善运转机制,否则有制度却不运转也是不行的。这些都是要通过深化改革来进一步解决的问题。

从改革历程来看,所谓深化改革,是相对于过去而言的。实际上,改革就像罗伯特·达尔所谓民主那样,是一个"未完成的旅程"。从一定意义上讲,哪个国家不需要改革呢?中国在发展中会不断碰到新的问题,这样的话,老的政策、制度、机制和组织就需要进行更新和改革。因此,概括起来,深化改革,一是要针对积累下来的问题加以解决,二是要对已有的改革成就进行制度化。

二〇一四

腐败的六个要素与反腐败

我经历了民国、新中国成立、改革开放直到现在,一个直观的感受就是,任何腐败问题都离不开权、钱、色、黑、赌、毒这六个要素。任何一个官员的腐败,几乎就是这六大要素之间的相互搭配、自由组合,这也可以说是现代社会的"六害"。那么,这"六害"应当如何清除?我的观点是,只要能把腐败控制在最低限度,就是成功,要清除干净是很难的,就好比流感、非典病毒,同人类是并存的,很难完全去掉。更何况,从某种角度上讲,腐败也是伴随人类文明社会而发展的。

上海近几年暴露的一些腐败案例,据我观察,基本都是围绕一把手发生的,无论是在市的层面还是区的层面。其中暴露的关键问题是:谁来监督一把手?我个人觉得,上海的干部如果被制约的程度能够狠一点,不会出那么大的腐败问题。所以我看还是我们制度上存在问题。就如邓小平所说,制度是带有根本性、全局性、长期性、稳定性的问题。

从这个角度来讲,我觉得上海的干部在防止腐败方面还是有希望的。应该说,从这些年来暴露的一系列贪腐案件来看,上海贪官贪腐的形式并没有发生新的变化。在反腐工作上,上海还是继续执行中央下决心、定调的传统路线。事实上,这种工作方式也很难有超越,其中主要问题就在于我们的体制和机制的“自我纠正”功能相对较弱。因此,腐败问题最终还是要从体制和机制,或者说制度的层面去加以思考和解决。

二〇〇九

邓小平对制度弊端的认识

邓小平的伟大之处,在于他是中国高层认识到制度重要性的第一人。在改革开放之前相当长的历史时期内,人们对于社会主义国家与社会发展中所出现的问题,更多的是运用马克思主义的阶级分析方法,从阶级和阶级斗争的角度来进行分析和论证的。对于阶级斗争的过分强调,不仅使其他国家尤其是西方国家的建设理论得不到正确认识和运用,也使我国现行制度得不到必要的反思,其所产生的错误也得不到有效纠正,并最终导致了“文化大革命”的悲剧。

然而邓小平在1980年的《党和国家领导制度的改革》(即“8·18讲话”)中并没有从阶级斗争的角度来分析新时期所面临的问题,而是上升到一个新的高度,从制度的角度来进行分析。从文本来看,“8·18讲话”着重分析了社会主义具体制度中所出现的五大弊端,从制度弊端的角度来论证社会主义制度进行改革的必要性和紧迫性,这在马克思主义发展的历史上还是第一次。邓小平在讲话中指出:“我们今天再不健全社会主义制度,人们就会说,为什么资本主义制度所能解决的一些问题,社会主义制度反而不能解决呢?”他在分析社会主义具体制度的五大弊端时，充分体现出一个历尽20世纪政治变迁与磨难的政治人物对于制度的重视，这些分析对于我们今天的政治改革而言，同样没有过时。可以说，对于制度与制度建设的重视，是这篇讲话留给我们的最重要的启示。

第一，在论述官僚主义时，邓小平并没有从所谓资产阶级的腐朽性入手，而是直接指出了官僚主义两大根源：一是党管得太多，二是没有严格的行政法规和个人负责制。这表明，这一问题的产生根源于制度，而问题的解决同样须要诉诸制度。

第二，在分析权力过分集中的弊端时，邓小平指出要从两个方面来切实解决这一问题，一方面要改善党的一元化领导，另一方面要进行合理的分权。这些都意味着制度改革思路上的重大突破，无疑是邓小平对于政治体制改革的开拓性贡献。

第三，关于家长制作风，邓小平指出这一弊端的产生是因为"民主集中制还没有成为严格的制度"。民主集中制在设计上并不存在大的问题，然而民主集中制在现实政治操作中一直存在"软执行"的现象，没有受到严格的制度制约。在今天的政治发展中，我们需要探索一种"民主集中负责制"，即决策者要对其所作的决策负责，需要更加明确的权责关系，这样才能使得民主集中制不至于流于空谈。家长制作风还与个人崇拜等党内不正之风有密切关系，邓小平甚至提出这样的批评："1958年以后，到处给毛泽东同志和其他中央同志盖房子，'四人帮'垮台后，还搞中南海地面工程，都造成很坏的影响，很大的浪费。"这些分析直接指出历史和现实中的问题，这在社会主义的文献中是比较罕见的。

第四，关于干部的终身制问题，邓小平没有将其完全归因于封建主义的影响，而是认为这一问题的出现是由于缺乏健全的干部制度，即干部的选举、招考、任免、考核、弹劾、轮换制度。如果没有健全的制度，领导干部最终可能还是会走向终身制或变相的终身制。这一点直到现在都是很重要的,因为今天的干部制度在一些问题上仍然缺乏明确的制度规定,例如党管干部的原则,还要有很好的制度性的解释和规范。

最后,对于特权现象而言,它的解决最终还是要诉诸对人民的民主权利的强调。邓小平指出,克服特权现象,要解决思想问题,也要解决制度问题,做到公民在法律和制度面前人人平等以及党员在党章和党纪面前人人平等,并使得干部处于群众和党员的监督之下。可以看出,邓小平对这一问题是经过深思熟虑和慎重思考的,他对于特权现象的分析主要是通过与过去的进行比较,但是他所指出的问题至今依然存在,这就使得这一分析至今仍具有不容忽视的指导作用。

邓小平对于社会主义制度弊端的分析,就当时而言,具有重要的创新性和突破性;就今天而言,也依然指导着我们对于当前发展中的问题的认识和把握。所有这些都让我们认识到,制度和制度建设无论对于历史的还是现实的发展而言,都具有举足轻重的作用。

二〇一〇

走出"历史周期率"的必由之路

从历史上看,无论是在中国还是在西方,制度问题都是一个极为重要的问题。1945 年黄炎培访问延安的时候,向毛泽东提出了著名的"历史周期率"问题,毛泽东回答说:"我们已经找到了新路,我们能跳出这周期率。这条新路,就是民主。只有让人民来监督政府,政府才不敢松懈;只有人人起来负责,才不会人亡政息。"建国之后,社会主义的实践虽然出现了重大的偏差,但却并没有得到及时和有效的纠正,这表明要走出"历史周期率",

单纯依靠简单的“民主”是不行的,还需要有一系列的配套措施和手段。邓小平指出:“如果不坚决改革现行制度中的弊端,过去出现过的一些严重问题今后就有可能重新出现。”而要想不重复过去的错误,使得国家政治生活正常化、秩序化和稳定化,就只有诉诸制度建设,以制度的建设和创新来保障社会主义政治文明的健康发展。

从比较政治制度的研究中可以发现,不同国家在制度建设问题上有着不同的发展路径和经验。就主要西方国家而言,法国从1789年法国大革命开始,一直到1958年戴高乐体制的确立,在160多年的历史中经历了多次的复辟和反复辟的斗争,政治制度也处于不断变动的状态之中。而没有出现这种动荡的国家,似乎只有英国和美国。英国的政治具有原创性、妥协性和保守性,其政治发展也具有相当的独特性;美国也是十分独特的,美国没有历史的负担,可以在新的环境中创造出设计精巧而且运行有效的政治运作模式。克伦威尔作为一名反体制的代表,最终仍然能够进入威斯敏斯特教堂受人瞻仰,就在于他同样代表了一种体制内的反抗精神,当国王不能够有效解决政治上的问题的时候,人民有权利反抗,但是这种反抗是在体制内的。而法国通过不断地修宪或者颁布新的宪法,政治体制的变革充满了动荡性,但是却并没有完全解决“造反”的问题。不能说法国的政治制度不好,任何政治制度的产生和发展都是基于不同国家独特的历史和社会背景的,不能简单加以判断,只是从社会的稳定和制度运行的有效性来看,英美两国的示范作用似乎相对更好。英美两国能够保持稳定和发展的最重要的原因,就在于它们创造了较为合理的政治制度,这也是它们留给人类的宝贵财富。

因此,邓小平能够把制度问题作为党和国家的一项重要任务提出,具有十分重要的历史意义。他在“8·18讲话”中指出:“斯大林严重破坏社会主义法制,毛泽东同志就说过,这样的事件在英、法、美这样的西方国家不可能发生。”他引述毛泽东的话语,一方面是表明制度的重要性早已被中国共产党人所认识,另一方面也隐含着要研究西方国家的政治制度的含义。他在批评封建主义残余影响时也指出,需要“比较各国的经验”。中国的社会主义制度中所存在的问题,需要在借鉴和吸收人类优秀的文明成果的基础上进行改进,创造出适合中国国情的政治制度,促进政治、经济和社会的民主化,推进社会主义政治文明建设,从而真正走出“历史周期率”。

二〇一〇

探索制度评价的基本标准

认识到制度的弊端和制度建设的重要性,就必然会涉及怎样进行制度建设、如何评价制度优劣的问题。1987年,邓小平在一次谈话中提出:“我们评价一个国家的政治体制、政治结构和政策是否正确,关键看三条:第一是看国家的政局是否稳定;第二是看能否增进人民的团结,改善人民的生活;第三是看生产力能否得到持续发展。”这些指标无疑是评价政治制度的重要标准,但是仔细考究的话便会发现,这些其实是检验制度运行结果的标准,而不是检验制度本身的标准。比较中国的经济和政治改革可以发现,中国的经济体制改革要先行于政治体制改革,而且是一个不断探索和“试错”的过程,但是政治体制改革由于牵涉的问题更为复杂,因此不能够轻易地“试错”。在这种情况下,如何能够使得政治制度达到这样的标准,就成为政治学研究值得考虑和研究的重要问题。

既然这些标准所评价的是制度的结果，那么制度本身的标准又是什么呢？从历史上看，一个国家要想拥有有效和稳定的政治制度，必须要解决国权、政权与人权三者之间的统一关系，处理得好社会则会得到良好发展，处理不当则会产生严重的后果。1989 年 10 月，邓小平在会见美国前总统尼克松时，首次提出了“国权”的概念：“人们支持人权，但不要忘记还有一个国权。”在此之后的一次谈话中，他又指出：“说起来，国权比人权重要得多。”邓小平提出这一不同于主权的“国权”概念，主要是为了反对西方借口“人权高于主权”而干涉中国内政的行为，然而这一概念也有助于我们思考国家政治制度的建构标准。人权是指人作为人而应当享有的权利，具有普适性的价值，中国在经历了多年的改革和发展之后，已经将尊重和保护人权写入了宪法，国家制度建设必须考虑人权的实现和有效维护。而政权是国家制度建设所围绕的中心，也是制度建设的试验场，政权建设的主要内容便是制度建设，这是毋庸置疑的。

总体来看，一个国家的政治制度的好坏，在国际层面上要保障国权，即国家的独立自主和领土主权完整；在国家层面上要结合国情促进政权统治和治理手段的完善；在个人或公民层面上要实现和保障人权，切实维护人民的各项权利。这三者之间存在着密切的关系，国权是政权与人权的外部保障，政权是维护国权与人权的现实力量，而人权则是国权与政权的正当性来源或合法性基础。因此，能否促进国权、政权和人权三者的统一，就成为检验制度本身优劣的重要衡量标准。

二〇一〇

发展社会主义必须注重制度建设

自“8·18 讲话”开始，邓小平对于社会主义政治发展不断做出新的论断和指示，尤其是在国家制度问题上，他做出了很多的突破。在改革开放已经进行了30多年的今天，我们回顾邓小平的伟大贡献的同时，也会发现我们的政治改革经历了重大的发展，而并非像有些人所批评的那样“停滞不前”。党的十六大提出要建设社会主义政治文明，并将政治文明同物质文明与精神文明一道，列为全面建设小康社会的根本任务。党的十七大进而提出要实现经济建设、政治建设、文化建设和社会建设四位一体的发展。可见，社会主义政治文明建设一向是中国特色社会主义发展过程中的重要问题。然而，结合邓小平关于制度问题的论述来反观今天，中国的政治体制虽然经历了逐渐发展和完善的过程，但是仍然存在诸如官僚主义和腐败等在内的各种问题，因此，制度建设与创新依然是发展社会主义政治文明的题中应有之义，必须加以高度重视并进行综合研究。

中国特色社会主义的发展，是对于科学社会主义的重大贡献，中国特色社会主义政治文明的进步，同样也是完善科学社会主义的重要内容。科学社会主义在理论上得到了不断地发展和完善，但是它在具体实践中的表现，却存在着重大的差异，并非那么“科学”。苏联自称是科学社会主义，我国也是在搞科学社会主义，然而，苏联并没有考虑如何使得科学社会主义制度化的问题，这一问题没有得到有效解决，是导致苏联国家体制发展僵化、衰落最后走向解体的重要原因。而在苏联解体之后，科学社会主义制度化的任务落到了中国的身上。制度建设与创新不仅是完善社会主义政治文明的需要，也是发展和完善科学社会主义的需要。我们应当不断完善社会主义国家的各项制度，切实推进科学社会主义真正走上科学之路。

二〇一〇

中国式民主就是中国民主

民主是个好东西,但中国式民主是否也是个好东西,对这个问题的认识还有分歧。有一本美国学者写的书,它的英文名本来是“*Government by the People*”,本意是“民治政府”,而中译本却把它翻译成《美国式民主》。此外,我还看到有位教授在《光明日报》上写的一篇谈中国式民主的文章,说应该把握中国式民主的“三个维度”。他实际上讲的是中国式民主的三个基本特点:首先是党内民主,其次是协商民主,再次是基层民主。他认为这是中国式民主的三个基本特色。

西方学者对中国式民主也有过这样那样的表述。埃及前任驻中国大使,是研究国际和中国问题的专家,他提出中国是“发展式民主”。有位澳大利亚学者提出,民主在当代的发展趋势是“监督式民主”,“选举式民主的大厦已经真正出现了问题”。

从这些文献分析上来看,依我的理解,“中国式民主”就是“中国民主”,最好不要讲这个“式”。国务院新闻办发表的《中国的民主政治建设》白皮书也说的是“中国民主”。这是官方的文献表述。

中国式民主就是中国民主,在这个命题中,我们应该把民主的问题限定在政权组织形式和国家结构层面上。民主有很多层含义,也有很多形态。萨托利写的《民主新论》一书,里面讲到契约民主、经济民主、社会民主等,他把“现代民主”的概念扩大了。

我理解的民主,还是在列宁观点的基础上,认为“民主是一种国家形式,一种国家形态”。即从国家形态来讨论民主,而不是讲民主思想、民主态度;是讲中国的国家制度、国家结构,而不是讲作风,民主作风就是说你这个人民主不民主啊之类的。从国家形态角度来理解中国式民主，我觉得是立得住的，从逻辑上说，这和“中国道路”“中国模式”是同样的道理。

二〇一四

中国民主的核心是人民当家作主

有位外国学者说，中国民主是好，是发展式民主，是随着中国经济、社会和政治的发展而发展的。中国民主好，不是说好得没有问题，而是在发展中完善自己。这符合我们的实际情况，每次党代会的决议都讲到这一点，我们的民主主要是靠制度的完善。

中国民主的核心是人民当家作主。王绍光教授也曾写文章说，“人民当家作主”是中国民主的第一定律。“人民当家作主”，最符合古希腊民主的本意。民主就是人民治理，人民当家作主，这最符合民主的定义。当然，谁能代表人民？代表怎么选出来？这其中的问题就多了。这还得靠中国人民的政治智慧，从实践和理论上逐步解决。西方民主的实践经验可以借鉴，但是说实在的，它可以借鉴的经验是有限的，因为整体上说它已经千疮百孔。

那么，中国民主是不是在发展呢？我认为确实在发展而且是有了很大的发展。从政治理性的角度来说中国民主好，得有说服力。中国民主的优点就是它是发展的。对于这一点，西方学者也承认。改革开放以来，中国的政治看上去变化不大，西方学者也认为，中国的政治外表看上去没有变化，但实质上内在的东西却在变化。如有中国人说变化很大的一点是发言自由权在扩大。西方学者看到的，首先是废除终身制。我认为，中国政治最大的、最深刻的改革就是废除了终身制。废除终身制，就是废除“皇权”。西方学者对此看得很重,我们中国的很多学者却没有意识到,认为中国的政治没有变。但这一条确实变了,很多都跟着变了,我们把“终身制”“家长制”从法律上、政治上铲除了,至于是否彻底,特别是在思想上是否彻底,那是另外一回事。

再比如一党执政,这些年来我们的变化也很大。西方也看到了,中共中央委员会的内部结构变化了。中央委员会里最开始是很多老革命家,到第十三届后就换成了很多技术官员,特别是科技类的官员,现在则是以法律和经济的精英为主。这是一个很大的变化。西方学者还看到,中央委员会每5年调整的幅度是60%,没有哪个西方国家的议会议员调整的幅度有这么大。换句话说,我们是内变外不变。还可以举例说,我们的局级领导层面是有缺陷的,过去中央很多政策推不下去。十八大后,习近平组织了很多领导小组和委员会,加强政策的推行,西方学者也看到了。他们认为,这说明中国的制度在发生变化。所以,我们的制度有个很大的特点,即内变外不变。

当然,制度是否完全变得很好了,那就未必了。这是我们要辩证看待的问题。我感到财政监督制度还没有根本变化,政府花钱没有监督。腐败官员一批批地被抓出来,“前腐后继”。过去还没有在家里存放上亿现金的贪腐官员,现在却有。问题确实很多。我们的民主制度、权力制约制度还存在很多问题。没有哪个国家,反腐败完全靠中央,全靠中央解决不了问题。很多国家的腐败问题靠地方就解决了。

尽管如此,讲中国民主,从发展角度来讲,还是可以接受的。这既是优点也是特色。民主本来就是个发展过程,不久前去世的达尔就曾讲,民主是个没有完成的旅程。他这句名言,是说民主没有终点。西方的民主,从议会制民主来看,也走过两百多年了。但西方学者认为,当前一人一票制、议会决策都受到挑战,整个民主制度体系也碰到很多问题。尽管如此，它还是民主，我们称它为西方民主。对于中国民主，我们在理论上、实践上都要认识到，它还处于初级阶段。当今有个现象，从事政治学研究的人，很少发表政治现实中重大理论和实际问题的文章。学界中讨论重大政治问题的，大部分是历史学家和哲学家。新权威主义就是历史学家讲的。政治需要更大的宽容度，否则大家是不敢讲的。过去能讲话的是梁漱溟，敢同毛主席老人家争一争。

还有一个问题，即中国很强调特殊性。但是当年梁漱溟和毛主席争论时，梁强调的是特殊性，说中国是特殊的，毛主席强调的是普遍性，说马克思主义是普遍适用的。毛主席在《矛盾论》中讲过，“由于特殊的事物是和普遍的事物联结的，由于每一个事物内部不但包含了矛盾的特殊性，而且包含了矛盾的普遍性，普遍性即存在于特殊性之中”。二者是相辅相成的。恩格斯也曾经讲过，不承认辩证法，是要受到惩罚的。但当前有人甚至用过去封建的东西来反对现代的东西，那就更荒唐了。甚至有人否定五四运动，这是不能否定的。民主和科学的旗帜不能丢。我觉得搞社会科学研究不能离开立场，没有立场就难以判断。正确的立场应该是客观的，是要根据事实分析的。也就是说，对中国式民主也就是中国民主的认识和分析，也有一个立场、观点和方法问题。要根据事实说话，要言之有物，言之有理。

二〇一四

比较研究是解读“中国模式”的钥匙

中国改革开放所取得的成就是举世瞩目的，但对于这个并非偶然的快速发展的现实是否构成一个“中国模式”，无论学界还是政界，不仅存在相反的看法，而且可能还一时说不清楚，还需要我们继续实践和认真研究。

无论是有的学者概括出的世界六大模式，还是西方模式、苏联模式、亚洲模式，决定这些不同模式的关键可归结为两组矛盾、四个因素。这两组矛盾是国家与社会、政府与市场。处理不同的国家与社会关系，处理不同的政府与市场关系，决定了不同模式之间的差异。因此，国家、社会、政府、市场是决定模式形成的四大因素。我们不同于斯大林模式的最大特点就在于发展了市场经济，同时还对权力结构进行了调整。

中国未来的发展应该取决于这两个关系的调整，这两个关系能调整到最理想的状态，中国的未来就有希望，中国模式就会成功。现在还很难说中国已经到了一个很理想的状态，还存在很多问题。比如说，在国家与社会关系上，我们的权力结构形式还有待完善。我个人认为，要完善权力结构形式，必须做到党治、民治、法治“三治”结合，即在中国共产党领导下，真正实现人民当家作主、依法治国。

二〇一〇

“中国模式”热问题的冷思考

关于中国模式的问题，我过去也做过一些研究，梳理过西方学者的看法和脉络。总的来讲，他们根据自己的知识背景和体验，从不同角度对中国改革发展模式做了不同的解读。简单来讲，所谓中国模式，其实同中国道路差不多，在某种意义上就是中国道路。我的看法是：首先，中国模式实际上就是一种对中国发展的分析框架，是要用这种分析框架来看待中国的发展；其次，中国模式是同苏联和西方比较而言的。

我曾经讲过，比较是解读“中国模式”的钥匙。我认为，很难用中国模式同其他国家进行优劣比较,因为每个国家都有自己的实践。有人也总结过德国模式、法国模式、日本模式、美国模式等,换句话说,没有两个国家有相同的模式。中国模式的框架是用来分析中国的,美国模式是用来分析美国的,因此模式总是在比较中产生的。西方学者也说过,世界上没有两个国家有完全相同的政治制度。有些国家看上去都是议会制,但实际上相差很大。英国、法国、德国、美国、日本、意大利都有议会制度,但相比之下差异都很大。我曾经研究过九个国家,它们的制度都大不相同,所以各种发展模式就更加不一样了。

那么,这个比较的过程中,有哪些因素可以抽象出来?我对这个问题做过一些探讨,我认为,确定一种模式无非根据三种关系性因素:一是政府与市场的关系,二是国家与社会的关系,三是分权与集权的关系。由此,在西方学者看来,中国的模式无非一种国家强、政府强和市场弱的模式。我看他们对其他国家的分类,所根据的无非就是这三种因素。比如他们分析德国或法国的模式,政府无非中性一点,既干预又不干预。国家与社会有的强有的弱,分权与集权有分也有合,但其中最重要的就是政府与市场的关系。中国学者的观点,基本上也是按照这种逻辑得出的。如果分成两个坐标轴,一对是大政府和小政府,一对是大市场和小市场,那么这两个坐标轴形成一个谱系,交叉的地方就形成了不同模式。当然,有的地方也用国家与社会,或者集权与分权,但主要就是这样的思路。

另外,在分析模式上,他们主要是从改革路径上来分析的。我看下来,改革的路径无非那么几条。一条路径是渐进的增量改革,很多国家都是这样,中国基本如此,英国也是如此。另一种是休克式的大换班模式,那就是俄罗斯、法国那样的做法。比如,法国换来换去,直到戴高乐时期才形成了半总统半议会制度。相较之下，英国也在改革，但到现在为止都是慢慢积累下来的。比如英国上议院改革了这么多年，是在慢慢地把世袭制的贵族减少，从而把贵族制取消。这样一来，就形成不同的改革路径。

如果说中国的改革有什么特点，我想可以归纳成这样几个：第一个特点，从国情出发，从易到难地推进渐进的改革和发展；第二个特点，吸收一切有用的经验，走自己的路；第三个特点，敢试敢闯，机动灵活，试错了就改过来，成功了就进行推广。比如现在对自贸区的试验，就是如此。

总结下来，我认为所谓中国模式，就是以社会主义为目标，通过改革开放进行政治、经济、文化、社会有序有效的发展，为人民谋幸福，构建和谐社会。这是我的概括，而这里面的内涵，就是以人为本——中国的模式要考虑以人为本，这是核心问题。英国学者梅因说过："一切制度均应当用于产生最大多数人的最大幸福。"因此，首先要走对方向，把社会主义当作目标，然后通过改革开放，来进行政治、经济、文化、社会的有序有效的发展，从而为人民谋幸福并建设和谐社会。

这种模式是符合中国传统的，中国历朝历代都强调国泰民安，只有符合这种要求的发展，才是合乎国情的。如果中国模式把老百姓都搞穷了，或者折腾老百姓，弄得国不泰民不安，那就行不通了。用一种不太确切的说法，其他国家的人们可能会更多要求民主等具体权利，而中国老百姓则更多要求国泰民安、生活幸福，这一点很重要。从这个角度来说，中国模式并不意味着要强求其他国家模仿。我们特别强调这一点，我们有我们的特色，但各国都可以创造自己的经验，形成自己的模式，毕竟世界是多彩的。

二〇一四

国家治理与民主治理的比较

"国家治理"是一个新的概念,主要是中国提出的,这个概念其他国家似乎是没有的;西方国家更多研究的是"民主治理"。在我看来,国家治理与民主治理是两种以不同政治制度作为支撑的治理。习近平总书记在纪念全国人民代表大会成立 60 周年的讲话中指出,中国的国家治理是以人大制度为支撑的。而相比之下,西方的民主治理是以代议民主制度为支撑的。因此,我认为这是两种具有不同制度支撑的治理方式。对于这两种治理来说,要更好理解中国的国家治理,就应当研究一下西方的民主治理。研究中国就需要研究外国,而研究了外国后才能更好地理解中国,要从世界的视角来看中国。这样来看,国家治理是一个新的概念,现在已经有相当多的研究来解释这个问题了。

西方最早重视"治理"概念,大概是 1989 年世界银行关于非洲的报告中提到的"治理危机"。此后这个概念逐渐被接受,一直到 20 世纪末以后才被广泛运用,并从国家层面的治理提升到全球治理的高度。最近这几年,西方学者又开始对治理概念进行反思,比如《国外理论动态》上就发表过相关的文章。从提出治理到对治理的反思,西方的研究发生了一定的变化,值得我们去思考。但是,尽管有这些变化,但治理的本质问题还在,核心内容没有变。根据这个情况,我试图对中国提出的国家治理和西方的民主治理做一个对比分析,主要谈三点内容,供大家参考。

第一,国家治理最核心的内涵是国家和治理的理念,而西方的民主治理是以新自由主义的理念和私有化浪潮为基础的。在西方,治理是对政府自上而下统治的激烈改革,让国家的职能只限于创造一个能使市场和公民社会发挥自身创造性的环境,也就是说,国家"退居二线",做幕后推手。但是,最近几年通过对民主治理的反思,他们意识到这个倾向有所偏颇了。特别是美国那位比较敏感的政治学家福山最近就讲过,如果缺少有效的国家,在治理中可能发挥作用的非政府参与者将不能实现大部分目的。这在很大程度上就纠正了他们原来的治理概念的内涵。从形式逻辑来看,西方治理理念中的国家与治理是此消彼长的关系,而我们的国家与治理是辩证统一的,强调正确处理国家与社会关系、政府与市场关系。也可以说,中国的国家治理发展是靠两个轮子来推动的。因此,中国的治理概念与西方有显著的不同,其核心是国家与治理的关系。

第二,中国的国家治理坚持人民当家作主、一切权力属于人民,而民主治理尽管也打造人民主权的旗号,但人民主权只体现在选举上。在对治理的反思中,西方学者也指出,选举可以使政府对公民更加负责。至少在一定程度上,公民可以通过公正的选举把不诚实的和无能的政府赶下台。这样的政府带来的都是低水平的治理,而这种政府是要被淘汰的。中国的国家治理也重视选举问题,但我们的理解是,一方面选举是重要的,但另一方面选举不是唯一的。前面提到的习近平总书记的讲话也指出:"我们要坚持国家一切权力属于人民,既保证人民依法实行民主选举,也保证人民依法实行民主决策、民主管理、民主监督,切实防止出现选举时漫天许诺、选举后无人过问的现象。"因此,我们强调的是把人民当家作主贯穿于治理的全过程,西方虽然也强调公民参与的问题,最后还是要落到选举上来。但实际上从卢梭那时起,人们对于选举问题就开始怀疑,即人民主权只有选举的那一刻是存在的,选举过后就没有了。当然,也有学者意识到这个问题要解决，比如托夫勒等人，但在某种程度上，西方还是出现了选举民主的迷信。可以说，国家治理打破了这个错觉和迷信，其中的关键就在于协商。毛泽东曾经讲过，我们的政府“可以叫它是个商量政府”。习近平也强调，做事都要商量。在商量的过程中，毛泽东强调两个词，一个是团结，一个是总结——处理问题，没有总结或者没有达到团结，都是不行的，这两个“结”确实是处理问题的关键，也是治理成功之本。

第三，国家治理坚持民主政治的优势，发挥党纵览全局、协调各方的领导核心作用，领导人民有效治理国家。我们特别强调这一点，就是要切实防止群龙无首、一盘散沙的现象，这和民主治理是存在很大不同的。西方学者认为治理是“没有政府的管理”，这是研究治理的主要西方学者在多年前出版的一本文集的书名。他们还认为，中央政府不是至高无上的，随着政治系统的日益分化，人们生活在一个无中心的社会，而国家也是多中心的国家。西方国家在这样的治理思想指导之下，不仅出现了美国人自己所说的治理能力的危机，甚至加剧成了政治危机，比如最近的苏格兰公投事件。相比之下，我们则是党领导下的政府和国家，政治体制并没有分化，而且在很大程度上实现了有效的治理和发展。这一点是与西方存在很大不同的。

从上述三点来进行比较，可以看到国家治理和民主治理之间的差异。总体来说，我们强调要把国家与治理统一起来，并不把国家简单看成是恶的，或者说，要把国家的善的作用发挥出来，也要把恶的作用变成善的作用。这在一定程度上也是中国长期以来的辩证逻辑的产物，如何处理好这种辩证关系，很值得我们去研究。

二〇一四

国家治理与法治德治的关系

我曾经讲过,国家治理与民主治理是两种不同制度支撑下的治理,而且,我也认为国家治理离不开政治、经济、社会、文化和生态这五个体系。在此我想重点讲一讲关于国家治理体系的关系问题。国家治理是一个体系,其中存在很多复杂的关系,例如治党与治国的关系、治军与治国的关系、政府与社会的关系、政治体制与治理的关系、法治与德治的关系等。人们对前面三个关系有一定的共识,我想就后面两种关系展开讨论。

第一个关系是政治体制与治理的关系。我认为,这种关系归根结底是一个制度问题。治理必然是在民主制度中产生的,如果没有民主制度,就不可能有治理的概念。治理是相对于统治、管理等概念提出的,在某种程度上意味着统治的民主化。因此,离开民主制度是谈不上治理问题的,没有集中的民主也是谈不上治理的,而如果是专政制度那就更谈不上治理了。所以我认为,治理本身与一个国家的政治体制有密切的关系。政治体制改革并没有过时,离开了好的政治体制就无法实现治理。我们进行政治体制改革,就是为了建设一个好的政治体制来实现我们国家的发展和治理的进步,这个道理应该是比较简单的。有人认为政治体制不是很重要,认为“治道”要比“政道”更重要,但实际上政治体制本身直接影响着治理的实现。这个问题不仅是中国的问题,还是一个普遍性的问题,是发达国家和发展中国家都要面对的。

我最近看到了美国学者福山所写的《政治秩序与政治衰败:从工业革命到民主全球化》。福山的理论强调一个国家要有一个国家的个体问题。美国就属于这种,它有了民主和法治,但是国家个性出了问题,因此美国出现了那样一个问题。从这本书可以看到,任何一个国家都会面临这样的问题,这是普遍性的问题。一个国家要管好,没有一个好的政治体制,没有一个好的制度,可能吗？不可能。所以我们现在不仅要重视治理问题,还要重视国家政治体制的改革,以及党和国家的领导制改革和完善的问题。我虽然同意福山对这个问题进行分析的命题起点,但我对福山整个框架的分析是不同意的。他有个很重要的观点,认为西方国家推行的民主如果缺乏国家建构的基础,就容易造成"民主—依附主义"。但我认为,专制的依附主义要比民主的依附主义还要可怕,而且专制必然会导致依附主义。因此,他的命题的起点是对的,但我不同意他的分析框架。他分析的是精神,我就更不同意了。他是用三维的模式来分析的:法治、民主、国家纪律。他认为一个国家要管理得好,这三维要平衡,那么怎么才能平衡？他认为要从各个国家的国情来看,"缺啥补啥"。但是,这个观点完全是不可能实现的,完全是理想的模式,是按照他的想象来讨论国家的发展。所以,我认为一个国家要重视国家治理与国家建设,而且沿着福山提出的这个问题,有很多内容值得大家思考。

第二个关系是法治和德治的关系。大家对这对关系讨论了好久,但到现在这个问题似乎也没有完全解释清楚,我讲的观点也不一定能马上解决这个问题。当然,中央对这一问题的判断是一致的,要坚持依法治国与以德治国相结合。我曾经讲过,要促进德治与法治的统一,应当思考的问题之一就是以德治国的"德"指的是什么德？是公德还是私德？对于一个国家而言,以德治国的"德"并不单单是个人修养或修身,仅靠个人修养是不能治国的。这个"德"在一定意义上应当是"公共道德",或者说公共权力的道德。按照这样的标准，即便要重视个人修养或者说“私德”，其目的也不是为了个人，而应当是为了更好地治理国家。因此，我认为以德治国的德应该是“公德”，通过这种道德的培育，可以促进民主政治的发展，也可以使公共权力获得道德的认同。对于政府工作人员来说，就是要培养敬畏权力的道德与自觉性，而在这个层面上，德治和法治具有同样重要的作用。如果离开这个层面的道德去谈纯粹的个人修养，可能会产生一些负面影响，比如可能会使一些人沦为“伪君子”，也可能难以促进公共道德和公共意识的培养。从某种角度来说，中国古代官员缺乏公共意识，他们可能强调以社稷为重，甚至强调民本，但说到底还是以皇帝为重。而很多老百姓也和官员一道忽视了法治和制度的建设，反而对皇帝和官员产生一种明君、贤相、清官的幻想。这些可能都是单纯强调个人修养所造成的后果。

对于这个问题，很多人都已经进行过讨论。对于现在很多人提倡的“读经”，有一种批评的声音说，读《三字经》是培养不出公民的。当然，我并不是要完全否定传统道德，但我们不得不承认，中国传统道德在很大程度上是缺乏公共关系的基础的。它的基础说到底是血缘关系，所谓君君、臣臣、父父、子子，基本上都是以血缘关系为主的。我认为，在这个问题上仍然不能忘记马克思所说的经济基础与政治上层建筑的关系，这里的经济基础不仅是经济，还是生产关系的总和。注意，是“关系”的总和，这个论断意味深长，值得我们深入考虑。当然，在不能忘记马克思的同时，我们也不能忘记列宁。列宁在那篇《我们拒绝什么遗产?》中曾经讲过我们应当如何继承和继承怎样的文化遗产，这同样值得我们学习。

二〇一五

三种全球治理模式的历史比较

从全球治理的起源来看，我认为，当资本主义商品经济发展到国际资本的产生和世界统一市场的形成，这就是全球化开始之日，也是全球问题萌生之时。正如马克思和恩格斯在《共产党宣言》中所分析的，资产阶级开拓了世界市场，使得一切国家的生产和消费都成为世界性的了。由此，资产阶级一方面在百年中创造了比过去一切世代都多的生产力，但另一方面也给人类社会带来战争的危机。全球问题在那个时候就已经出现了，但并没有现在这么复杂，因为当时主要面临的实际上就是战争问题。而且，这种战争在早期更多的是欧洲的战争。康德面对欧洲的一系列战争，就提出了"永久和平论"，试图通过和平来解决欧洲的战争问题。但这个问题并没有解决，而且矛盾越积越多，最终导致了第一次世界大战。这个起源过程是比较容易理解的，当然，今天的全球问题更为复杂，但应当认识到问题的由来及其历史背景。从发展过程看，全球治理先后出现了三种模式。

第一种模式：列强统治世界模式。在第一次世界大战之后出现了全球治理的第一种模式，我称之为列强统治世界的模式。这种模式的主要表现，就是巴黎和会、《凡尔赛和约》和威尔逊的十四点计划。巴黎和会与《凡尔赛和约》的主要目的，就是共同确定如何防范新的世界大战的发生，而讨论的结果最主要的其实是重新调整殖民地，列宁称之为重新瓜分殖民地。美国总统威尔逊提出了一个计划，试图通过和平条约的方式来逐渐推进美国的霸权。列宁曾经批评说，威尔逊提出的这十四点主张是不可能实现的，因为英法等传统大国根本不可能同意。事实也是如此，《凡尔赛和约》根本无法满足美国的要求，因此美国国会后来拒绝批准该和约,也不参加美国自己倡导建立的国际联盟。所以说,这种全球治理模式是列强瓜分世界、统治世界的模式,不可能长期维持,而且最终导致了第二次世界大战。

第二种模式:双头政治——世界大国管理模式。第二次世界大战之后出现了第二种世界治理的模式,我将其称为双头政治——世界大国管理模式。如果说第一种模式是统治模式,那么第二种就是大国管理模式。之所以这么说,是因为第二次世界大战与第一次世界大战有很大的不同。首先,第二次世界大战的结束吸取了第一次世界大战教训,并没有谈和,而是无条件投降;其次,第二次世界大战的胜利并不是帝国主义分割世界,而是全世界人民反法西斯的胜利。因此,第二次世界大战后产生的新的模式,就不同于之前的国联的那种模式,这也是一种进步。

实际上,美国在第二次世界大战期间也设想过要成立一个排他性的国际组织来管理世界,1941 年的时候就有研究机构研究战后如何处置的问题。但随着苏联作用的加强,以及世界人民反战争、要独立的呼声日益激烈,美国也不得不让步。1943 年,美国总统罗斯福授意他人发表了《罗斯福的世界蓝图》,完全代表了官方的意图。其中有关键的两点,一是建立新的世界经济秩序,包括建立布雷顿森林体系,以及成立国际复兴开发银行(世界银行)和国际货币基金组织。这些主张都是以资本为依据的,所以美国可以保持统治地位。当然,这些努力只是开了个头,后来没有完成,例如布雷顿森林体系到 20 世纪 70 年代的时候就瓦解了,只留了世界银行和国际货币基金组织还在发挥作用。二是建立新的国际政治秩序,即成立联合国。当然,由于第二次世界大战是世界反法西斯的胜利,因此联合国成立的时候并没有完全按照美国的标准,而是出现了美苏双头政治之下的大国管理模式。经过反复较量和博弈,联合国的五大常任理事国都获得了一票否决权,因此任何事务都要五国达成一致,联合国还不完全是美国的工具。

第三种模式:多极政治的全球治理模式。随着苏联的解体和冷战的结束,双头政治的模式结束了。由此,美国人以为机会来了,想要做些什么。但是世界格局并没有变成美国主导的单极世界,而是逐渐朝着多极世界的方向发展,于是原来的模式也就转化成了多极政治的全球治理模式。与之前相比,这种模式又前进了一步。而且在这种情况下,严格意义上的全球治理问题才真正产生。因此,从整体上看,全球治理模式的变化是随着国际环境和各国的力量的变迁而变化的,是一个发展和进步的过程。

二〇一四

中国与多极政治全球治理模式

在多极政治的全球治理模式之下,中国应当怎么面对?我认为,要承认第三种模式的新特点,但也不能不看到之前两种模式的历史,我们要在这个基础上来考虑中国如何参与全球治理的问题。

首先,我们应当认识到,全球治理的既有结构可以不变。一是中国无力改变,二是也没必要改变。因为这个结构反映了反法西斯胜利后的基本国际格局,中国要想改变也是不可能的。中国既不能像美国那样搞单极霸权,也不能用苏联的办法,去搞新的两极政治。实际上,这些做法都是不大可能的。所以,我们首先就要承认多极政治的全球治理模式。

其次,在这种情况下,我们必须用新的理念来参与新模式的治理。在新的全球治理模式中,中国的参与可以把自己的理念融入全球治理的理念之中。因此,我们就需要研究应当用怎样的理念来更好地参与其中。在这个问题上,我认为可以“旧瓶装新酒”,或者说“穿旧鞋走新路”,将新的理念运用到旧的结构中,以我们的外交行为来做榜样,宣示出我们的理念。最近,习近平总书记讲到中国热爱和平与崇尚和谐,指出中国“和”文化中蕴含着“四观”,即天人合一的宇宙观,协和万邦的国际观,和而不同的社会观,人心和善的道德观。这些观念应当成为我们的主线,与此相关也有很多关键词可以表述我们的理念,比如和平、安全、发展、平等、协商、合作、共赢、共荣、共享,等等。这些理念归结起来无非两个字:一个是“和”,要和而不同、和谐世界;另一个是“共”,要共享共赢、同舟共济等。

总之,在全球治理总体结构不变的情况下,我们应当对治理的理念进行调整。在这种情况下,我们在外交上坚持理念的同时,也要调整外交策略,把原则性与灵活性结合起来。比如有学者就提出,所谓“三不”原则,即“不干涉、不结盟、不当头”,应当进行调整了。实际上,在我看来,目前“三不”的核心仍然可以坚持,但具体策略可以调整。就“不干涉”而言,面对国际上的恐怖活动、邪教组织,作为负责任的大国,怎么能不去干涉呢?“不结盟”在某种程度上也要改变,我们不一定要建立曾经的中苏那样的同盟,而是可以搞集团外交。至于“不当头”,也不等于不发声,我们应当对于重要的国际事务和全球问题发出中国的声音、提供中国的方案。

二〇一四

第十一章　中国政治学的反思与重构

政治学入门谈

政治学是一门古老的学科,但人们对它未必都很了解。美国虽然是政治学的重镇,但许多人关于政治学的知识无非选举投票、国会辩论,议员相互攻讦取媚于选民,总统走马灯似的四年一换。而在中国,有一段时间,它干脆被视为韩老之术,帝王之学。

其实,要了解什么是政治学,首先要了解什么是政治。亚里士多德有句名言:“人是天生的政治动物。”人要解决生存资源的稀缺性,一是要生产,二是要分配。生产和分配首先体现的不是人与自然的关系,而是人与人的关系。这种关系就构成社会。一个社会再简单不能少于三人,三人谓之众,有众就会有分歧,有是非:怎么生产,生产什么,怎么分配,如此等等。于是,“众”这个最简单的结构便引入了一种新的生存关系要素:少数与多数、服从与支配。这种关系就是政治。所以孙中山说,众人之事即为政,管理众人之事即是政治。政治,是社会公共生活的必然结果。

政治学在它面世之初就是一种研究如何达致人类公共生活福祉的学问。亚里士多德在公元前 328—前 325 年写下的《雅典政制》和《政治学》被誉为政治学的开山之作。亚氏认为,一切社会团体的建立总是为了完成某种“善业”。国家(城邦)是一种最高和范围最广的社会团体,它所追求的目的也应是一种最高而又最广的善业。他考察了希腊150多个城邦,按照城邦统治者的人数特别是城邦的统治目的划分了6类政体,说凡照顾到公共利益和促进善德的政体就是“正宗”政体,反之则是“变态”政体。在理想的政体下,公民外尚武功,内修文治,贤哲之士智勇礼义,或入世从政,以求有为,或隐避静修,自得其乐。毋庸讳言,前人的研究总不免是粗陋的,但让我们惊叹不已的是,亚氏的比较研究在今天仍然是政治学比较分析的典范,后世的人仍然蒙受着先哲在智慧上遗留下的巨大恩泽。尤其不能忽视的是,亚氏对公共生活福祉的深切关怀,实为西方政治学规范研究的先河,昭示着政治学学者的良知与责任。

权力是政治的一个重要内容,政治学当然不能回避对权力的研究。在政治学发展史上,马基雅维里的《君主论》颇为人诟病。的确,“聪明的”君主大多兼备“狮子与狐狸”两种素质,权力一旦蜕变为权术,这个世界便会演绎出许多烛影斧声、权谋机变的故事。但是,又有谁能否认政治家在风云变幻的政治环境中运用政治智慧的必要呢?纵横捭阖,折冲樽俎,一部政治史,少了这两样东西,读起来就索然无味。阳谋阴谋,千秋功罪,谁与评说?全部问题只在于是否代表了历史发展的潮流,是否体现了个人命运与民族国家命运的结合。

人们虽然对政治学有过许多误解,但政治学的许多原理人们都在不知不觉地奉行,最著名的当是“绝对的权力导致绝对的腐败”,它成为人们构建制度的一个最重要的理论依据。当代世界还有多少国家在实行“绝对的权力”呢?不容易说,但绝大多数国家都有权力制衡的结构与机制,这是不争的事实。美国的三权分立,英国的内阁首相制,法国的议会总统制,乃至我国的人民代表大会制，阶级内容不同，但都体现了政治学理论在不同国情条件下的普适性。政治学研究的许多成果也日益转化为政府的公共政策，因而与最广泛的民生问题发生联系。

政治有过最黑暗的时期，政治学也有过最无奈的岁月。十一届三中全会以后，中国恢复了政治学学科，政治学蓬勃发展起来。政治学还有很多事要做，还有很长的路要走。政治学的光明前途是毋庸置疑的。

一九九九

中国政治学缺乏解释力

中国的政治学经过近十几年的发展，到今天已经达到相当的水平。其中的原因是很多的，但社会的进步发展不断对政治学提出新的要求是最重要的原因。这也说明一个学科只有满足社会的需要才有生命力。但同时应该指出的是，当中国的改革日益向纵深推进，并不时地遇到很多新的难题时，政治学的发展似乎滞后于社会发展的需要，它对现实社会缺乏足够的解释力。从宏观上来审视，当代中国政治发展面临的挑战来自很多方面，既有国际社会对中国构成的压力，也有我们国家在发展过程中出现的新问题和严峻的形势。无论是外部的还是内部的挑战，在很大程度上是政治学发展所面临的挑战，而且从根本上说，政治学发展的困境是由作为一门学科的政治学自身所造成的。这要求我们在完善和发展政治学理论方面不能再落后于国际社会和国内现实的发展需要了。

当代中国的政治学理论，无论从体系和内容上，还是从它对中国社会发展的意义上讲，都还称不上是一门较为成熟的学科。其中一个突出的问题是，现有的政治学理论对现实的社会运动缺乏足够的解释力。

理论对现实的解释力,首先来源于理论与现实的结合,也就是说理论研究不能脱离政治现实这个客观的"事实"。在当代社会,不能对社会的进步发展作出应有贡献的学科,都是没有实际意义的。对政治学理论而言,注重对政治现实的客观规律的科学研究是首要的要求,在这一前提下,我们才能探索并创造出一种符合社会需要、与中国的历史—社会—文化条件相适应的政治理论来。然而,当今中国的政治学理论之所以对现实缺乏应有的解释力,正是由于我们脱离了具体的政治现实,从而构筑的政治理论不能适应中国社会的现实需要。

这种理论脱离实际的一个方面的表现是以西方的政治学理论来裁剪中国的现实。自政治学研究恢复以来,中国的政治学开创者们首先是从介绍和引进西方的政治学体系来建构自己的政治学理论体系的。由于理论体系和理论观点的移植存在着一个历史文化土壤的问题,建立在西方传统文化基础上的现代政治学理论体系,在解释历史文化背景完全不同的中国社会的政治现象时,其科学性和解释力是令人怀疑的。不过,这种现象在政治学的初创时期是难以避免的。然而,经过十几年的发展,我们的政治学理论至今尚停留在恢复初期的水平上,以不断出现的西方新的政治学理论流派和理论观点来简单地比附中国变化中的现实,甚至以此来衡量我们是否达到了种种所谓标准。比如所谓新权威主义、市民社会、世俗化理论等,根据这些理论观点作出的有关分析实际上不是对"中国社会"而是对"西方社会"的分析,因为像市民社会、文化的世俗化等西方意义上的问题在中国并不存在;即使存在一些与西方社会看起来相似的问题,我们的理论并没有作出与中国的实际相符合的分析。

政治学理论研究中的这一现象在经济学等其他社会科学学

科的研究中同样存在,反映了我们理论研究的一种普遍现象。政治学理论研究中理论脱离实际的另一个主要表现是简单套用马克思主义的理论。这一做法与上述做法一样削弱了它对社会和政治现实的解释力。中国政治学的恢复、创建和发展始终是与研究者们整理和梳理马克思主义政治学原理联系在一起的,尽管这一整理和梳理工作中注解的成分多于创见的成分。然而,运用马克思主义政治学的基本原理来系统地、具体地分析中国社会政治的研究,则还没有出现,马克思主义政治理论的研究还停留在简单套用马克思主义经典作家论述的阶段上,致使我们的政治实践经常出现一些看似马克思主义的,实则非马克思主义的现象,给我们的现代化进程带来了不利的影响。比如我们对马克思主义的"经济基础决定政治上层建筑"和"政治是经济的集中表现"这两个基本的理论命题及其关系不是搞得很清楚,我们在建设社会主义市场经济的过程中,之所以在注重经济发展的重要性的同时却始终树立不起科学的政治大局观,其原因就在这里。政治学的理论与现实相脱离的这两个具体表现,阻碍了我们对现实中的敏感问题进行科学的研究。政治发展的一系列问题,比如社会主义政治制度的创新问题、发展过程中的基本正义问题、产权变革过程中的经济发展与政治发展之间的关系问题等,我们的政治学理论还没能做出科学的研究和回答,而现有的政治理论在这些方面显然是缺乏解释力的。

一九九七

中国政治学中事实与价值的分裂

中国政治学缺乏解释力的一个突出表现就是,政治学理论中的事实判断和价值判断不能在理论上很好地统一起来,致使政治学理论研究即使结合着现实政治也只能游离于真正的现实之外。

在政治理论中,对于政治现实的事实判断和依据政治事实对人的意义作出价值判断是不同的,但由于政治本来就是事实和价值的统一,而不可能像西方行为主义政治学那样进行“价值祛除”,因此,政治理论还必须同时实现这两种不同的判断的统一和结合。尽管政治事实作为一种客观的现实具有可解释、可预测、可检验性等特点,而价值判断则缺乏可资检验的公共准则,但是,如果不对政治事实的价值作出分析,政治理论所描述的就只是物理事实而不是政治事实。在我国当今的政治学理论中,事实判断和价值判断并没有实现很好的结合。理论研究并没有从政治“是什么”的事实判断中推演出现实政治“应该如何”的价值判断来。一方面,政治学更多地注重于描述政治现象和政治事实“是什么”的问题,而且即使是这种描述也不是很客观和科学的,但对于政治价值和利益,则没有形成独立的判断,这样,政治学没能提出有益于社会和政治发展的真知灼见;另一方面,政治学在对政治事实进行价值判断的时候,面对变化中的利益和价值的纠纷不能形成新的机制准则,至多是描述已有的政治价值,从而割裂了政治价值的历史性和时代性的统一。上述两方面的割裂在政治学所回避的敏感的现实问题中可以清楚地反映出来。

事实和价值在政治理论中不能有机地统一起来,是与现当代政治学的方法论更新和发展联系在一起的,实际上也是方法论上的悖论。这种割裂或悖论,在西方政治学说史上早已出现了,而且直到现在,从传统的方法论到行为主义方法论和后行为主义方法论的发展,都没法克服这种悖论。由于我们的政治学理论和方法在很大程度上是“步西方政治学之后尘”的,因此在介绍、引进西方的政治学理论从而构筑自己的政治学理论体系时，的确也很难克服这一悖论。问题是要使我们的政治理论具有解释力，具有为现实的政治服务的功能，在介绍和引进西方政治学理论体系及其方法论的时候就应该注意避免“引进”这种悖论，这一点我们是有意无意地忽视了。

一九九七

马克思主义“大政治”观

虽然一说起政治，似乎每个人都明白大概是什么东西，而要给它下一个能得到公认的确切定义，却是一件十分困难的事情。自亚里士多德以来，政治学对政治“是什么”的问题一直没有能够形成共识，这使政治学理论中的事实判断和价值判断不能很好地结合起来，也就不能使政治学形成为一门科学。在当代中国，我们对政治的理解往往是不很清晰的，毛泽东指出政治是统帅、是灵魂，而改革开放以来很多人却相信经济是统帅，政治只是一张“空头支票”，而政治学界对政治概念的探讨也是浅尝辄止。

然而，如果对政治的概念不能有一个相对一致的定义，不单政治学理论体系的完善是不可能的，而且政治学作为一门基础性和实践性的学科，也不能对社会的现实和变化作出有说服力的解释。我们认为，从马克思主义政治学理论的基本方法论出发，政治的含义一般可以从狭义和广义两个层面加以理解。狭义的政治概念是就政治活动自身的特点和方式而言的，这类政治定义均指出政治是与经济活动、文化活动、家庭和社会活动等不同的一种独特的人类社会现象。虽然自古以来人们对政治的理解不尽相同，但通常都把政治与公共的权力、权威、控制、统治联系在一起，从而使政治与其他社会现象区别开来。与狭义的政治概念不同，广义政治概念是把政治看作与各种社会现象相联系的，涵盖经济、社会、军事、科技等一切事务而且又高于这些事务的事物，是统率全局的东西。这与亚里士多德认为政治学是最高学术颇有神似之处，只是亚氏是就学问的问题而言，而狭义政治观与广义政治观的区分主要是就社会现实生活而言的。在西方政治学说史上，众多的政治观如总体政治说、关系政治说、功能政治说、管理政治说、经济政治说、道德政治说等基本属于广义的政治概念。就广义的政治而言，它就不仅是甚至主要不是获得权力、分享权力、支配权力和使用权力的问题，而是有着更重要的目的和更基本的内容。

马克思主义既从狭义上、也从广义上使用政治概念。就狭义而言，马克思主义指出政治就是阶级斗争，政治的核心是国家政权；就广义而言，马克思主义又认为政治是经济的集中表现，政治是统帅、灵魂和大局。比如，列宁曾提出“经济方面的政治”“国家建设的政治”等，以区别于“阶级斗争”的政治，很明显，前者是广义政治，后者是狭义政治。从本质上看，马克思主义的政治观总的来说是一种广义的政治观，这是马克思主义的政治观与西方学者政治观的一个重要差别。也就是说，马克思主义是从政治与经济、社会、文化等联系的角度来理解政治和界定政治的，而不像一些西方学者那样把政治看作一种孤立现象。马克思主义对政治的论述作为一般的政治定义不是抽象的普遍，而是包含着特殊内容的丰富性的普遍。就政治与经济而言，马克思主义认为政治是经济的集中表现，政治与经济相比不能不占首位；就政治与社会结构而言，马克思主义认为阶级分化是一个基本的政治现象，一切阶级斗争都是政治斗争，而任何政治斗争也是阶级斗争；就政治与军事而言，马克思主义认为政治有时要诉诸战争或暴力的手段,战争是政治通过另一种手段的继续;就政治与文化而言,马克思主义认为任何时代占统治地位的思想都是统治阶级的思想,因而也就是一个政治问题;就政治与科技而言,马克思主义认为科学技术是第一生产力,它必然与政治上层建筑发生联系。总之,政治一经诞生,就位于社会生活的核心,联系社会生活的方方面面。亦即从广义上说,政治是一个社会大系统,社会生活的方方面面都可以纳入政治的领域。正因为如此,政治才是统帅、是大局。

尽管狭义的政治与广义的政治对于把握政治的内涵都是必不可少的,但相对而言,在社会主义时期,广义的政治观具有更重要的价值。无产阶级的革命领袖都十分善于从广义上把握政治的内容。邓小平同志之所以是一个杰出的战略家和政治家,成为中国改革开放和社会主义现代化建设的总设计师,正是由于他从来不是仅仅从狭义的政治看政治,从单纯的经济看经济,而是首先从政治的高度看经济问题,从经济的角度看政治问题,因此才能得出社会主义现代化建设是当前中国最大的政治的结论。

对政治的概念作出恰当的界定,还需要以政治的内涵为线索,找出政治现象的范围,并对这些范围加以研究,我们可以把政治的这一领域称为政治的外延。政治的外延构成了政治上层建筑的全部内容,包含十分广泛而又多样的领域,它包括政治体系、政治制度、政治文化和政治决策四个基本层面。这四个层面的外延构成了政治的丰富体系,了解政治、理解政治,尤其是实践中具体的政治运作过程,如果不是从这四个基本的层面把政治作为一个有机的整体来审视,或者仅仅从这四个层面的某一个层面来审视,那么政治的理论和现实都将有可能误入歧途。事实上,改革开放以来中国的政治发展乃至整个现代化建设的过程中出现的很多理论和实践问题，都与“政治”这一概念是什么没有搞清楚有关，在这一点上，政治学理论应该承担起主要的责任。

一九九七

当代中国政治学发展的机遇

尽管中国政治学的发展存在着很大的困境，但与此同时，政治学的发展也有着很多的机遇，也许，挑战和困境本身就是政治学得以发展的一个条件。理论变革往往是社会变革的先导，但客观上需要把社会变革及其实践上升为一种系统的理论体系时，社会变革就成为理论变革的推动力，这种推动力就是理论发展的机遇。就政治学理论而言，从十一届三中全会以来政治学的恢复发展过程看，我们发现，第一，在每次重大的社会、政治、经济变革之前或之际，都必然发生某种重大的理论争论。比如十一届三中全会前关于真理标准的讨论、经济体制改革时期关于计划与市场的关系的争论、十三大之前关于政治体制改革的讨论，等等。第二，每次政治理论的发展，既适应社会政治生活的需要，同时也受到当时政治环境的制约。这样，迄今为止的政治理论的局限性是很明显的，例如政治理论的发展只是局限在一些具体的问题上，缺乏整体协调，使政治学理论不成体系；同时，由于方法论的问题以及政治环境的制约和影响，政治学理论很难对政治现实做出真正科学的分析。

当前，社会主义市场经济的建设为政治学的发展创造了良好的机遇和条件，同时也给政治学提出了新的要求。因为社会主义市场经济建设不仅是一个经济发展的问题，而且还是个政治发展的问题。它要求社会能够协调发展，也要求政治学从整体上有一个系统的研究，因此，政治理论的研究不应该仅仅局限于分析政治对市场经济建设的作用这一点上，而应该从更加宽广的范围来研究政治发展与经济发展之间的关系。

从现实政治的层面看，对于政治概念的阐明就更是一个亟待解决的问题。毋庸讳言，我们对于政治的理论研究总的来说未能赶上时代赋予它的要求，现实政治总是走在理论研究的前面，而理论研究常常落在时代发展的后面。在建设有中国特色的社会主义过程中，我们在社会政治领域出现了很多新问题、新变化、新趋向，这就赋予政治以鲜活的内容和意义，同时也等待政治学做出回答和探讨。比如，为什么以经济建设为中心仍要强调讲政治？为什么经济发展了，腐败现象也增多了，这是不是一个必然现象？为什么在现代化建设过程中常常出现“一手硬，一手软”的状况，这与政治问题有什么关系？为什么我们在建设高度的社会主义物质文明和精神文明的同时，还要建设高度的社会主义民主政治？这些问题都需要我们通过深入的研究来回答，而要回答这些问题首先就要弄清政治的内涵和作用。从这个意义上说，现实的问题对于政治研究既是一个挑战，又是一个机遇。如果政治学能回答这些问题，它就能够获得生机和发展。如果我们不能回答伟大的时代和活生生的现实所提出的问题，而是照本宣科，因循守旧，那么政治学就失去了存在的意义和价值。中国政治学的发展亟须摆脱概念困境，提出有广阔前景的、有充分说服力的新概念。

一九九七

政治是经济的集中表现

当代社会的发展是一个政治与经济交互作用的过程，即使有的人想把政治与经济割裂开来，也只是一种不切实际的幻想。由于政治与经济呈现出一种错综复杂的互动关系，两者水乳交融，虽然从学理上可以把政治与经济做出区分并分别加以论述，但在现实社会生活中，政治与经济往往是难解难分的。无论你承认不承认、看到没看到政治与经济的交互作用，事实上是政治离不开经济，经济也离不开政治；政治之中有经济，经济之中也有政治。特别是在社会主义现代化建设的过程中，经济工作和经济领域就更加包含着政治问题，因为我们的现代化事业和经济建设本身就具有社会主义的政治性质。例如，怎样发展经济，是坚持以公有制为主体，还是搞私有化？分配中要不要坚持以按劳分配为主体？依靠谁来发展经济？工人阶级还是不是国有企业的主人？近些年来，国有资产流失惊人，如何有效地防止这种情况的发生？这些问题，既是经济问题，同时也是政治问题。反过来说，政治或政府的行为在很大程度上也是经济性的，如由政府所承担和进行的税收、能源保护、交通运输、社会保障、公共设施建设、经济的宏观调控和经济体制改革等。如果硬把政治与经济割裂开来，以为经济问题就是经济问题，政治问题就是政治问题，这些是纯粹的经济事务，那些是单纯的政治事务，就不仅不符合马克思主义的政治观，而且可以说连一般的政治学和经济学的常识都没有，因而也不可能正确分析和处理社会主义现代化建设的实际问题。

马克思主义认为，政治是经济的集中表现。政治并不是抽象的、空洞的东西，而是以一定的经济条件为基础，具有特定的经济内容。经济问题聚集到一定程度，上升到一定的高度，就必然转化为政治问题。马克思主义的这一原理对于分析当代中国的社会政治问题具有重要的指导意义。例如，通货膨胀、贫富差距、分配不公等本来只是经济问题，但如果发展到较为严重的程度,就不只是一个经济问题了,而会变成政治问题。这一点在社会主义现代化建设过程中必须加以充分的注意。同样,经济成分的变化、私有经济的发展,作为一种经济现象,发展到一定程度,必然要反映到政治领域中来。当然,“政治是经济的集中表现”虽说明了政治的经济根源,但并不意味着随便什么经济问题都具有政治的含义。一般的经济问题通常并不构成政治问题,甚至围绕经济问题所展开的某些利益冲突也不一定属于政治的范畴。政治理论必须研究,在政治与经济的互动关系中,政治具有什么样的地位和作用,在市场经济建设过程中应该如何发挥政治的统帅作用。

“政治是经济的集中表现”同样也可以用来观察国际政治现象。例如,当今世界南北之间的矛盾已经十分尖锐,无论是北半球的人来到南半球,还是南半球的人跨入北半球,都会感到强烈的反差,而这一问题也根源于世界经济之中。一个冷酷的事实是:占人口 24%的发达国家竟占整个世界国民生产总值的 80%,而占人口 76%的发展中国家只占 20%;低收入的不发达国家的人口占世界人口的 46%,国民生产总值却只占世界国民生产总值的 4%。20 世纪 70 年代初以来,跨国公司直接或间接控制了发展中国家的 75%—90%的矿产品和金属资源、30%—40%的农业原料和 40%的食品出口。当前,南北之间的差距不仅没有缩小,反而更加扩大。中国作为发展中的社会主义国家,在不断扩大的改革开放过程中,中国社会与外部世界之间的联系更加密切,两者之间的互动作用更加突出,这就要求我们的政治理论认真研究如何在变化着的国际大环境和大背景下实现和维护我们国家和民族的利益。

一九九七

中国政治学的三个来源与整合

20 世纪的中国政治学有三个来源，即中国传统政治思想、西方政治学、马克思主义政治学，每个思想来源都有一套相应的制度设计，但遗憾的是这三个来源至今并没有成为中国政治学的有机组成部分，仍然是分立的三块，换句话说没有创造出“中国的政治学”。过去政治学被看成是伪科学没有发展空间，“补课”之后政治学开始恢复重建，其主要手段仍然是引进西方政治思想，搞翻译。但是西方的范畴和思想很难解释清楚中国的问题，因此有人建议恢复传统的思想，如有学者，希望建立属于中国自己的政治学。这个思路是很难走下去的，不承认马克思主义的指导，不可能有多大发展空间，最多在狭隘的学术圈子里产生点影响。学术界的主流还是希望能够用马克思主义观点和方法建构中国政治学，但是困难在于马克思主义经典作家由于对社会主义革命后的长期建设和两种社会的长期相处缺乏充分估计，因而其思想理论具有某种“泛政治”的特征，主要停留于意识形态层面，没有提出相应的制度设计，然而政治学的基本使命就是谋求一个好的制度。现在，三个来源无论从学说上，还是学科体制上，都是分离的，彼此排斥，这不利于中国政治学的发展。中国政治学界必须克服这种状况，在研究过程中把三个来源有机地整合起来，那样中国政治学才能成长起来。

二〇〇三

理论创新的艰难与崇高

对创新的理解我也有许多疑惑的地方。最近我看了美国人写的《民主新论》一书，提到了创新的不易。他说，每一个人都想为他这一代人创造一些东西，对前一代人作某些否定，但这是一件不容易做到的事。由此使我想到了创新是一件艰难的事。那么我们所说的创新是什么？让我们回过头来看一看，从19世纪到20世纪我们确实有许多创新，比如当时至少有“四论”可以被称为是创新：一个是达尔文的进化论，回答了一些哲学上的问题；一个是马克思的《资本论》，回答了人与人的关系问题；一个是亚当·斯密的《国富论》，回答了资源配置问题；一个是马尔萨斯的《人口论》，回答了人与自然之间的关系问题。我认为至少在现在要想对当时的“四论”有所突破，恐怕还是很难的事，我们现在的资源配置问题已经解决了吗？我们对人同自然的关系、人口问题已经解决了吗？对人与人之间的关系、生产关系，就《资本论》中所提出的问题解决了吗？没有。因此我认为把19至20世纪所提出的“四论”综合起来考虑是很重要的，也是我们这个时代所需要的。过去我们总是想从某一个方面来解决问题，现在看来是不可能了，但是在大的范围中去解决还是可能的，尽管要真正解决这“四论”所涉及的几个重大关系问题还是很难的。

一方面创新很难，但同时一些问题的提出又需要我们去创新。我们在遇到一些现实问题时，应加以思考、回答、解决，解决本身也是一种创新。然而，我们现在的理论弱点，正是缺乏这种解释力，我们的理论不能解释现实问题，因此便提出了需要理论创新的问题。

当然理论创新也不是关起门来就能创新的，创新首先要尊重我们过去的传统与文化，同时也要吸收当今世界上的许多新东西。以政治学为例，当我们打开国门时，我们发现我们在政治学上与世界相差太大了，为此我们必须把外国的政治学的基本概念介绍到中国来,如输入、输出、政治生产力、政治文化、政治发展等概念,并使这些西方政治学概念能同我们的概念对应起来。因此我们说创造还是离不开国际大背景的,我们要创新就一定要了解国际上已经发展的东西和一切可用的东西,要把它们吸收进来。因此我想说,从创新这个角度来考虑:第一是创新不易,第二是回答问题就是创新,第三是创新也要吸收国际上一些先进的东西。

二〇〇一

走向科学的中国政治学

说中国政治学没有科学体系,当然是不正确的。但认为中国政治学科学体系已经很完备了,也是不正确的。经过 20 年的努力,中国政治学已经有了一个科学体系,但需要进一步完善。这不仅因为中国重建政治学的时间尚短,而且从历史上看中国政治学就有先天不足的弱点。中国和西方国家一样,自古就有非常丰富的治人与治于人的政治思想和政治实践。但是,和西方国家不同,中国从来没有把丰富的政治思想和政治实践经验作为学术进行思考和研究,更没有运用这些要素构建政治学,直到中国近代化开始以后,主张维新变革的先驱们才从"西洋"和"东洋"把政治学引进中国。后来俄国十月革命一声炮响,马克思列宁主义传播到中国,再加上中国传统的政治思想,这可以说是形成现代政治学的三个源头。但是,在当时的所谓政治学,实际上是照搬西方的政治学,是拿来主义政治学。

新中国成立后,本该在马克思列宁主义的指导下,发展中国的政治学。可是,正当面临发展机遇的时候,政治学却被误解为伪科学。似乎政治学只属于资产阶级,无产阶级只要有马克思主义，就不需要政治学。由此，中国哲学社会科学学科体系中政治学长期为缺门。正是因为政治学长期被误解，多年被忽视，所以在社会政治生活中，长期占霸权地位的“左”的思想任意解释“政治”，被曲解了的“政治”又反过来助长“左”的思想。结果，一方面是社会生活中政治泛化，另一方面是政治概念狭隘化。这个政治逻辑的后果，不能不说是没有政治学的新中国的悲剧。

我们要使中国政治学理论体系更加完善，政治学就必须走向科学，在马克思主义、毛泽东思想、邓小平理论的指导下，建立有特定研究对象的政治学理论体系，克服政治泛化和政治概念狭隘化的影响。政治学不能什么都研究，不能把什么社会现象都作为政治现象来研究。而且，随着学科的发展，现有学科的分化、交错、综合，各学科内容总是发展的，不是固定不变的。行政学本是政治学的一部分，但随着行政学发展为独立的学科，政治学就没有必要把行政学按原样包容在政治学学科体系中，尽管仍然不能割断行政学与政治学的关系，但这只是学科之间的关系。另一种发展情况是，随着政治学与经济学等学科的交叉发展，运用经济学理论和方法研究政治学问题的公共选择理论，自然就会成为政治学理论体系的一部分。总之，政治学理论体系建设需要不断完善，不断创新。理论创新是科学发展的本质。政治学理论的科学本质也是这样。没有理论创新，就不能科学地解释政治生活中发生的新现象，更不可能科学地解决政治生活中提出的新问题。

政治学对政治社会中的新现象、新问题缺乏解释力，解决这个问题的根本出路在于理论创新。在这一点上，任何科学都是相同的。当代中国经济学如果抱守计划经济理论，不进行理论创新，不建立社会主义市场经济理论，它就不可能解释社会主义市场经济条件下的经济问题。政治学本来就是有时代特征的，有不同阶级属性。不同时代的政治学具有不同时代特征的中心内容。当前,中国转型期政治就是当代政治学研究的中心内容,同时,也只有通过研究转型期政治,科学地回答政治生活中的问题,并由此上升到理论认识,这才可能进一步完善具有中国特色的政治学理论体系。这也是中国政治学走向科学发展的必由之路。

政治学研究走向科学,建立有中国特色的政治学理论体系必须坚持历史唯物主义的观点,总结前人的经验,尊重前人研究成果,根据学术研究规范,在前人研究基础上研究新问题,避免在低水平上进行简单的重复,政治学研究的理论创新和尊重前人的成果是一致的。实际上,当前中国政治学理论体系在学术界还是有不同见解的,在这方面,政治学也可以进行百家争鸣,在大的理论体系中可以有不同的学派、学说。政治学不同于政治,一个政党在政治上必须保持一致,但政治学在政治学说、政治理论上是可以百家争鸣的,是应该有不同学派的,政治学是一门科学,它是受科学发展规律支配而发展的。

二〇〇一

走向实际的中国政治学

科学研究的本质是发现问题和解决问题。政治学作为科学走向实际,解决政治生活中的问题是科学本质的要求。走向实际应该包括认识和实践两个方面,就是说,政治理论要接受实践的检验,同时要在实践中认识真理,修正错误,丰富理论,不断完善自己的理论体系。在当前从计划经济体制向社会主义市场经济体制转型的过程中,随着社会主义市场经济的发展,以及接踵而来的社会、政治的变化,本来在计划经济体制下用来解释和认识社会政治现象和问题的学说和理论已经不能适应新的变化的需要,因此,这就要求政治学在实践中提出新的认识,进行理论创新。从计划经济的体制向社会主义市场经济体制转型对政治学提出的问题,首先是在国家学说上如何回答解释国家与社会关系的问题。在计划经济条件下,经济资源主要通过国家中央集权的计划来进行配置,国家和社会基本上是重合的,这主要体现于"单位制"的形式。在那时,"单位"具有双重的职能,既行使国家职能,也行使社会职能。党组织(支部或党委)建在"单位"上,实行高度的一元化领导。其结构和机制也很简单,一份"红头文件",就可以从上到下全部动员起来。在社会主义市场经济条件下,政治学不得不面对国家与社会分离后出现的新现象、新问题。国家计划配置经济资源的职能随着市场经济的发育和成熟而逐步弱化,最后也许只保留公共经济领域里的极小部分的职能。对此,政治学研究当然要义不容辞做出科学的解释,政治学界在这方面已经做了许多研究工作,在理论上也取得了一定的进展。

但是,现实中的问题比人们所看到的和所想到的要复杂得多。随着国家与社会的分离,国家已不可能再像"单位制"的条件下那样对社会进行控制。例如,在乡村的某些地方宗法势力的回潮,还有城乡某些地区黑社会势力的猖獗。从经验上说,这是当前中国国家与社会分离后出现的新的政治现象和问题。但是,从理性上说,这之间并没有什么必然的关系。只是对政治研究来说,必须从科学上回答和解决这些类似的问题。乡村这种现象的出现,尽管有中国传统政治历史原因,但是最根本的还在于随着乡村经济体制的改革,未能及时相继推进社会结构的重建和以村民自治为核心的乡村政治发展。事实上,自从乡村实行"家庭联产承包责任制"以后,社会经济资源就逐步转归社会支配。由此,国家本来借以控制乡村的经济基础让出去了,而乡村本来依靠国家维持的社会结构松散了,但又没有及时进行社会重新整合,建立新的结构,以致在某些地方,或某些地方的某些方面出现结构的薄弱部分,正是这样,传统的以血缘关系为基础的宗法势力乘虚而入。在某些城乡特别是其接合部黑社会性质势力的出现也不外乎是这样的原因。显然,这些实际中的问题都是政治学应该研究的对象。从政治学的视角看这些问题,可以说是政治发展中的现象,在社会经济转型期必然会带来作为上层建筑的政治上的不适应,并不是由于从计划经济向社会主义市场经济转型的必然结果,恰恰说明了经济体制改革后必须及时相应地对政治体制进行改革。其实,邓小平同志早就看到这一点,并且明确指出:“现在经济体制改革每前进一步,都深深感到政治体制改革的必要性。不改革政治体制,就不能保障经济体制改革的成果,不能使经济体制改革继续前进,就会阻碍生产力的发展,阻碍四个现代化的实现。”

同时,从这些政治现象还可以清楚地看到,政治学研究实际应担起的历史任务是非常繁重的,不仅要从理论上解释这些现象,分析这些现象生成的原因,更重要的还要运用政治学理论来解决由这些现象所产生的问题。在解决问题的过程中丰富自己,进行理论创新。如果还是从国家与社会的关系来说,在国家与社会分离以后,我们就不得不把传统的国家政治建设分成两条路径来思考和设计。其中一条是国家政权建设,另一条是社会建设。对前者的认识和实践我们有充分的理论准备和经验,对后者,特别是以社会主义市场经济为经济基础的社会,毋庸讳言,我们不能不把社会基层民主政治作为政治学研究的重点项目。它的现实意义不用多说,就以“专项打黑”这个举措为例,这样做确实必要,可以为民除害,大快人心,为一方保平安,但是没有社会建设，不可能根治这样一些由社会机体不健全而产生的癌变现象。因为，社会本身没有制止和打击黑社会的组织力量，如果我们的社会建设取得成效，基层民主自治制度健全起来了，党的政治思想领导作用加强了，人民群众当家作主了，就有利于社会主义现代化的实现，政治安全、经济安全、社会安全的局面也就形成了。

政治学走向实际，研究社会生活中现实的政治问题是政治学发展的动力，政治学研究实际的政治问题是作为一门独立存在的学科应承担的历史任务。同时，政治学也只有这样，才能使自己的理论体系不断完善，保持学术生气，不断理论创新，走向学术前沿。

二〇〇一

走向世界的中国政治学

当代中国政治学走向世界不仅是对社会主义中国作为世界民族之林的一员应有的要求，而且政治学作为一个学科本来就是世界性的，尽管政治学具有鲜明的阶级性，各国的政治学也都各自具有本国的特色。但是，政治学并不排斥在各国之间进行学术上的交流，吸收别国有用的研究成果。政治学发展的历史经验早已表明，无论是西方国家的政治学，还是东方国家的政治学，无不从古希腊亚里士多德所创建的政治学理论体系中吸取养分。例如，亚里士多德在《政治学》这部古典巨著中关于政体的分类及其分类思想直到今天对东西方国家的政治学仍有着深刻的影响，而且都已把它作为研究政体形式的学术规范，当然，东西方国家对政体形式的研究和分类在价值与理性上是有根本差异的，然而在工具理性上还是有许多相同之处的。纵观中国政治学发展史,政治学最早就是从西方传过来的。近 20 年来政治学的恢复和重建事实上也引进了当代西方政治学研究成果,如分析工具和政治学中的某些新的话语都来自西方政治学。

政治学走向世界,从根本上说,就是要吸收全人类创造的优秀文化成果。一个国家在经济上闭关锁国,与世隔绝,必然停滞落后,其实在政治和文化上道理也是一样的。政治上自我封闭和文化上与世隔绝同样也会造成停滞不前,落后守旧,当然,吸收世界优秀的文化成果,并不等于照搬西方,全盘西化。如何吸收人类的一切优秀的文化成果,马克思已经做出了榜样,列宁也曾精辟地说过:“马克思主义就是共产主义从全部人类知识中产生出来的典范”,“凡是人类社会所创造的一切,他都用批判的态度加以审查,任何一点也没忽略过去,凡是人类思想所建树的一切,他都重新探讨过,批判过,于是就得出了那些被资产阶级狭隘性所限制或资产阶级偏见束缚住的人所不能得出的结论。”在这里,人们可以清楚地看到,马克思之所以能得出自己独特的结论,不仅在于马克思的天才,而且更重要的在于他尊重人类思想所建树的一切。要建立有中国特色的政治学,就要走向世界。邓小平建设有中国特色的社会主义理论就是以中国走出国门、实行改革开放的实践为基础。中国特色的社会主义理论的核心是不抱守集权的计划经济,运用在西方发育和发展起来的市场经济来建设我们的社会主义,这就是我们的特色。并且,可以断言,随着我国社会主义现代化的推进,人民生活普遍达到小康水平,将会越来越显示出其特色。

中国政治学走向世界应该包括认识世界,研究世界政治中的现实问题。邓小平同志在提出政治学“需要赶快补课”时,实际上就已经赋予中国政治学研究世界政治的历史任务。随着改革开放的深化,中国政治学不研究世界政治,不研究外国政治就不可能真正地为中国政治服务,为中国社会主义现代化服务,为中国的政治安全和经济安全服务。对复杂的世界政治和纷繁的外国政治的研究要摆脱就事论事的研究,政治学应该提供研究框架,发展面对世界政治的理论创新,其实在国际上政治学和世界政治研究本来就是密切结合在一起的,研究世界政治和国际政治的大家们首先都是政治学家。中国把政治学与国际政治分开来,是在中国没有政治学的情况下一种带有误解性的习惯分法,政治学本来就包括世界政治,从这个意义上说,政治学研究走向世界本是不成问题的问题。

特别是随着经济全球化进程的加快,中国政治学走向世界的任务更重了。当然,经济全球化问题可以像马克思那样用纯经济的观点来分析,也可以具体套用效益与成本的观点来把握对中国的挑战和机遇。但是,从政治学来说,它首先应该运用政治学理论作经济全球化的政治分析,也许不能轻易听信随着经济全球化民族国家主权逐步淡化的说法,这是一个关系国家安全的严肃的政治问题。政治学应该进行历史的、现状的研究。国家主权是不可分割的,不可转让的。但是,今天国家主权的形式和概念确实与民族国家初始阶段有所不同,这些涉及各国利益的政治问题,是中国政治学走向世界应该研究的问题,不仅在中国要有政治学家的声音,而且在世界上也应该有中国政治学家的声音。

中国政治学走向世界,积极吸收世界优秀文化和参与世界是一方面,还有同样重要的另一方面即应该把中国政治学推向世界,把研究中国政治和中国学者研究世界的成果推向世界。中国政治学虽然起步要落后于西方政治学好多个世纪,甚至其间政治学发展路径曲折,环境恶劣,步履艰难,但是,中国从古到今的政治思想、政治文化、政治哲学都有着极为丰富的资源,特别是我国改革开放以后的政治发展,都是很值得政治学进行研究并推向世界的。其实这些方面已引起国外政治学家和汉学家们的主意,并且已有不少很有学术价值的专著出版。中国政治学不能说没有做这方面的工作,但投入的力量还远远不够。在这方面,应该说,我们是大有作为的。中国政治学应该对世界做出贡献。

二〇〇一

中国行政伦理学的使命

在发达国家,公共行政已逐步成了一种专业化事件。其从业者有自己的专业知识体系和培养机构,有自己的行业协会,有自己的职业伦理,并形成了特定的利益群体。在我国,随着公共行政对象的日趋繁杂,管理手段的日趋现代化,管理知识和技能的日趋专门化,管理机构和人员的增加,以及管理者的身份认同的提升,公共行政正朝着专业化的方向发展。对于公共行政的专业化发展,学者们褒贬不一,但它确实是一个国家公共行政现代化进程中的必然产物。

过去,人们总是习惯于从国家的立场、从他者的视角去探讨如何规范行政人的行为,其结论往往是强调法制、纪律等惩戒性手段的制约功能,而不够重视公共行政职业精神和职业道德对行政人行为的规范作用。尽管我们历来强调坚持"德才兼备"这条培养和使用干部的基本原则,可是在对行政人的管理实践中,却忽视了以职业精神来激励和规范行政行为,也没有相关的教育培训和有效的制度安排。特别是随着公共行政管理现代化、专业化的发展,这个问题就越发凸显了。公共行政的专业化发展呼吁我们研究和创立必需的职业伦理,亟须学科的研究来指导我们的观念和实践。

当今，随着行政权的扩大，加强行政伦理的研究还有其自身内在更深层的原因，这就是公共行政实践中存在着必要的自由裁量权。这种“自由”既处于法制框架之内，又超出法制条文之外。因此，唯有借助行政正当性的理念与价值予以规范和制约。

公共行政专业自主性和行政裁量权的存在，是行政伦理得以存在和发展的前提。众所周知，行政不只是纯粹的执行，而是一种包含着大量价值决策和利益选择的活动。现代社会利益的多元化、现代行政人角色的多重性、专家治国现实与民主化治理呼声的同时高涨等，必将激发出许多与行政道德和伦理相悖的冲突，而这种冲突又会因现代社会道德理论的多元化和不可通约性而极化。

现代公共行政应当以什么为宗旨？公共行政的基本精神和价值理念是什么？公共行政存在哪些典型的道德悖论？行政主体应当如何应对这些悖论？行政组织文化和组织发展如何影响行政人的道德发展？我们应当采取什么样的行政伦理建设思路？公共政策和制度建设中蕴含着哪些价值抉择？决策者应当如何抉择？……所有这些问题，都亟待我们从理论上给予澄清，都需要我们用形而上的理念去关照、分析和解决。因此，将行政伦理学研究归类为行政哲学是有一定道理的。由于我国这方面的理论研究还处于起步阶段，所以，当务之急就是要系统梳理国内外的行政伦理理论与思想，学习、借鉴国际上已有的理论研究成果；为防止行政伦理学落入“概念化”的陷阱，提倡将行政伦理研究“哲学化”是很有必要的。行政伦理学研究应当是对行政伦理现实和行政道德现状的深刻洞察和深度分析。

当然，行政哲学也好，行政伦理学也好，绝非一种经院哲学。从根本上讲，伦理是一种实践，而非言说。行政伦理学是一种应用伦理学，是一种职业伦理学。它与公共行政实践之间存在天然的依存关系。构建一个行政伦理乌托邦虽也有其学理意义，但是，却有些偏门。中国行政伦理学研究必须建立在对中国公共行政现实的深刻理解和系统把握的基础上。本土现实是理论研究者的母乳，也是比较研究的构成性前提。如何"描述一分析一规范"我国的行政伦理现实，不仅是理论研究的需要，更是政治与行政改革之亟须。

伦理是一种实践智慧。行政伦理学研究具有鲜明的问题取向。它所要探讨的不是那些通过道德洞察一眼就可以找到正确答案的问题，不是那些通过简单地套用道德原则就能解决的问题，而是那些带有鲜明的情景性、实践性、两难性的问题；这些问题几乎都与道德悖论有关。面对它们，人们众说纷纭、莫衷一是。当行政人面对这些问题或困境时，很难轻易做出决断，但又不得不做出决断，故而需要理论研究提供某种借鉴和指导。唯此，方显行政伦理研究的实践意义。

近几十年来，行政伦理作为一门学科，成为学理分析的对象，在国际上尤其是发达国家发展迅速。但在我国，由于种种原因，行政伦理研究还刚刚起步。幸运的是，已有不少学者看到了行政伦理研究的重要性，并已有一些较好的研究成果面世，一些大学也开始开行政伦理课程。随着中国公共行政管理现代化和专业化的推进，经过行政人和学者们的共同努力，中国行政伦理学在不久的将来定会成为一个有自己的知识产权的学科。

二〇〇三

中国政治学的改进方向

中国政治学需要改进的一个重要方面，就是要面向实际。

既要研究中国的实际,也要研究世界的实际,在研究实际的过程中来发展政治学。中国现在的不少研究受到西方的影响比较多,比如在转型问题上,就受到了亨廷顿的深刻影响。但转型实际上到底怎么回事呢?我看还需要思考,我们还没有提出自己的观点,也没有看到国内和国际上的实际问题。所谓转型,按照亨廷顿的概念,就是从第三次民主浪潮中得出的向民主转型。我最近看了美国学者写的《威权统治的转型》,根据他们的说法,这些转型很少有成功的,例如拉美只有一个国家是成功的。这样就要怀疑了,为什么转型失败了?是不是由于转型产生的问题?什么是民主转型?如果说转到美国模式就是成功,没有转成美国模式就是失败,那么我们就只能跟在后面走了。如果中国学者对这些问题都没有质疑,当然会造成我们政治学的落后了。

改革开放以来,中国在很多方面都做得很成功,但却讲不出道理来。中国发展得这么快究竟是为什么?威斯康星大学的一位教授来访学,他到上海下飞机后没有直接来学校,而是租了辆车到上海转了一圈,见到我们说的第一句话是:你们中国真的是现代化了,我在亚洲转了一圈,都没有像你们这样的。那么,中国为什么会取得这样的成就?从政治学角度如何加以说明和解释?我们应当以理服人,也应当实事求是,不能总是套用美国的模式来评价中国的转型。对于这样重要的实际问题,我们政治学的声音很弱,也没有做出过有效的解释。因此,我们还需要从转型或者相关的角度来加强研究,也需要从这个角度对拉美、非洲以及周边国家进行研究。总之,政治学要面对实际和现实问题,才会有生命力。

另外,在政治学中,我们对西方政治学介绍的比较多,研究的比较少。所以我们要吸收、要研究、要批判,该肯定的要肯定,该批判也要批判。我们翻译的比较多,但翻译了之后不能就此结束,还要研究、要分析、要消化。只有深入研究了之后,我们在国际上才有发言权。比如这本《威权统治的转型》翻译了过来,如果你要批评的话,就需要仔细研究了,就要去研究拉美等地区的政治。要去思考,这些作者有没有讲出转型失败的道理?反过来说,如果说民主是有问题的,那么究竟是什么问题?把美国的民主拿到拉美去,产生什么问题?如果讲不出道理来,也就无法形成学术对话。对于很多问题,我们往往只有模糊的感觉,而没有根据学术文献资料加以解释和说明。相对而言,学术不是思想,学术是要凭资料说话的。在这个方面,我们还需要改进。

还有很多问题也是值得研究的,我也在思考,比如对中国传统政治的研究。对于中国传统政治,很多时候都是一些文学家、历史学家在讲,好像好得不得了,但传统政治到底怎么回事?我们还没有从政治学角度进行很好的阐发。当然,我对此持有非常怀疑的态度,传统的东西可能在历史上对中国的发展有很大的作用,但时代不一样了,即便是有用的东西也要变化的。中国传统是否能够发挥那么大的作用?到底是正的作用,还是负的作用?现在看上去,中国传统政治中有不少治国者的理论。但是如果简单地去学唐太宗等古代帝王如何治国,其实是不行的。毛泽东说过,武则天有治国之才,她有容人之量、识人之智、用人之术。但是,拿这一套治理唐朝还可以,拿来治理新中国则不行。因为他们是人治,但现在应当是法治。因此,从政治学的角度来研究中国传统,我们也面临着很艰巨的任务,有很多东西要研究。此外,我还想到,政治学中还有一个领域没有人注意,还没有开发,那就是空想社会主义。这一领域在以前都是国际共运的学者去研究的,现在很少有人再碰了。其实,空想社会主义里面有很多社会和谐与治理的道理,当然很多是空想,但有些道理是值得研究的。毕竟,这些知识资源可以现代化,并为我所用。所以说,政治学面临的问题、可以研究的问题还是很多的。

关于中国政治学的发展,我还在思考一个问题,如何建设以人为本的政治学?在我看来,现在我们的政治学基本上都是“见物不见人”。这就需要重新研究最古老的政治学,古代政治学就是从人开始的,也就是从伦理学开始的。从最早的政治学开始发展下来,一直到现在的政治学,逐渐形成了这种状况。需要探讨的是,如何建立一种新的政治学,来考虑人的需要、人的作用、人的权利,等等。我们现在研究的更多是国家,比如国家机器如何统治人、如何管理人等,但是人有什么需要?有什么政治需要?如果人没有政治需要,还搞什么政治学呢?所以,对于这个问题,恐怕要全世界都来研究。因为不仅中国的政治学是如此,而且外国的政治学在很大程度上同样也是见物不见人的。毕竟,人是政治学的主人,而不是反过来,政治学成了人的主人。这些问题或许是不可能完全解决的,都有些异想天开。但我还是希望我们的学者能够做好政治学的研究工作,政治学要使最大多数人都得到最大幸福。换句话说,我们要建设“幸福政治学”,不要变成“苦难政治学”。

二〇一四

中国政治学的重构发展

关于中国政治学的重构和发展,我有一个不成熟的想法,还没有完全成形。其中的一个基本思想是,从当下来看,不管中国还是西方的政治学,都是以“外”为主的,侧重于研究制度、机构、政策等,都很少涉及作为“内”的人。然而,很多政治问题都是离不开人的，也就是说，政治问题的研究不能“见物不见人”。这个判断还需要一定的学术论证，但从西方政治学延续下来的传统来看，能够发现一定的脉络。

亚里士多德所讲的政治学有两个部分，一部分是政治学，另一部分则是伦理学。这两个部分所追求的也分别是两种善，一是制度之善，一是伦理之善。而对伦理之善的追求，就要基于人本身的特性进行研究。此后的政治学说，对此还是注意的，一直到启蒙思想时期，都没有忽视人，包括康德、黑格尔等人的学说，也是如此。然后，到了后来，西方人更多关注的则是制度，要以制度来解决人的问题。美国的政治架构最为明显，要用制度来限制权力，从而制止人的恶。但是，此后的政治学说似乎很少去思考，人本身也有可能从不善变成善，或者说人本身也需要从不善变成善——人是有这种需要的。这样的思路也有助于我们思考，为什么人类的社会制度会变得越来越文明，为什么血腥也变得越来越少了。可以说，一方面，人在面对困境时需要善来凝聚群体，另一方面，人也可以通过教化等手段将不善转变为善。这在很大程度上也符合中国的儒家学说，即中国人认为可以通过个人的修养，来实现“独善”，也就是个体的善。但仅仅如此还是不够的，还需要有公民道德和群体之善。

对于人的问题，西方也是到了第二次世界大战之后的行为主义时期才重新意识到。但是，这时的研究存在实用主义的倾向，比如研究人是为了进行选举和组织政府等，也就是通过研究人的政治行为和政治心理，从而实现某种政治目标。因此，虽然行为主义政治学意识到了人的问题，但是发展的方向是存在问题的，或者说是不对的。反过来，从中国的经验来看，我们的传统政治强调人的作用，比如修齐治平之道，就是以人为基础的，或者说是以人的善为基础的。但是，对于人的过分强调，使得我们忽视了制度的作用，忽视了制度的善。中国过分忽视了这个问题。

那么，从这个基本问题出发，我们在政治学的层面上应当向什么方面发展？目前来看，政治学主要关注的是具体的问题，例如治理、选举、政策等。但是，人到底是怎么样的？政治学对此并没有很好地研究。人如何会善？怎样使其善？能不能善？人的本性是否需要善？……诸如此类的问题，政治学都没有解决，也没有讲好相应的过程。我们的社会要想变得美好，不仅只是硬件的美好，更需要人本身的美好。政治学应当促进内在的人和外在的硬件之间的结合，人的现代化、人的城市化、人的社会化……这些问题都合乎政治学结合二者的需要。对此，中国是有一定基础的，传统政治对于人性的善恶及其教化有过很多的研究。当然西方也关注到了这个问题，但他们在很大程度上还是不自觉的，更多是通过宗教来解决人本身的问题。

最后归结到一点：按照上述政治现实与历史，中国的政治学如何进行重构，从而发展出新的政治学体系？从人之善的角度来看，中国是有很多政治实践和学说的；然而从制度之善的角度来看，中国则存在不少的欠缺。传统中国的政治发展，在很大程度上都是以不自觉的方式来进行调整的，而不像西方是从制度来思考的。从中国历史来看，一个王朝遇到一个问题就解决一个，都是零零碎碎的，因此往往不成体系。因此很多人说中国人没有制度，有的只是官制，遇到问题就设置官员，历史学家吕思勉就曾有过类似的论述。因此，对于中国政治学的重构发展而言，如何能够更好地将“城邦/制度之善”和“人之善”结合起来形成一新的政治学体系，是我们需要深入思考的。说实在话，我对此也没有完全想好，还要靠新生力量来努力了。

二〇一五

第十二章 比较政治研究在中国的发展

评阿尔蒙德的《比较政治学》

有人说我们翻译的阿尔蒙德的《比较政治学》在很长一段时期内,主导着中国政治学研究的气象,就是在目前还能依稀看到这一气象的残余影响。其实,我一直告诉我的学生,阿尔蒙德的《比较政治学》在方法论上所具有的价值,至今仍不能否定,但它在深化政治学的研究层次和巩固政治学生命力方面,是有其局限性的。所以,在我的《议会政治》《西方政治制度》和《政府与市场》等著作中,基本上看不到阿尔蒙德的影子。

政治学关注的不仅是政权这一物理形态的变革,这是我一贯的观点。在我为复旦大学硕士研究生和博士研究生开设的"西方政府原理"和"比较政治制度"两门课中,我一直要求他们去寻找支撑政权这一物理形态的潜在基础。如果把现代政治形态视为一场革命所缔造的产物,如果把政治发展视为政权的转移,那么政治学也就简单地等同于政权学了。政治学必然会在这一简约化的处理中丧失解释世界和改造世界的能力。当年我们在翻译阿尔蒙德的《比较政治学》一书时就发现,如果把政治发展视为是对政权形态线性演进的表达,那么政治发展就会堕落为政治的扩张,堕落为按照政治的逻辑塑造一切。西方学者在这一问题上所具有的许多误解,均发源于此。

因而，政治学要发展就必须从空泛的概念堆积中解放出来，如同社会学要实现历史学转向一样，政治学也要实现历史学和经济学的转向。这是政治学能够在想象力和逻辑世界之间求取新生的关键。把政治学置于更为宽广的视野中，把它从长期的休眠状态中解放出来，也是我研究政治学所追求的目标。

当然，政治学研究作为一种解释世界的智力活动，必然要在发挥想象力的同时，保持一种冷静的品格。阿尔蒙德的《比较政治学》在方法的严谨上为我们确立了典范。但是，与此同时，政治学研究作为一种特殊的关注人类政治生活的实践活动，显然又是一种价值的担当者。也就是说，政治学在整合变量语言和规范语言的过程中，把解释世界和改造世界贯通在一起。当年马克斯·韦伯在整合变量语言和规范语言中所展现出来的无奈、彷徨乃至绝望，非但不是政治学走向破裂的象征，反而是重新唤醒政治学生命力的起点。美国学者莱斯利·里普森在其《政治学的重大问题》一书中也表达了类似看法，他说："社会的构成是可以被理解的，政治是一个有目的的行为领域，通过它，我们可以比目前生活得更好。作为一个研究课题，政治事件是可以理性分析加以阐明的。理解的结果可以扩展我们的能力，理智的效用带给我们自我解放。"我很欣赏这样一句话：没有政治学的历史无果，没有历史学的政治科学无根。这一句话为我们通向政治的路径提供了一种中和力量，它使得我们对问题的关注不会停留在某一时刻，而是要穿透历史。这说明政治学在实现历史学转向的同时，绝不会掉入考证的陷阱，在对历史碎片化的处理中，展现着一种虚弱的真实。莱斯利·里普森有一个看法，即要想理解政治，必须跳出紧裹着我们的时空界限，将世界作为一个整体来看待，按照斯宾诺莎的话来说，就是要看到"身着永恒装束"的世界。我之所以要我的博士研究生把"比较政治”作为他们的研究方向，就是要使政治学具有一种穿越空间和文化边界的能力，把被政权这一物理力量分割开来的世界连贯在一起。

二〇〇二

阿尔蒙德及其结构功能主义

阿尔蒙德是美国著名的政治学家，先后执教于耶鲁大学、普林斯顿大学、斯坦福大学等著名学府，1976 年退休后为斯坦福大学政治学系荣誉教授。阿尔蒙德是一位跨世纪的多产的学者，1911 年生于美国伊利诺伊州，1938 年获芝加哥大学博士学位，从此除了有一段时间担任政府公职之外，都是从事教学研究和有关学术工作，直到 2002 年去世，始终孜孜不倦地进行科研和写作，在其六十多年的学术生涯中，先后出版过 18 本著作，发表过数以百计的论文。他的主要著作有：《发展中地区的政治》(合著)、《公民文化》(合著)、《政治发展》等。他对政治科学的研究有着执著的追求。在他生命最后的岁月里，仍然关注着两大课题的研究，一是政治科学的学科状况，二是宗教原教旨主义在政治生活中的作用。他生前的最后一篇论文就是《对外政策与古以色列神学》。

阿尔蒙德是当代比较政治学结构功能主义的创始人。他用于比较政治学的结构—功能主义深受英国人类学结构—功能主义奠基人马林诺夫斯基以及德国社会学家马克斯·韦伯和美国社会学家塔尔科特·帕森斯等人思想的影响。1956 年，他在《政治学报》上发表了题为《比较政治体系》的论文，提出了开展比较政治研究的一些理论设想。1960 年，在《发展中地区的政治》一书中首次阐述了他的结构—功能主义政治学理论。1966 年，鉴于结构—功能主义在政治学界受到批评，阿尔蒙德把原先的理论体系同政治文化、政治社会化和政治发展结合起来进行探索，构建新的理论体系，出版了《比较政治学:发展研究途径》。1978年，他又对前一理论体系作了重大修改，在结构方面分为体系、过程和政策三个阶段，对政策分析和政治评价的方法进行了新的构想和探索，由此出版了《比较政治学:体系、过程和政策》。

在比较政治学的研究中，阿尔蒙德认为其核心概念是“政治体系”，它是一个包括环境、输入、转换、输出和反馈等部分的系统。所有的政治体系，为实现本身的目标，都要有相应的政治结构以及组成政治结构的各种政治角色。因此，现代政治体系一般都有利益集团、政党、立法机关、行政机关、政府官员和法官等六种政治结构。他还认为，研究任何一种政治体系，不能只限于政治结构及其作为，还应该了解和分析这种政治体系的基本倾向，也就是所谓“政治体系心理的方面”——政治文化。

在政治体系的结构和文化分析基础上，阿尔蒙德进而提出，所有政治结构、无论其专业化程度如何，实际上都行使着多种功能。与结构相对应，这些功能也可以分为体系、过程和政策三个层次。他还认为政治文化世俗化和政治结构分化是衡量各种政治体系发展程度的依据，而政治体系实际运行的最终评价，他主张要用“政治产品”这一概念。

显然，《比较政治学》阐述的比较政治学理论，是试图在各种不同类型的国家中抽象出有共同定义的、可资比较的概念和标准尺度，进而再运用这些概念和标准。简言之，也就是运用结构—功能主义的体系分析和评价方法，对各种不同类型的国家进行比较，把政治国家作为政治体系，分析其实际运作过程以及在各个层次上发挥的功能作用。这与西方传统的注重法律、机构和制度的静态比较分析方法不同，把政治体系作为动态的过程，并与不断变化着的社会环境之间的互动关系结合起来进行研究，由此，不仅扩大了比较政治研究的范围，而且注意从其他学科，诸如经济学、社会学、心理学以及现代自然科学中吸取学术资源，在学科间交互影响，因而推动了当时美国比较政治学研究方法的发展。

但是，到20世纪的末期，比较政治学结构—功能主义方法在美国学界再次受到批评。有学者认为这种方法忽视了政治制度的作用，提出了新制度主义的研究方法，“制度和国家被看作是第一位的相关因素，它们具有自己独立的影响，因此也是‘真实’的政治的组成部分”，“制度还被看作对个人行为具有决定性的影响，制度决定了政策选择，偏好就是通过制度获得的，并通过制度表达出来”。但阿尔蒙德认为，“无论从隐含其中的，还是明确显著的意义上看，新制度主义并没有什么，所谓新方法并没有出现，新制度主义这个术语从本质上与行为主义或结构功能主义的定义并没有区别”。

比较政治学的重点在于比较，更在于对政治现象为什么要比较，如何比较。在这个问题上，比较政治学的结构—功能主义与新制度主义实际上都是以西方发达国家的政治制度为基本模式，以资本主义国家政治生活原则为标准，去衡量和评价社会主义国家和发展中国家的政治体制。同时，应该指出，比较研究作为一种研究方法，它与研究者所运用的理论原则和价值标准都是联系在一起的。不同的原则和标准，必然得出不同的结论。有鉴于此，我们在了解当代比较政治学的研究现状，了解结构—功能主义、行为主义在这个领域内提出的体系概念、方法以及比较得出的结论时，更应该看到作者所持的资产阶级偏见的理论原则和比较标准。最显见的是他在《比较政治学》中把“社会主义制度国家”“共产党领导的国家”列为“独裁政治体系”，而把英美等国列为“民主政治体系”。

二〇〇七

阿尔蒙德与《当代比较政治学》

《当代比较政治学:世界视野》初版于 1974 年,是由美国著名政治学家加布里埃尔·A.阿尔蒙德主持编著、由十八位著者共同完成的一本比较政治学经典教材。自 1974 年由朗文公司出版以来,平均每四年左右都会有新的版本问世,上海人民出版社 2010 年出版的中译本是依据第八版的更新版(2006 年)翻译的。

在这一新的版本中,编著者把阿尔蒙德的比较政治学理论与国别政治分析结合起来,既有综合性的理论比较,也有国别的分析比较,由此,曾一度对美国大学的政治学科领域的教学和科研产生了重要的影响。全书共由三个部分构成:第一、二部分是理论部分,提出了当代政治学所关注的一些重大问题,系统阐述了阿尔蒙德所倡导的结构—功能分析方法,并构建了一个用以分析人类政治生活的理论框架;第三部分则是将理论运用于实际,由来自美国、德国、英国、墨西哥等国家的十二位专家执笔,运用阿尔蒙德所确立的结构—功能分析方法和“体系、过程与政策”理论框架,对英国、法国、德国、日本、美国、巴西、中国、埃及、印度、墨西哥、尼日利亚和俄罗斯等十二个国家的政治进行了国别比较分析。

20 世纪 60、70 年代是美国比较政治学研究的“黄金时代”,该学科的概念、方法与研究范围出现了重大变革,众多学术研究项目得到各种基金的资助,大量的经典成果也随之涌现。阿尔蒙德作为这一时期该研究领域的领军人物,其最主要的学术贡献在于将结构—功能分析方法引入比较政治学研究，提出了一系列新的分析性概念以替代传统方法中基于法律和制度的概念，并发展出一个具有普遍分析效力的比较政治学理论框架。

在阿尔蒙德的比较政治理论中，不再将正式的法定制度作为研究重点，提出了更具有抽象性的“政治体系”这一术语，来代替传统的国家概念。在他看来，政治体系应当成为政治学的核心概念，它是一个由环境、输入、转换、输出和反馈等部分组成的系统。在此基础上，他将政治体系区分为体系、过程与政策三个层面，同时认为在政治体系的任何一个层面，都可以从结构和功能两个方面加以考察和分析。所谓结构，指的是构成政治体系的机构、部门或组织，在结构中活动的个体称之为角色。他认为几乎所有的现代政治体系都包含了六类主要的结构：政党、利益集团、立法机关、行政机关、官僚和法院。这些结构在政治体系的所有三个层面上都发挥着各自的功能，并最终产生政治结果。

阿尔蒙德认为，政治体系的功能与它所包含的三个层面相对应，分别是体系功能、过程功能和政策功能。体系功能包括政治社会化、录用和交流，这些功能决定着某一政治体系是否得以维持或变革，因而对政治体系具有根本的重要性。体系功能涉及政治体系的输入，它所依赖的结构非常广泛，如政治社会化功能就可能涉及家庭、学校、通信传媒、教会及其他形形色色的结构。

过程功能则涉及政治体系的转换过程，主要包含了政治体系运作过程中的四种行为，分别是利益表达、利益综合、政策制定、政策执行和裁决。同样，这四类过程功能也分别涉及大量的结构、角色以及更具体的行为，如利益表达过程中的公民、利益集团等，他们可能通过游说、大众传媒、请愿、抗议乃至恐怖手段等策略来表达各自的利益，从而影响政策制定；再如政党是履行利益综合的主要结构;议会、行政机关、官僚机构则是履行政策制定功能的主要结构。

政策功能涉及政治体系的输出,这些功能包括各种形式的行为管制、以税收和其他形式进行的资源提取,还有向各社会群体进行的利益和服务的分配。政策功能的重要性一方面在于它决定了政治过程的结果,另一方面,政治结果会对政治体系产生反馈,所有政治活动的输出都会以循环的方式导致新的输入,从而影响到整个政治体系的运转。

阿尔蒙德的结构—功能分析方法重视政治文化对政治体系的影响。他认为研究任何一种政治体系,不能仅仅局限于分析结构及其作为,还应当了解这种政治体系的基本倾向,了解公众对政治体系的态度和他们在政治体系中扮演的角色,也就是所谓政治文化。政治文化涵盖了公民在政治体系所有三个层面上的倾向:在体系层面上,表现为民族自豪感、国家认同以及政府合法性等,在过程层面体现为公民角色和政治权利观念等,在政策层面体现为公众对政府在社会生活中所应扮演角色的认识、各种政策的优先性设定等。政治文化影响着政治体系现在和未来的行为倾向,如果忽视了政治文化,就很难理解政治实际上是如何运转的。

二〇一〇

阿尔蒙德的比较方法及其批评

以上仅仅是对阿尔蒙德比较政治学理论非常概括的描述,在很大程度上,阿尔蒙德将结构—功能主义分析方法引入政治学研究中来,是对传统的制度主义方法的一种改革。传统制度主义过分关注正式的和法律意义上的政治,而忽视了对实际运行中的政治的研究,以致造成了两方面的困境,其一是在政治生活中大量重要、非正式的机构很难进入研究者的视野;其二是传统制度主义更倾向于夸大不同国家、尤其是不同意识形态下政治制度的差异性,因此在相当长的时期内,比较政治研究中很难抽象出一套具有普遍性分析效力的理论框架。

阿尔蒙德所倡导的结构—功能分析方法最显著的成效是创建了一套概念体系,可以在一定程度上超越正式法律文本和意识形态差异的表象,将从古至今全世界范围内所出现的各种类别的政治体系,置于一个统一的分析框架之中。在这样的方法指导下,政治学研究的主题转变为一系列的具体行为和活动,从而超越了历史结构、制度与意识形态的局限。具体而言,该理论在三个方面使比较政治学研究发生了很大的变化:强调政治的实际过程和行为而增强了政治学研究的实证性;通过更高的抽象层次拓展了比较政治学研究的范围;通过构建更具有操作性和分析性的概念和理论框架,整合了比较政治学的学科,促进了学术共同体内部的交流与对话。

阿尔蒙德所倡导的研究方法与理论也遭到了持续的批评。早期的批评者指责他的研究太过重视描述特定时期的政治结构,这暗含了对现存秩序抱有偏爱的倾向。20 世纪 80 年代后期,新制度主义研究方法兴起,该方法更强调制度背景对个体行为的决定性影响,因而重新加强对国家的研究,将制度重新置于政治学研究的核心地位。对于这些批评,阿尔蒙德既坚持自己理论的重心,同时也不断反思、修正它。他说:“精确而全面地描述特定时期的政治制度,并非是要赞扬或捍卫它们,而是要试图理解它们。……而且,我们认识到,需要用动态发展的方法来补充结构—功能方法,因为我们不仅想知道政治体系是如何发挥功能的,同时还想知道为什么。结构—功能方法本身不会告诉我们德国或法国为什么在20世纪30年代和40年代会那样发展。它告诉我们的是，在这些体系中到底发生了什么变化。要解释为什么会发生这些变化，就要求我们以历史的方法将经济、社会、文化和国际环境引入解释中来。”由此，阿尔蒙德还认为，“无论从隐含其中的，还是明确显著的意义上看，新制度主义并没有什么，所谓新方法并没有出现，新制度主义这个术语本质上与行为主义或结构功能主义的定义并没有区别”。

比较政治学研究的根本在于比较，更在于采取什么价值标准比较，如何比较。在这个问题上，比较政治学的结构功能主义与新制度主义，实际上都是以西方发达国家的基本政治原则和政治制度作为比较的价值标准的。因此，尽管比较政治学的结构功能主义和新制度主义对社会政治现象研究所提供的理论和方法各有其贡献，也各有其缺陷，但更值得注意的是它们所采取的相同的价值标准。对此，我们相信广大读者一定会加以辨别，哪些是可以借鉴的，哪些是应该批判的。用审视的眼光，吸收一切有用的知识和一切有价值的现代政治学的研究成果。

二〇一〇

《比较政治学》译事与影响

1986年的时候，我们翻译了《比较政治学》这本书。当时的情况也比较简单，上海搞了一套“当代学术思潮译丛”的丛书，有一个编辑委员会，这本书是他们支持我们翻译的。我的学生把这本书借了过来，我们就一起合作翻译，译好之后就在1987年列入这个译丛出版了。说实在话，我当时是被硬拉进来的，因为我觉得自己的英文并不好，要承担翻译工作是比较难的，但他们还是要我参加。我为什么要参加呢？因为翻译这本书的时候，中国的政治学还是一片荒原。中国有政治，没有政治学，政治学的概念都没有，1952 年院系调整时政治学早被取消了，就算那时有什么概念，到了这时也老化了。当时我们的词汇都是阶级斗争之类的，有很多英文我们看了都认识，就是翻不出来，没有相对应的中国词汇。阿尔蒙德这本书都是一些新词汇、新概念，比如结构功能、政治发展、政治文化、政治社会化等。对于这本书的翻译，在很大程度上能够丰富中国政治学的研究内容和范围。

在翻译的时候，我的主要工作是校对，我校对以后他们再校对。我校对里面是否有术语或内容违背了政治、经济、历史等方面的知识和规范。在这个过程中，我们对很多问题都不断地翻来覆去推敲，实在不懂的就去请教一些外语系的老先生，特别是曾经在美国留学回来的老先生。我们翻好初稿以后，把一些专业的、涉及历史背景的难题一个个排出来，向他们请教。我们尽力把工作做细，有些专有名词，包括人名，过去有人翻译过的我们一定要查到，因为这类专有名词的译法是约定俗成的，不能随便按照自己的意思翻，这一点要注意，不能出差错。我跟同事们开玩笑说，如果有的内容是没有人翻过而我们第一个翻，那么人家以后也会查我们的。我们有时候对一个名词都要讨论一天。这个工作做得很仔细，不像现在有的人一个月翻几本书。

我们自信在翻译上还是力求准确通顺的，所以出版社基本没有改动过我们的稿子，他们很满意。一直到现在，我还没有看到在翻译上批评我们的。有一位台湾出版人评价说我们翻译得比较准确，也比较好理解。这实际上不是外语水平的问题，而是专业水平的问题，专业问题没有搞清楚，也是翻不好的。翻译应当要把学术的真正内容表现出来，同时，翻译也有创作的性质，好的翻译还要在把一种语言转化为另一种语言时能将内容讲得惟妙惟肖，我们表达的意思要同中国人的认识对得上。严复说翻译要“信达雅”，三个方面都做好是很不容易的，可能“雅”很难做到，但是一定要“信达”。

说来有趣，这本书可以说是一本“盗版书”，因为当时并没有买到版权，这本书也就成了内部出版物，当时很多译著都存在这种情况。后来有一位美国学者到中国来访问，他跟阿尔蒙德是很好的朋友。当时我就问他，我们翻译了阿尔蒙德这本书，他会追究我们的版权吗？这位学者讲得很好，他说不会的，阿尔蒙德会很高兴，因为你把这本书介绍给中国的十几亿人，他不会追究，也不会在乎这个版权。

当时这本书出版之后，北京研究政治学的同事评价也很高，他们说你们做了一个很大的贡献。在我看来，所谓贡献，最主要的无非三个方面：第一，通过翻译这本书，介绍了西方政治学的新的现状；第二，这本书创造了一些新的学术概念和话语，比如政治体系、政治发展、政治社会化和政治功能等；第三，它提出了结构功能主义的分析方法，这个影响很大，一直影响到现在。实际上这个方法和系统分析论的方法是一样的，其优点在于对不同因素的相互关系进行综合考虑，将它们作为一个系统来分析。但是，这本书也有缺陷，因为它缺少价值评判。后来的所谓后结构功能主义和新制度主义等，就注意了这个问题，在很多方面做了一些回归。同时，政治系统分析范式远离了制度问题，而后来新制度主义等又强调了制度。当然，阿尔蒙德认为后面这些人其实没有什么新变化，也并没有超越他的观点。这是美国学者之间的争论，但我们要承认的是，后来的研究确实做了一点纠偏，重新强调了阿尔蒙德等人所忽视的制度，这恐怕也是事实。在阿尔蒙德去世之后，哥伦比亚大学发了一篇纪念文章，就讲到了这个问题。

二〇一四

中国比较政治学的历史命运

政治学作为一门独立的学科已经恢复二十多年了，经过“补课”大有成效，有所发展。但比较政治学这个分支学科还是相当落后的。而且，随着中国的崛起，世界要了解中国，中国要了解世界，外国在研究中国，中国也要研究外国，这就使落后的矛盾更加突出了，改变现状的要求更加迫切了。

中国推进社会主义现代化，不仅要了解外部世界的政治、经济、文化环境，还应该吸收各个国家有益的经验和教训。应该说，我们党对世界的研究一直很重视。在 1962 年，中央曾发过专门文件，加强对国外的研究，随即在全国成立了十四所研究机构，分工研究各国的政治、经济情况，并分别在三所高校（北大、人大、复旦）按地区分工成立了三个国际政治系，培养急需人才。在粉碎“四人帮”之后不久，中央就决定派代表团到外国进行考察调研。后在中共十二大召开之前，部分外交部驻外使领馆对驻在国的政府机构情况写了一份调研报告，后由中国社会科学院和外交部国际问题研究所合编成集，即《外国政府机构情况汇编》（内部资料），共分三册，囊括了 31 个国家。从全国来说，对外国的研究，“起步”和“恢复”都有过很好的势头，尽管历经风风雨雨，但还是做了不少工作，有了一定的资料和知识准备。

当然，比较政治、比较政治学在对外国的整体研究中也许是最落后的，原因甚多。上面谈到了一些研究所以及高校有关系所和专业所做的研究和教学工作，但直到 20 世纪 80 年代末，这些研究还一直着眼于国别、主要以单个国家为研究对象，尽管也采用比较方法，但没有进行系统比较研究的认识。这也许和比较政治学这门特殊新学科有一定的关系。1952—1954 年间，阿尔蒙德等人才发起设立美国社会科学研究顾问委员会比较政治学研究会,把比较政治作为相对独立的分支学科。但到2002年辞世之前,阿尔蒙德依然把政治学学科分类当作他最关心的问题之一。而中国直到1987年《比较政治学》译本出版后,学界才对比较政治学略有所知,但影响最大的,或许只不过是结构功能主义的方法以及政治发展、政治文化等几个新的概念。按照《政治科学新手册》上美国学者的观点,比较政治学学科通常被看作由三个相互关联的要素组成:第一,也是最简单的要素,就是国别研究;第二个要素是国家之间系统比较研究;第三个要素是研究方法。显然,我们还停留在第一要素的层面上,而且可能还是粗线条的。

从比较政治、比较政治学研究在国家建设和政治发展中应发挥的作用以及学科本身看来,第二、三要素更加重要。因为如果我们要把握和了解一个国家的政治、政局和政治发展情况,要学习相关有用经验,吸取可避免或不可避免的教训,那么只有通过比较研究才能认识到更为本质的东西。马克思曾经把比较当作理性方法的主要条件之一。毛泽东也曾说过,"有比较才能鉴别"。可以说,闭关锁国的"关门主义",主张西化的"移植主义",其共同的根源就在于对外部世界缺少比较研究。

随着中国作为一个负责任的大国出现在世界舞台上,除了外交和公共外交,还有越来越多的贸易、投资、援助和文化交流活动,所有这些都需要有比较政治研究提供资讯的支撑。了解和把握一个国家或地区的政治、政局和政治发展,不是通过一般的交往就可以做到的,它需要长期的资料积累、系统的比较研究和细致的综合分析。这项工作在全球化的今天几乎所有国家都在做,只是做的规模有所不同。原因在于,这不仅是政府外交政策所需要的,而且大的跨国公司为评估和防止政治风险,也将其当成应做和必做的功课。

比较政治学的第三个要素，即研究方法，可能要在第一、二要素做好、做扎实的情况下，才可能有所发展、有所创造，要在进行系统比较研究的过程中，去发现新方法、创造新方法。当前，我们可在传统比较研究的基础上，借鉴当代西方科学主义的研究方法，不过得注意西方的科学主义也有缺陷，而且有很大的争论，这方面的情况可以参见《政治科学新手册》中的相关论述。在这里，需要特别强调的是，马克思主义的方法和方法论是科学的，而且并不排斥数学化的分析。根据拉法格的回忆，马克思曾经指出，一种科学只有成功地运用数学时，才算达到了真正完善的地步。因此，只要坚持以马克思主义为指导，在方法上是会有所创造的。

比较政治的教学和研究以及比较政治学的学科建设，面临的困难颇多，主客观的原因都有，如何克服？多年来，我们似乎没有想出好的办法。在这个领域真正算得上"全职"的教师和研究者原本就不多，而且据我所知，还有一些人已离开这个"行当"了。何去何从？我想，应当努力改变这种现状，否则其前景就难说了。

二〇一一

比较政治制度基础上的拓展

从我的学术经历来看，我后来进入比较政治研究是很自然的。我大学毕业后进入复旦大学，开始教的是马列主义基础，以后改成国际政治，进行了一些国别政治研究，这个过程给我以后的比较政治研究奠定了一定的基础。但是当时我在脑海中并没有"比较"的概念，也没有"比较政治"的概念，更没有"比较政治学”的概念。应当说，一直到我们翻译阿尔蒙德的《比较政治学》以后，才产生了比较政治的概念。从此以后，我才开始注意到从比较政治的角度进行研究，而对于比较政治的研究，我的重点放在比较政治制度。

为什么要把重点放在比较政治制度上面？我发现，研究比较政治制度比较具体，而且范围比较明确。如果说研究的是比较政治，那范围很广，而比较政治制度只是比较政治中的一部分，比较容易掌握。而且从教学来看，我认为给学生讲授比较政治制度的知识和理论，会更加基础一些。你要研究一个国家的政治，而不懂这个国家的政治制度，那就不可能开展研究。所以，研究比较政治，我重点抓住比较政治制度——具体、好抓、有范围，同时，比较政治制度也是比较政治的基础。可以说，不懂静态的制度与运作规则，就无法对动态的政治有真正的了解和分析。比如，很多党派与党派斗争的规则，都是在制度里面规定的，现在有些人都抓不住党派斗争现象的本质，只是了解现象，原因就在于不了解制度，不知道其中是有很多规则的。

在比较政治制度的基础上，再扩展到比较政党、比较公共政策等问题，那就可以对比较政治进行研究了。由此出发，可以研究各国的党派斗争、文官制度、中央与地方关系等具体问题。这样一来，就可以在研究制度的基础上把比较政治具体化了。所以，制度等于是打开一个大门，通过研究制度，就可以对各国政治有很好的了解。一般来讲，很多书的标题都是“某国制度(政府)与政治”，先研究制度，再研究政治。当然，制度离不开政治，政治也离不开制度。

另外，我研究比较政治制度的时候，重点放在研究英国。因为把英国的制度搞透了，对其他国家制度进行研究时就有了比照。在英国的基础上扩大到美国、法国，以后再扩到其他国家，比如瑞典、瑞士、意大利、德国、日本、加拿大等等。所有这些国家的制度的模本都是从英国来的。比如美国的总统制，其实也离不开对英国政治制度的参照。当时美国建立制度的时候，就是对照英国的王权来做的，要避免英国王权，实行共和制。因此，他们在设计当中就考虑如何处理集权与分权的问题。一方面美国让总统拥有了类似英国王权的权力，但另一方面又用分权的制度来限制总统的权力。

再比如，法国戴高乐的第五共和国，就是既模仿英国又模仿美国，形成了所谓“半总统半议会制”。现在的俄罗斯也模仿了第五共和国，同样是半总统制，而且总统权力可能更大。俄罗斯为什么模仿法国不模仿英国？因为俄国在历史上就模仿过拿破仑的制度，俄国的中央集权制在很大程度上就是法国拿破仑的中央集权制。这个观点不单单是我的，北京大学的龚祥瑞先生在《比较宪法与行政法》的书中也讲到过，从彼得大帝起俄国几代帝王都向法国人学习。我在看资料的过程中，也发现了这个问题。所以，政治制度问题还是很值得研究的，可以在对制度做比较分析的过程中发现其中的道理。这样一来，不仅可以研究现实，而且把历史的研究也带动起来了。

因此，回顾下来，我就是这样展开比较政治方面的研究的。说实在话，我起步的时间太晚了，过去耽误了几十年的时间，从20世纪80年代后期才走上这条路，到21世纪初就退休了。我没有做多少年，但我希望年轻教师在我的基础上继续做下去。现在看来，这条路走下去不容易。因为搞这些材料要经得起寂寞，政治制度大多都是基础知识，而研究政治制度，除了教学以外很难快速用得上，也就不能够很快有所成就。另外，我曾经提过一个建议，如果要研究制度，那么不仅要研究政治，还要研究法律，尤其是宪法，研究制度而不研究宪法是不可能的。有时候也不能完全看学者的二手材料,还是要从原始文献来看,从宪法原文来看,从涉及国家体制改革的法律上来看。当然,我们不能像宪法学者那样去研究,而是要把这些作为知识与知识结构来进行把握,这一点还是很重要的。

二〇一四

比较政治的基础是国别研究

比较政治学在中国起步的时间并不长,现在国内做比较政治研究的人也不是太多,学科的现状还是比较弱的。另外,这个学科的知识基础也是薄弱的,特别是我们的国别研究做得还不是很强。对世界各国的研究,需要很多学者分工,要由不同的专家各自研究一些国家或地区。比如美国对于不同国家的研究分得很清楚,他们有研究中国问题的专家,即所谓"中国通"。而我们在国别研究方面的人才还不是很多,知识积累也比较欠缺。

我曾经说,比较政治是大国的学问。我们要做负责任的大国,如果没有比较政治,不了解其他国家,那是很难成为负责任的大国的。美国学者也讲过,所谓比较政治,实际上就是研究外国政治。没有国别研究的基础,就谈不上比较政治。而没有比较政治的研究,就不可能出现比较政治的理论。所以,我们还有几个段位的差距,应当从国别研究到比较政治再到比较政治学。我认为,比较政治学在很大程度上是哲学性的,当然也是理论性的,属于更高的层次。如果在基础薄弱的情况下,去创造中国的比较政治学理论体系,那么难度就太大了。我认为,我们要先做好国别研究,以后再做比较政治研究。比如,可以先对各国的公共政策、司法、行政等方面的问题进行专题研究,这样的研究对我们国家的改革也有参考价值。

总的来说，在比较政治学方面，我们还处于一个很初级的阶段。我们要先做国别研究，以后再做比较研究，之后再做比较政治学研究。尽管我们在三个方面都开展了，但还是比较浅层的。我认为现在的重点还是要放在国别研究上，先做基础工作。现在人们往往比较讲究实用性，但国别研究是不可能提供什么即时功用的，只能够提供基础。但现在最最重要的，还是先做国别研究，打下基础，咬咬牙，培养一批人才。如果基础都没有，还能有什么理论呢？真正要有学术话语权，就要做扎实的基础工作，这是要有一定投入的。

过去我们做过国别研究，也编过一本《西方政治制度》。这是一本教材性质的书，其实就是国别研究。我们研究了西方主要国家、苏联东欧的主要国家，还有亚非拉的代表性国家。后来俞可平也主编了一套“当代各国政治体制”的丛书，1998 年由兰州大学出版社陆续出版。其他地方也有，但并没有形成规模，几乎“后继无人”了。而且这些书也多是比较浅显的概况，谈不上研究。因此可以说，我们在历史上其实没有好好地搞过国别研究。此外，我们在语言上也比较欠缺。研究德国的要懂德文，研究法国的当然也要懂法文。但是我们国家现在掌握的语言只有几十种，而美国掌握的语言有五百多种。世界上有那么多语言，我们都没有掌握，这样就根本没有办法真正开展研究。我还是要强调，我们作为一个世界大国，必须要了解各国的情况，这是大国的责任。

二〇一四

比较政治制度的三个“更重要”

由于我研究的是比较政治制度，不是比较政治学，因此，我主要从比较政治制度研究和教学的角度,谈谈个人对比较政治学的方法问题的思考。最近读了《政治科学新手册》对比较政治学的一个判断:比较政治学要成为一门独特的学科,需要在实质内容与方法上实现结合,如果将内容与方法两者分割开来,比较政治学就只能被消融于整个政治学,甚至从更广泛的意义上消融于整个社会科学。因此,比较政治学的重点在于"比较",在于研究政治现象为什么要比较、如何去比较。正是这一点,使得比较政治学被看作是政治学中的特定领域。这里其实就隐含了特定的学理:第一,比较政治学的研究对象是非常广泛的;第二,比较政治学的关键在于比较。因此,我从多年的研究和教学中深深体会到,如何进行比较是我们必须面对的重要问题。对此,我的思考主要有以下三点:

第一,比较政治制度中"知"比"行"更重要。"知"就是了解,"行"就是把自己了解的东西表现出来。我认为,在比较政治的研究中,我们不能只是模仿和仿造,从这个意义上,比较政治学并不是一门"学以致用"的学科。从历史上来看,没有一个国家的制度是靠仿造而成功的。最典型的是德国魏玛共和国的制度,它在很大程度上移植了瑞士的直接民主制、英国的代议制、美国的总统制,把当时世界上最成功的制度都移植了过来,但最后还是失败了。在我国的医疗制度改革中,也移植过来很多制度,但基本都失败了。因此,比较政治学不是也不能"学以致用"。相较之下,比较政治制度更主要的是为了长知识,不仅要知道现在的制度是怎样的,还要研究制度背后的制度。英国的拉斯基曾说过,我们研究的制度只是冰山的一角,还有很多制度都没看到。他还曾经说过,研究制度应当要揭示制度的秘密。因此,比较政治制度的研究是为了掌握智慧和知识,而不是为了简单的学以致用。同时,研究制度要把它当成文明来研究,任何制度都是在一定历史阶段或者经济文明发展到一定程度后，为了规范社会行为和人类行为并形成社会秩序而制定出来的。正是从这个角度来说，我认为“知”比“行”重要，不要把比较政治制度简单看作是一个“学以致用”的学科。

第二，对政治制度的比较研究“找劣”比“比优”更重要。中国人常说要“知己知彼”，但是现在我们常常是以自己的优点来比人家的缺点，这显然是有失偏颇的。因此，我认为，比较政治制度中“找到缺点”比“比优”更重要，当然这并不是说“比优”没有必要。可以说，没有一个国家或制度是十全十美的，任何一种制度随着历史的前进都会和机器一样发生磨损，变得过时、陈旧、异化。刚才谈到的德国魏玛共和国就是如此，当时它的制度架构很优越，但是随着实践的发展很快发生了异化，最后导致了法西斯的上台。因此，对于任何国家或制度而言，如果看不到自己的缺陷或者对自身缺陷了解不足，总是感觉良好、很优越，那么就不会有动力去做出创新和改变，来适应社会的发展。我认为，了解本国制度的缺陷，并不是一国的问题，而是一个国际问题。即便是美国也存在这样的问题，美国一直认为自己国家的制度是最好的，试图在全世界推广，但事实上许多国家都难以采用和照搬。因此，不能总是以自己的优点去比别人的缺点，而是应当以自己的缺点去比别人的优点，这样的比较才有价值。否则，不去了解本国制度的缺陷，只能使自己故步自封、慢慢倒退。

第三，比较政治制度的方法比理论更重要。由于比较政治研究对象的宽泛性和不确定性，因此没有形成取得一致认同的理论。从现实看，比较政治制度的理论基本上都是政治学的基本理论，同时把经济学、社会学、心理学等其他相关学科的理论包含进来。从现实来看，所谓比较政治学的发展，主要还是方法的发展。如果说比较政治学的重点在于方法，那么方法该如何选择呢？这对于我们比较政治制度的研究学者来说是很大的难题，我们没有答案。从世界范围来看，即便是比较政治学发展得比较好的美国也没有完全解决这个问题。从这个意义上讲，比较政治学与政治学的不同之处在于，政治学主要是理论的发展，而比较政治学在很大程度上则是方法的发展。因此，对于比较政治而言，更为重要的是方法，但是方法的发展其实有很大的难度。这种难度主要表现在：一是比较的标准和规范很难确定，二是资料和信息的收集和处理存在难度，三是综合性的研究也比较难。

二〇一一

中国比较政治学的三个走向

中国的比较政治学比中国政治学的发展还要晚一步，可以说，政治学的发展取得了很大的成绩，但比较政治学相对而言是滞后的。作为新兴国家的中国需要了解世界，但从这个需求来看，比较政治学的发展也是非常不相称的。我认为，从当前学科的状况来看，比较政治学的发展，应当主要在以下三个走向上做出努力：

第一，比较政治学要走向国别研究。国别研究是基础，没有国别研究就没有真正的比较研究。没有国别研究，我们在研究中很可能是“瞎子摸象”，只能看到部分，而不了解全部；同时，也很容易做一些牵强附会的比附。比如，有人说到西方的三权分立，就说中国古代的尚书省、中书省、门下省的设置，早就是三权分立，这就是不了解情况的比附。美国的比较政治是相对发达的，他们也是从国别研究到比较研究再到综合研究的。阿尔蒙德的《比较政治学》就是交叉的，既有国别，也有综合。没有国别研究怎么去比较？怎么得出综合的分析？因此，从中外的经验来看，我们都应当把国别研究作为基础来看。我们在这个方面确实是比较弱的。我们在编《比较政府体制》的时候查过资料，解放前武汉大学曾经出过刘迺诚所撰的《比较政治制度》（又名《各国政治制度》），但只有这一部。新中国初期的十七年中，我们主要是翻译苏联的资料，比如从苏联的百科全书中去看美国、英国等其他国家，没有真正的研究。改革开放之后，我们做过一些国别研究，但主要是介绍性的，而不是研究性的。包括俞可平在兰州大学出版社主编的"当代各国政治体制"丛书，也主要是介绍性的，不是研究性的。从这些资料来看，可以说比较政治的研究还处在一个比较弱的阶段。我们应当要做好基础工作，否则比较政治学的发展是很难的。相对而言，做这个工作是要坐冷板凳的，不能很快见成效出成果，也不可能急于求成，需要有相当的积累和功夫。

第二，比较政治学要走向专题研究。我认为，专题研究比较好把握，也比较好操作。如果说做宽泛的国家比较，会有相当的难度。比如很多综合性的比较，就很难确定比较的标准，但从中划出一个专题，就可以避免一些标准问题。当然，这个难题终究是避不开的，无论是中国还是西方的学者都要面对。因此，从专题角度来做比较研究，一方面相对容易操作，另一方面也有一定的实用性。当然，我并不赞成那种简单的实用性，比如研究了西方的公共政策，就拿过来模仿，这是很有问题的，但是从中找到启发还是可以的。一般而言，比较的出发点往往会只抓优点，不抓问题。恰恰相反，我认为比较方法中"找劣"比"比优"更重要——找问题比比优点更重要。优点当然可以比较与借鉴，但更重要的是，研究其他国家的缺陷，这对我们更有参考价值。托尔斯泰说,幸福的家庭都是相似的,不幸的家庭各有各的不幸。我们要看造成这个不幸的原因,这对我们才是有价值的。因此,从比较中要发现问题、解决问题,而不是通过比较来简单模仿其优点。我最近看到由商务印书馆出版的《腐败与改革》,书中比较了美国和墨西哥银行腐败的案例:美国在进步年代通过将银行私有化,解决了银行存在的腐败问题;而墨西哥的银行在国有时腐败不严重,反而在私有化之后变得严重了。那么,私有化对于解决腐败究竟作用如何?制度是否可以克服腐败问题?现在看来,无论是私有制还是公有制,恐怕都有腐败问题。这种案例的比较并非旨在得出什么政策,而是要从中得到启发,开辟新的思路。因此,做单项或专题的比较,相对容易操作,也能够扩展研究的深度和广度。

第三,比较政治学要走向理论研究。我们做好了国别研究和专题研究,理论和方法论的研究就有了基础。如果没有这个基础,我们充其量只能从国外引进一些东西,不可能有我们自己的理论和方法论的贡献。理论与方法论是比较政治学的核心部分,我将其看作比较政治学中的高端学术研究,这是比较难的。原因在于,作为一门相对较新的特殊学科,比较政治学处于两难的困境。这是西方学者的观点,从美国比较政治学的发展中所得出的判断。比如阿尔蒙德去世之前最关心的一个问题就是政治学的学科分类问题。做好政治学的学科分类,实际上就是说比较政治学要对其比较对象、方法、核心概念有充分的把握。我曾经讲过我在《政治科学新手册》中所看到的美国学者的观点,比较政治学具体的实质性研究内容,除了研究方法之外,就是国别研究和国家间的系统比较研究。这些基础性的研究做得扎实了,才能促进更难的理论与方法的研究。因此,我们应当认真思考和研究那些实质性的问题,推动比较政治学稳步走向理论研究。

二〇一二

比较研究与中国的政治发展

从近代历史的发展趋势来看，中国的政治发展大致可以分为三个阶段，这三个阶段的发展都是从比较研究开始的。第一个阶段是从改良主义到旧民主主义革命时期。自鸦片战争之后，中国开始了中西之间的比较，先是器物，后是制度，再后来是思想理论，大致也经过这三个阶段。可以说，中国从比较研究开始了政治的启蒙和发展。第二个阶段是新民主主义革命时期。中国同样是进行了器物、制度和思想理论等方面的不断反思和比较，进行了新民主主义革命，推动了中国的政治发展。第三个阶段就是新中国成立之后，尤其是改革开放之后。邓小平等领导人在"文革"结束后的第一步就是对外访问，然后也是通过包括器物、制度和思想理论等方面的新的比较思考，才开启了中国特色的社会主义。从历史的经验来看，中国经历了这样的发展历程，对于这个历史进程以及其中蕴含的某种规律性，我们有大量的历史文献和资料可以佐证，这一点比较容易理解。

比较研究可以推动政治发展，但并不是任何比较研究都能推动正向的发展，也可能推动向相反的方向发展，也可能干脆不推动发展。那么，什么样的比较研究才能推动正向的发展？这是值得我们思考的。从这个角度出发，我认为，比较还是要有一定的价值取向，我所谓价值取向，是指为了什么来比较，也就是比较的基本目的。如果说比较是为了解决特定的政治问题，那么无非有两种取向，一是模仿，二是比较基础上的创新。同时，在比较的过程中也应当有一定的理论自觉，而不是漫无目的的比较。

有了价值取向之后，就要面临比较方法的问题。这方面的内容很多，我只谈一个想法：我们在比较方法的运用上必须要反对两个倾向。第一种倾向是模仿和拿来主义，通过比较觉得很好就拿来用。“拿来主义”是鲁迅先生讲过的，中国人对西方的东西首先就是拿来主义嘛！但对于鲁迅的话，人们常常只引用上半段，不讲下半段。他后来说的是，如果得了一所大宅子，面对里面的各种东西，看到有用的就留下来，没有用的就扔掉。所以，拿来主义恐怕也是有比较和有选择的。那么，要判断哪些扔掉或留下，就要有价值标准了，就需要有理论自觉。正确的比较就要有正确的理论自觉和价值取向，而不能搞简单模仿。孙中山领导的革命主要是模仿西方，但失败了。中国共产党的革命最初模仿苏联，经受了挫折，后来经过纠正，走与中国实际相结合的道路，才取得了革命的胜利，建立了新中国。

另一个要防止的倾向，就是认为比较是为了证明自己“无比优越”。我过去对苏联的东西看了很多，包括《列宁全集》，列宁就喜欢说，我们的社会主义无比优越。但是，我这么多年有一个观点，比较不是为了证明某某事物的无比优越，在比较中，“比劣”要比“比优”更重要——比较弱点和缺陷，相对于比较优点更重要。有位美国学者也讲过，事物的优点是共同的，而一个事物的缺点是特殊的。共同的问题大家都会解决，而更需要比较和解决的乃是特殊的问题。

整体而言，对于中国来说，比较研究显得比过去任何时候都更加重要。比如，现在的专业调整已经把比较政治作为一个方向了，有些学校也专门成立了比较政治系。那么，为什么说现在比较研究显得更重要了？在我看来，至少有两点原因。第一，中国特色社会主义的“特色”其实就是通过比较而得来的，而且只有比较才能更好地处理深化改革的问题。第二,中国是一个大国,而比较政治乃是大国政治。相对而言,对于小国,比较政治并不是必需的。我们要成为一个对外负责任的大国,就必须了解外国,否则就不能更好地承担国际责任。

二〇一三

比较政治研究中的话语差异

西方学者喜欢把中国放到"民主—威权"的二分法中去加以评判,对于这种研究话语的差异问题,我们是不回避的。这在很大程度上并不是"中国是否民主"的问题,恐怕还是在于对民主的理解差异比较大。具体而言,对于民主问题,中国的解释同西方的解释之间是有差异的。但客观来看,不可否认的是,西方的代议制民主出现了很多问题,还没有得到很好的解决。因此问题的关键就在于,以美国为代表的一些国家不应该要求别人按照它们的方式来解决自身的问题。我观察下来,美国把自己的模式搬到其他国家,比如伊拉克、利比亚等,并没有成功。要知道,其他国家也都有它们的传统,美国的模式如果要放到英国,英国人都不一定答应。再比如拉美的民主转型,搞到后来出现的是军人独裁,如何解决这种问题?恐怕不一定要按照美国的方式来研究。本土的问题还是要由自己来解决,要治本,而不仅是治标。而我们的自知之明在于,中国模式不一定适合其他国家,不要求别人来学,我们要用适合自己的方式来管理好自己的国家。

中国的模式中很重要的一条,就是强调发展是硬道理,根本的问题还是发展问题。在民主的问题上同样如此,正如达尔所说,实行民主,是一个"未完成的旅程"。任何国家都不能说自己已经达到顶点了，要承认这是个发展的过程。我越来越感到激进的方法是不行的，最终还是要慢慢沉下来，进行缓慢的发展和渐进的改革。要想一下子搞出个民主共和国，那当然很理想，但却是不可行的，因为民主的实际和民主的理想是两回事，我们必须把握这一点。

在比较政治研究上，我们同西方相比还是相对落后的。原因很多，当然也跟体制有一定关系，比如，有关比较政治方面的国家课题资助就不是太多。而且对于西方制度的研究，更多也要求从批判的角度出发。我们研究资本主义制度，当然不是为了把这些制度搬到中国，而是要看到它们起到的各方面的作用。同时也要注意，我也曾经多次讲过，我们做比较研究，单单看到制度所起的作用是不够的，还要看到它造成的弊端。通过比较研究来发现缺陷，比发现作用或优点更重要。在很多情况下，好处或优点都是一样的，但缺点是不一样的。我们有了这样的认知，不仅会有改革的动力，而且会有创新的精神，会更加知己知彼，永远立于不败之地。

二〇一四

对比较政治议题的若干遐想

我对于比较政治中值得研究的问题，一直在思考。其中一个根本问题就是东西方制度的比较，这是个做不完的课题。具体来说，东西方的政治制度是如何发展下来的？为什么会出现这样的差异？源头的差异到底是什么？过去我上课的时候讲过这个问题，当时，我就讲过源头的差异一般而言有三大因素：一是血缘，二是地理环境，三是商业往来和交换。这三个因素对于东西方制度差异的形成可能是关键性的，不一定是决定性的，但至少是比较关键的问题。

比如，就血缘关系而言，东西方最原始的政治制度都与血缘有密切关系。人类一般都是从血缘开始组织起来的，家族、氏族、部落，都是如此。而东西方之间的重要差异就在于，东方国家中的血缘关系始终没有断，而在西方国家，这种血缘关系不能说断了，而是在不断被打破。古希腊就按照地域划分了城邦，打破了血缘关系，梭伦的改革也是如此。到了封建时期，西方又恢复血缘关系，后来被启蒙运动打破了，而此后兴起的资本主义更是对血缘关系的打破。但我们东方国家始终放不下血缘关系，这一点对于组织体制是很有影响的。

再比如，对于地理环境的影响，需要历史地看。在原始社会的时候，地域的影响很大，现在当然也有影响，但这种影响正在变小。西方的地缘政治学对此还有研究，他们主要研究的是地缘因素(包括资源、疆域、邻国等)对一个国家发展的影响，但是很少涉及地缘对制度的影响。其实在古代，地理环境对制度确实是有影响的，比如古希腊城邦制的形成，跟地域有很大关系——地理环境把它们分割开来了。当然，最后发挥影响的是商业交往的关系，也就是说，商业交往发达不发达，对制度的影响很大。这一点从东西方早期的差异来看，也是可以看到的。当然，这个问题和这些因素能否成立，我没有进行切实的研究，不能完全确定，只能算是一些遐想。

我还关心另一个没有被很好回答的问题，就是制度的核心问题：什么制度才是最好的制度。我之前引用过梅因在《早期制度史讲义》中的话："一切制度均应当用于产生最大多数人的最大幸福。"但是制度如何才能成为最好的制度？我认为，对制度而言，最关键的是调节好三种关系：一是人与人的关系，二是人与物的关系，三是人与自然的关系。制度如果是好的，那么这三种关系调节得也就好。比如，中国人所讲的“天人合一”境界，主要指的就是人与自然的关系。制度的发展，离不开对这三个方面关系的调节。我们或许可以按照这三种关系画出三个坐标轴，以此来研究和评估各国的制度。当然，这个问题只是我想到的，还需要具体的研究。

二〇一四

比较政治与民主化研究问题

我认为，现在应该是中国比较政治学最好的发展时机。最近中共中央政治局第27次集体学习专门讨论了全球治理问题，习近平总书记指出，要加强能力建设和战略投入，加强对全球治理的理论研究，高度重视全球治理方面的人才培养。就这个方面，比较政治学应该作出贡献，而且能够作出贡献。比较政治学或者比较政治理论是全球治理的直接知识，如果对各国的情况没有了解，怎么参与到全球治理中去呢？如果没有进行全球的比较，怎么可能进行战略的选择？所以说，现在是中国比较政治学发展的最好机遇，要把握这个机遇，进行深入的研究。从目前来看，我们对于很多问题，仍然存在认识不足、理论不足、资料不足，特别是基础资料不足等问题，因此我们也不得不承认，比较政治学专业是很落后的。

从“比较政治、民主化和政治秩序”这个主题来看，这三个问题在当前都存在争论，而且争论很大。最近也出了与此相关的很多书，比如民主方面，就有前些时候上海社会科学院出版社出版的《好民主，坏民主》。这些书，都阐述了西方对这些问题的一些观点，相形之下，我们中国学界并没有表达出自己的观点。这并不是要批评我们现在怎么样，而是说我们应该提出我们自己的观点。我深深地感觉，我们有很大的责任去研究这些问题。现在我们强调国际话语权，没有研究哪来的话语权？如果有争论，对于某些问题有不同意见，那就要拿出你的观点来。

我想就民主化的主题，讲一讲亨廷顿所说的民主化三波浪潮的问题。目前来看，对亨廷顿提出的民主化的三波浪潮，中国学界好像一直在跟着他的概念走。我们现在花了很多的精力来研究转型，也是受到了亨廷顿的影响。那么，我们为什么不去研究第一波民主浪潮呢？为什么不能研究第二波民主浪潮呢？我看到有人讲很大的话，说要挑战亨廷顿，他是从中国历史的角度而不是从国际上民主现状的角度来谈的。我个人是对这种观点有一些看法的，我认为，我们不能仅限于研究民主转型问题，而是要研究按照民主理论设计的民主制度及其实际运行的问题。现在我们对民主进行的批评，都是从政治秩序的角度来讲的，不管是好民主还是坏民主，主要看民主能否形成稳定的政治秩序。《好民主，坏民主》这本书也是从秩序的角度来讨论民主的缺点。从理论上来讲，民主理论本身从出生伊始就遭到批判，柏拉图批判过，亨廷顿等人也批判过。当然，民主理论并不是完善的，肯定要批判，但要考虑的是，按照民主理论所设计的制度运转到底是怎么样的？比如代议制度，密尔就讲过，代议制民主不一定是最好的，但在找不到更好制度的情况下，它是最好的。当然，在这个基础上，密尔讲了代议制民主也存在的弊病和危险。对于第三波的转型，西方有一本书叫《威权统治的转型》，它总结了几大洲的所有民主转型，然后再得出结论。所以说，我们应该在研究和理解的基础上去批评，而不是简单地去评定。

有一种老的观点认为，按照民主理论设计的民主制度，实际上就是议会民主。西方学者认为19世纪是“议会世纪”，因为19世纪是英国议会成熟，并向欧洲和西方世界扩散、发展的时期，很多国家采取了议会民主制。但是，议会世纪的好景并不长，20世纪20年代就有英国政治学家看到，议会民主制已经蒙上了阴影，我曾经在香港出版的《议会政治》里面解释过这个问题。议会制出现问题是不可避免的，它必然会碰到很多问题和阴影。从议会民主制的发展来看，在第一次世界大战期间，议会民主实际上已经变形了。当然后来最坏的结果，就是法西斯的上台。美国在两次世界大战期间由罗斯福施行的强化行政的新政，实际上就是把议会的权力又转移到行政权力上。所以当时我把这种体制概括为"行政集权民主制"，它保留着议会制的外壳，但实际上是行政集权。除此之外的另外一种道路，则是德国的道路，也就是从议会民主制走向了法西斯体制。当时我曾经说过，民主制与法西斯制之间只有一步之遥，就看是走向以行政集权为主，还是走向独裁专制。后来，在议会民主制的发展中，又出现了苏维埃式民主，并在很多国家兴起了。到第二次世界大战后出现了亨廷顿讲的"第二波"，很多国家引进了民主的概念，而实际上这些国家的制度基本上融合了议会制与苏维埃民主制。我曾经讲过，这种制度在很大程度上是折中的。冷战后期，本来亨廷顿等人对民主制已经感到危机和失望了，但他们看到了苏联解体和东欧剧变引发的国家转型，因此感到民主的好时代又来了。到现在来看，他们高兴得太早了。对此，乔治·凯南早就看到了，即便苏联变成一个正常的大国，美国也别高兴得太早，苏联必然也是含有本国的传统，它还是要按照自己的方向发展。

那么，民主制度的运行到底怎么样？现在看来，它的问题确实很多。苏联东欧很多国家在共产主义政体解体后向民主制转型，但到底怎么样呢？从一些文学作品里可以看得到，有些人认为斯大林体制又回来了，现实中很多现象都表明了斯大林体制的回归。并且，美国人自己也不得不承认民主存在问题。最近美国总统奥巴马访问了一位美国作家玛丽莲·罗宾逊，她所关心的是“恐惧”或者说“邪恶的他者”的敌对心态对民主政治的影响。民主作为政治文明创造的一种制度，我们还是要认真地研究。我们应当面向世界，区别以个人权利为本位的民主制度与以人民权利为本位的民主制度，从而进行比较研究，这对创建中国特色社会主义民主制度理论是很有意义的。

二〇一五

编后记

曹沛霖先生授课，惊人之语不绝于耳。听先生讲课，心灵震动此起彼伏。事后回忆起来，依然沐浴在先生的智慧与思想之中，我们觉得这是求学生涯中最宜人的享受。曹先生致政治学研究有年，形成了别具一格的研究风格。今年(2004年)恰值曹先生从教50周年，我们就萌发出这样一个念头，能不能从先生出版的著作和授课讲义中整理出一个反映其思想的一本书，以此作为献给先生执教50周年的礼物。在经历了多少个难眠之夜之后，终于将书稿编出来了。先生最终将本书定名为《制度纵横谈》。这就是我们摘编这个节录本的初衷。

曹先生任教于复旦大学国际关系与公共事务学院，至今已经整整50年。说起先生的执教历程，有不少独特之处。先生本科读的是经济学专业，任教后先从事马列主义基础、国际政治研究，后转向政治学理论。他是我国政治学理论博士点最早的三位博士生导师之一。据我们所知，在学术界像曹先生这样能够打通政治学理论与国际政治两个领域的学者并不多。正是基于这样的学术历程，曹先生才在教学与科研中，穿梭于中西与古今之间，在政府理论、政府体制、比较政治制度、议会政治等领域中提出了很多的真知灼见。先生撰写的《议会政治》一书，文笔老到，简繁得当，观点独特，可能就是基于对国际政治和政治学理论的“两栖研究”所致。

曹先生在其长达半个世纪的教学与科研历程中，出版和主持翻译了《议会政治》《政府与市场》《比较政府体制》《西方政治制度》《比较政治制度》《比较政治学》等著作。本书大部分是从先生公开发表的著述中摘编而成,有一小部分出自其授课讲义和学生笔记。我们把先生分布于其著述中最精彩的部分摘编出来,按照其逻辑重新组合。我们觉得这是反映其独特思想风格的一本书。至于这一判断恰当与否,还请同仁与读者评判。

说起先生的教学科研,也有很多事情为后学津津乐道。先生培养的学生现在遍布全球,特别是在美国政治学界,有不少华人学者就是出自先生门下。尤其是他主持翻译的阿尔蒙德的《比较政治学》,在中国政治学界可谓最具影响力的著作。当时可谓洛阳纸贵,甚至毫不夸张地说,在中国每一个从事政治学理论研究和学习的人,几乎没有不读过此书的。此书出版于1987年,为当时恢复不久的中国政治学界注入了崭新的气息,有许多人就是因为此书才踏上了政治学研究之路。这不能不说是对中国政治学的一种贡献。

作为编者,我们都是先生的学生。由学生来承担这个节录本的摘编工作,是我们的荣幸。我们摘编此书,部分是出于对曹先生的敬仰,部分是出自对学术传统的敬畏。本书摘编工作全部是由何历宇一人完成的,刘建军对初稿进行了部分修订,随后又经曹先生三易其稿,才最终得以定稿。先生对我们的工作是满意的,我们真诚希望我们的摘编工作能够获得学界和读者的认可。

何历宇

刘建军

2004年12月2日于复旦大学

增订后记

2005年5月，正值复旦大学百年校庆，曹沛霖先生的《制度纵横谈》作为校庆献礼之一，由人民出版社出版发行。这本书出版之后，受到了广大师生和读者的欢迎。在此之前，2004年12月26日，复旦大学国际关系与公共事务学院为曹先生举办了“曹沛霖教授从教50周年庆贺暨研讨会”；在此之后，2005年7月2日，曹沛霖教授学术著作《制度纵横谈》首发式暨“政治制度研究：问题、理论与方法”学术研讨会顺利举行。可以说，这两次会议是对曹先生教学与研究成就的全面回顾与总结。面对众人的赞誉，他曾谦虚地说：“我不过是把自己发现的东西记录在册，把我知道的真相告诉给学生。”这种谦虚出于曹先生的一贯作风，而他的学术贡献则是有目共睹的，正如先生的同事与好友孙关宏教授在那次首发式上所说：“曹老师从国别研究开始，到国际政治专题研究，到比较政治制度的研究，到中国问题的政治学分析，到中国政治学发展态势的思考，他的这一学术历程一定程度上也反映了中国政治学发展的过程。”

时光荏苒，当时刚刚年过古稀的曹先生，如今已经是耄耋之年。让我们欣喜的是，这十多年来，曹先生在恬淡的退休生活中，一直精神矍铄地保持着读书、思考和写作的习惯。在刚刚荣休之时，他还坚持为博士生讲授“比较政治制度研究专题”等课程，直到2008年之后才逐渐减少了回学校上课的次数；他关注着学术界的进展和动向，不时发表论文和随笔，讨论的往往都是一些新的问题；他受邀出席各类学术会议，每次都会针对会议主题提出自己新的观察和思考；他还接受学术访谈，纵论学科研究与学术往事，并时常在与学者和同行的谈话交流中提出创见……由此，曹先生"纵横谈"的范围和内容便有了更多的拓展。

然而，令我们既欣然又遗憾的是，自本书面世之后，初版印刷的三千册早已脱销，如今已经一书难求。这在某种程度上是我们编者的疏失——低估了曹先生著作的受欢迎程度。部分是为了弥补这个遗憾，更重要的是为了收录曹先生近年来的观点与成果，我们决心为先生修订这部著作。当我们向曹先生提出这个动议后，他欣然同意，并且放心地把这项工作交给了我们。作为本书出版的编者，刘建军、唐亚林提出了整体的修订方案，具体增补与修订则由杜欢负责。

本次增订以初版为底本，主要摘编和增补了曹沛霖先生近十多年来的学术论文、随笔、访谈以及在部分学术会议上的发言。我们尽量保持本书原貌，根据相近的主题分别对各章进行增补，并把最后一章扩展为三章的内容，使得原来的十章增加为十二章。在增补的同时，我们也对一些字词、语句和段落进行了技术调整。初稿完成之后，曹沛霖先生亲自对全文进行了审订，并最终定稿。为了区别于初版，并凸显本书的核心主题，我们将增订版的书名改为《制度的逻辑》。

作为先生的学生和再传弟子，我们都深润先生的教诲和提携。时光流淌，初心依旧，能够再次为先生做这项工作，我们依然感觉无比荣幸。我们把这次增订看作一种学术传统的延续，希望能够展现出由先生开启的学术脉络的基本面貌。我们衷心希望读者能够从中汲取知识和智慧的滋养，并衷心祝愿曹沛霖先生健康长寿！

刘建军

唐亚林

杜　欢

2018年3月4日于复旦大学

图书在版编目(CIP)数据

制度的逻辑/曹沛霖著.—上海:上海人民出版社,2018
(政治逻辑丛书)
ISBN 978-7-208-15439-1

Ⅰ.①制… Ⅱ.①曹… Ⅲ.①政治制度-文集 Ⅳ.①D034-53

中国版本图书馆 CIP 数据核字(2018)第 217340 号

责任编辑 史美林
封面设计 陈 酌

制度的逻辑
曹沛霖 著

出　版 上海人民出版社
(201101 上海市闵行区号景路 159 弄 C 座)
发　行 上海人民出版社发行中心
印　刷 上海商务联西印刷有限公司
开　本 635×965 1/16
印　张 25.25
插　页 4
字　数 282,000
版　次 2019 年 1 月第 1 版
印　次 2025 年 10 月第 5 次印刷
ISBN 978-7-208-15439-1/D·3279
定　价 98.00 元

政治逻辑丛书